EDITED BY DAVID JAMES

黑格尔研究译丛

剑桥《法哲学原理》
批判指南

Hegel's Elements of the Philosophy of Right:
A Critical Guide

〔英〕戴维·詹姆斯 编　胡传顺 译

上海人民出版社

目　录

作者简介

〰〰〰〰〰〰〰

安德鲁·布赫瓦尔特（Andrew Buchwalter）是北佛罗里达大学首席教授。他著有《辩证法、政治学以及黑格尔实践哲学的当代价值》（*Dialectics, Politics, and the Contemporary Value of Hegel's Practical Philosophy*, 2011），编有《黑格尔与全球正义》（*Hegel and Global Justice*, 2012）以及《黑格尔与资本主义》（*Hegel and Capitalism*, 2015）。

斯蒂芬·霍尔盖特（Stephen Houlgate）是华威大学哲学教授。他著有《黑格尔、尼采以及形而上学批判》（*Hegel, Nietzsche and the Criticism of Metaphysics*, 1986）、《黑格尔导论：自由、真理与历史》（*An Introduction to Hegel: Freedom, Truth and History*, 1991第1版，2005第2版）、《黑格尔逻辑学的开端》（*The Opening of Hegel's Logic*, 2006）和《黑格尔的〈精神现象学〉》（*Hegel's Phenomenology of Spirit*, 2013），发表了大量有关黑格尔、康德、席勒、谢林、尼采、德里达、丹托、罗尔斯、布兰顿和麦克道尔的论述文章。他编有《黑格尔与自然哲学》（*Hegel and the Philosophy of Nature*, 1998）、《黑格尔读本》（*The Hegel Reader*, 1998）、《黑格尔与艺术》（*Hegel and the Arts*, 2007）和《黑格尔的〈法哲学原理〉》（*G. W. F. Hegel: Elements of the Philosophy of Right*, 2008），与迈克尔·鲍尔合编《黑格尔指南》（*A Companion to Hegel*, 2011）。

金伯利·哈钦斯（Kimberly Hutchings）是伦敦玛丽皇后大

学政治学与国际关系教授。她著有《康德、批判与政治学》(*Kant, Critique and Politics*, 1996)、《黑格尔与女性主义哲学》(*Hegel and Feminist Philosophy*, 2003)以及《时间与世界政治：思考当下》(*Time and World Politics: Thinking the Present*, 2008),(与图伊贾·普尔基宁合作)编辑了《超越安提戈涅：黑格尔的哲学与女性主义思想》(*Beyond Antigone: Hegel's Philosophy and Feminist Thought*, 2010)。

戴维·詹姆斯(David James)是华威大学哲学副教授。他著有《费希特的共和国：观念论、历史和民族主义》(*Fichte's Republic: Idealism, History and Nationalism*, 2015)、《卢梭和德国观念论：自由、依赖和必然性》(*Rousseau and German Idealism: Freedom, Dependence and Necessity*, 2013)和《费希特的社会和政治哲学：财产与德性》(*Fichte's Social and Political Philosophy: Property and Virtue*, 2011)。

迪恩·莫亚尔(Dean Moyar)是约翰·霍普金斯大学哲学系教授。他是《黑格尔的良心》(*Hegel's Conscience*, 2011)的作者。他(与米歇尔·匡特[Michael Quante])合作编辑《黑格尔〈精神现象学〉批判指南》(*Hegel's Phenomenology of Spirit: A Critical Guide*, 2008),并编有《劳特里奇 19 世纪哲学指南》(*Routledge Companion to Nineteenth Century Philosophy*, 2010)。

弗里德里克·纽豪瑟(Frederick Neuhouser)是哥伦比亚大学巴纳德学院哲学教授。他著有《卢梭对不平等的批判》(*Rousseau's Critique of Inequality*, 2014)、《卢梭自爱的神义论：邪恶、理性以及承认的驱动力》(*Rousseau's Theodicy of Self-Love: Evil, Rationality, and the Drive for Recognition*, 2008)、《实现自由：黑格尔社会理论的基础》(*Actualizing Freedom: Foundations of Hegel's Social Theory*, 2000)和《费希特的主体性理论》(*Fichte's Theory of Subjectivity*, 1990)。

弗兰克·鲁达(Frank Ruda)是魏玛包豪斯大学的视觉传媒哲学的临时教授。他著有《黑格尔的贱民：对黑格尔〈法哲学原理〉

的一项探究》(*Hegel's Rabble: An Investigation into Hegel's Philosophy of Right*, 2011)、《巴迪欧：没有观念论的观念论》(*For Badiou: Idealism without Idealism*, 2015)和《废除自由：对宿命论的当代运用的呼吁》(*Abolishing Freedom: A Plea for a Contemporary Use of Fatalism*, 2016)。

汉斯-克里托夫·施密特·安布什(Hans-Christoph Schmidt am Busch)是布伦维克工业大学哲学教授。他近期的著作包括《作为批判理论原则的"承认"》(*La 'reconnaissance' comme principe de la Théorie critique*, 2015)以及《黑格尔与圣西门主义》(*Hegel et le saint-simonisme*, 2012)。他是查尔斯·傅里叶《关于全球社会混乱，哲学与社会理论的著作选编》(*über das weltweite soziale Chaos. Ausgewälte Schriften zur Philosophie und Gesellschaftstheorie*, 2012)的编者，以及是《承认的哲学：历史的以及当代的视角》(*The Philosophy of Recognition: Historical and Contemporary Perspectives*, 2010)合作编者(与 C. F. 朱恩[Zurn])。他也编辑了《论"卡尔·马克思与承认哲学"特殊问题的〈伦理理论与道德实践〉》(*Ethical Theory and Moral Practice* on 'Karl Marx and the philosophy of recognition', 2013)。

路德维希·西普(Ludwig Siep)是明斯特大学的荣休教授。他的著作包括《黑格尔的费希特批判以及 1804 年的科学理论》(*Hegels Fichtekritik und die Wissenschaftslehre von 1804*, 1970)、《作为实践哲学原则的承认》(*Anerkennung als Prinzip der praktischen Philosophie*, 2014 第 2 版)、《德国观念论的实践哲学》(*Praktische Philosophie im Deutschen Idealismus*, 1992)、《〈精神现象学〉的道路》(*Der Weg der Phäomenologie des Geistes*, 2000, 2014 英文译本)、《黑格尔实践哲学的现实性以及界限》(*Aktualitä und Grenzen der praktischen Philosophie Hegels*, 2010)以及《国家作为地上的神：黑格尔思想的产生与相关性》(*Der Staat als irdischer Gott. Genesis und Relevanz* *einer Hegelschen Idee*, 2015）。他是《黑格尔〈法哲学原理〉》（*G. W. F. Hegel: Grundlinien der Philosophie des Rechts*, 2014 第 3 版）的编者。

阿伦·W.伍德（Allen W. Wood）是斯坦福大学沃德·W.和普里西拉·B.伍兹荣休教授以及印第安纳大学露丝·诺曼·霍尔斯教授。他是大量文章的作者以及超过 20 本著作的作者或者编者，包括《卡尔·马克思》（*Karl Marx*, 1981, 2004 第 2 版）、《黑格尔的伦理思想》（*Hegel's Ethical Thought*, 1990）、《康德的伦理思想》（*Kant's Ethical Thought*, 1999）、《每个人的自由发展：德国古典哲学中的自由权利与伦理研究》（*The Free Development of Each: Studies on Freedom Right and Ethics in Classical German Philosophy*, 2014）以及《费希特的伦理思想》（*Fichte's Ethical Thought*, 2016）。

缩　写

~~~~~~~~~~~~~~~~~

黑格尔著作

Werke   *Werke*, ed. Eva Moldenhauer and Karl Markus Michel, 20 vols. (Suhrkamp: Frankfurt am Main, 1969–1971). Cited by volume and page number.

EL   *The Encyclopaedia Logic* (Part I of the *Encyclopaedia of the Philosophical Sciences*), trans. T. F. Geraets, W. A. Suchting and H. S. Harris (Indianapolis: Hackett, 1991). Cited according to paragraph (§) numbers. R indicates a remark which Hegel himself added to the paragraph, while A indicatesan addition deriving from student lecture notes.

GW   *Gesammelte Werke*, ed. Nordrhein-Westfälischen Akademie der Wissenschaften in association with the Deutsche Forschungsgemeinschaft (Hamburg: Felix Meiner, 1968–   ). Cited by volume and page number.

HPW   *Political Writings*, ed. Laurence Dickey and H. B. Nisbet (Cambridge: Cambridge University Press, 1999).

LNR   *Lectures on Natural Right and Political Science: The First Philosophy of Right, Heidelberg 1817–1818 with Additions from the Lectures of 1818–1819*, trans. J. Michael Stewart and Peter C. Hodgson (Berkeley: University of California Press, 1995). Cited by paragraph (§) numbers. R indicates a remark.

JR   *Jenaer Realphilosophie. Vorlesungsmanuskripte zur Philosophie der Natur und des Geistes von 1805–1806*, ed. Johannes Hoff meister (Hamburg: Meiner, 1969).

NL   *Natural Law*, trans. T. M. Knox (Philadelphia: University of Pennsylvania Press, 1975).

PhG   *Phenomenology of Spirit*, trans. A. V. Miller (Oxford: Oxford University Press, 1977).

PM   *Philosophy of Mind*, trans. W. Wallace and A. V. Miller, rev. Michael J. Inwood (Oxford: Oxford University Press, 2007). Cited according to paragraph (§) numbers. R indicates a remark which Hegel himself added to the paragraph, while A indicates an addition deriving from student lecture notes.

PR   *Elements of the Philosophy of Right*, ed. Allen W. Wood, trans. H. B. Nisbet (Cambridge: Cambridge University Press, 1991). Translation of *Grundlinien der Philosophie des Rechts oder Naturrecht und Staatswissenschaft im Grundrisse*, in *Werke*, vol. 7. Cited according to paragraph (§) numbers. R indicates a remark which Hegel himself added to the paragraph, while A indicates an addition deriving from student lecture notes. The only exceptions are the Preface, which is cited by the page number of the English translation followed by that of the German edition, and Hegel's marginal notes, which are cited by the German edition page number only.

PR   *Philosophie des Rechts. Die Vorlesung von 1819/20 in einer*
1819/20   *Nachschrift*, ed. Dieter Henrich (Frankfurt am Main: Suhrkamp, 1983).

PR 1819/20 Ringier

Vorlesungen über die Philosophie des Rechts. Berlin 1819/1820, transcribed by Johann Rudolf Ringier, in G. W. F. Hegel. Vorlesungen. Ausgewählte Nachschriften und Manuskripte, vol. 14, ed. Emil Angehrn, Martin Bondeli and Hoo Nam Seelmann (Hamburg: Felix Meiner, 2000).

PR 1821/22

Die Philosophie des Rechts. Vorlesung von 1821/22, ed. Hansgeorg Hoppe (Frankfurt am Main: Suhrkamp, 2005). Cited by paragraph (§) number.

PW

Political Writings, trans. T. M. Knox, ed. Z. A. Pelczynski (Oxford: Oxford University Press, 1964).

SEL

System of Ethical Life (1802/03) and First Philosophy of Spirit, ed. and trans. H. S. Harris and T. M. Knox (Albany, NY: SUNY Press, 1979).

SL

Science of Logic, trans. A. V. Miller (Amherst: Humanity Books, 1999).

VNS

Vorlesungen über Naturrecht und Staatswissenschaft, transcribed by Peter Wannenmann, in G. W. F. Hegel. Vorlesungen. Ausgewählte Nachschriften und Manuskripte, vol. 1, ed. Claudia Becker, Wolfgang Bonsiepen, Annemarie Gethmann-Siefert, Friedrich Hogemann, Walter Jaeschke, Christoph Jamme, Hans Christian Lucas, Kurt Rainer Meist and Hans Josef Schneider (Hamburg: Felix Meiner, 1983). Cited by paragraph (§) number.

VRP

Vorlesungen über Rechtsphilosophie 1818–1831, ed. Karl-Heinz Ilting, 4 vols. (Stuttgart: Frommann-Holzboog, 1973–1974). Cited by volume and page number.

康德著作

AA   *Kant's gesammelte Schriften*, ed. Königliche Preuβische (later Deutsche) Akademie der Wissenschaften (Berlin: Reimer/de Gruyter, 1900–).

G   *Grundlegung zur Metaphysik der Sitten* (AA 4). *Groundwork of the Metaphysics of Morals, in Practical Philosophy*, trans. and ed. Mary J. Gregor (Cambridge: Cambridge University Press, 1996). Cited by AA page number.

KrV   *Critique of Pure Reason*, trans. and ed. Paul Guyer and Allen W. Wood (Cambridge: Cambridge University Press, 1998). Cited by A/B pagination.

KpV   *Kritik der praktischen Vernunft* (AA 5). *Critique of Practical Reason, in Practical Philosophy*. Cited by AA page number. KU Kritik der Urteilskraft (AA 5). Critique of the Power of Judgment, ed. Paul Guyer, trans. Paul Guyer and Eric Matthews (Cambridge: Cambridge University Press, 2000). Cited by AA page number.

MS   *Metaphysik der Sitten* (AA 6). *The Metaphysics of Morals, in Practical Philosophy*. Cited by AA page number.

R   *Religion innerhalb der Grenzen der bloβen Vernunft* (AA 6). *Religion within the Boundaries of Mere Reason, in Religion and Rational Theology*, ed. and trans. Allen W. Wood and George di Giovanni (Cambridge: Cambridge University Press, 1996). Cited by AA page number.

TP   *Über den Gemeinspruch: Das mag in der Theorie richtig sein, taugt aber nicht für die Praxis* (AA 8). *On the common saying: That may becorrect in theory but it is of no use in practice*, in *Practical Philosophy*. Cited by AA page number.

费希特著作

SW　　*Fichtes sämmtliche Werke*, ed. I. H. Fichte (Berlin: de Gruyter, 1970). Cited by volume and page number.

EPW　*Fichte: Early Philosophical Writings*, ed. Daniel Breazeale (Ithaca, NY: Cornell University Press, 1988). Cited by page number.

SE　　*The System of Ethics* (1798), trans. and ed. Daniel Breazeale and Günter Zöller (Cambridge: Cambridge University Press, 2005).

黑格尔《法哲学原理》中的自由与历史

戴维·詹姆斯

　　根据标题页，黑格尔的《法哲学原理》的完整标题是《法哲学原理，或者自然法与国家学说纲要》(*Grundlinien der Philosophie des Rechts oder Naturrecht und Staatswissenschaft im Grundrisse*)。这本书于 1821 年出版，但是实际的出版年份似乎是 1820 年。[1]这本著作被认为是一本"教科书"(*Lehrbuch*)，黑格尔构思这部教科书是为满足"我的《法哲学原理》听众的需要提供介绍，这个课程是我的官方义务课程"(PR, 前言, 9 [11])。他所说的这些听众就是黑格尔在柏林大学的学生们，在那里，他于 1818—1819 年以及 1819—1820 年秋季学期已经开始讲授这个相同主题了。如果排除掉他在 1831 年秋季开始的系列讲座，这个讲座在同一年因他的死而中断，那么他讲授了三次这个主题，分别于 1821—1822 年、1822—1823 年以及 1824—1825 年。黑格尔在海德堡大学 1817—1818 年秋季学期也讲授过这个相同主题。这时他已经出版了《哲学科学百科全书纲要》(*Enzyklopädie der philosophischen Wissenschaften im Grundrisse*)第 1 版，这本书已经介绍了在后来出版的《法哲学原理》一书中发展的某些核心概念。实际上，后者被描述为"更广

---

[1] 参见 Hans-Christian Lucas and Udo Rameil, 'Furcht vor der Zensur? Zur Entstehungs- und Druckgeschichte von Hegels Grundlinien der Philosophie des Rechts', *Hegel-Studien* 15 (1980), 91—92。

泛以及尤其更系统地阐述了"《哲学科学百科全书纲要》中"客观精神"部分创建的相同的基本概念（PR, 前言, 9［11］)。它由很多连续编号的段落构成，包括一篇前言和一篇导论。在很多段落中，黑格尔补充了注释，"为了澄清有时更加抽象的文本内容，并且更充分地解释当前盛行的相关介绍"（PR, 前言, 9［11］)。随后，来自学生的一些笔记，作为补充加入《法哲学原理》的这个版本中，成为他的一些学生在他死后编辑的黑格尔著作集的一部分。

尽管黑格尔认为《法哲学原理》前言的作用"仅仅是对这部为之写序的著作之观点做些外在的和主观的评论"（PR, 前言, 23［28］)，这个前言和《法哲学原理》主要段落中的源自学生笔记的这些补充中发现的一些主张已经在这部著作的接受中起到主要的作用。1857 年，黑格尔已经被认为值得这个称号——"普鲁士官方的复辟和国家哲学家"，[1]尤其，根据前言中作出的下述主张："合理的就是现实的，现实的就是合理的。"（PR, 前言, 20［24］）这个所谓的双重句子（Doppelsatz）在这里被解释为意指任何实存的东西都必须，仅仅因为它实存这个事实，而被认为是合理的，以及在这个方面是好的。因此，普鲁士国家，黑格尔碰巧这个时代生活在这个国家，它必须仅仅因为它的实存而被认为是合理的和好的。尽管对这个双重句子的这种类型的解释忽视了黑格尔对术语"现实的"（wirklich）或者"现实性"（Wirklichkeit）的技术性使用，并且忽视了他细致地把实际存在（Dasein）和实存（Existenz）概念区分开来（EL §6R），[2]在第二次世界大战之后，它成为 20 世纪英语

---

［1］Rudolf Haym, 'Extract from Hegel and his Times (1857)', in Robert Stern (ed.), G. W. F. Hegel Critical Assessments, Vol. I, trans. Julius Kraft (London: Routledge, 1993), 221.

［2］这个区分开启了对双重语句的一种解读方式，在它们不满足理性要求的任何时候都要求对现存国家进行改革的意义上，这个方式强调了它的进步性质。参见 Michael O. Hardimon, Hegel's Social Philosophy: The Project of Reconciliation (Cambridge: Cambridge University Press, 1994), 52–83。就它强调黑格尔理性概念的（转下页）

世界接受黑格尔政治哲学的特征。实际上，黑格尔不仅仅成为普鲁士国家的辩护者以及反动分子，甚至被认为是无限国家权力的支持者以及某事的正确性取决于它的历史成功这种历史主义学说的支持者，这使他成为现代极权主义的先驱。[1] 直到 20 世纪 70 年代早期，一项用英文出版的全景研究纠正了人们对黑格尔政治哲学片面形象的认识。[2]

　　最近，根据形成自由主义核心价值的一个概念，以及典型的被假设为严格对立于极权主义的一个概念，也就是自由，讨论黑格尔《法哲学原理》已经成为一种趋势。[3] 当黑格尔自己将《法哲学原理》作为一种原始极权主义国家模型，在导论中澄清自由就是这个著作的对象和主题时，并把法定义为"一般而言的任何定在 [Dasein]，自由意志的定在"时，实际上，要解释任何对这个文本的严格研究是如何得出黑格尔是自由的敌人这个结论，似乎是困难的。书中也有如下陈述：

　　　　法的基础一般来说是精神的领域，它的确定地位以及出发点就是意志。意志是自由的，所以自由构成了法的实体以及规定性，至于法的体系则是实现了的自由的王国，精神自身产生

（接上页）动态本性而言，以及就在这个世界实现理性的要求而言，这个双重语句的这个类型的解释，在记录下来的黑格尔已经提供的另一种表述中得到支持："What is rational becomes actual, and the actual becomes rational"（VRP 1819/20, 51 ）。

[1] 这个倾向在卡尔·波普尔于"二战"最后一年出版的痛斥黑格尔哲学的文本中达到了顶峰，他也指控黑格尔是一位国家主义者。参见 K. R. Popper, *The Open Society and Its Enemies, Volume II, The High Tide of Prophecy: Hegel, Marx, and the Aftermath* (London: Routledge & Kegan Paul, 1945), 25–76。

[2] Shlomo Avineri, *Hegel's Theory of the Modern State* (Cambridge: Cambridge University Press, 1972).

[3] Paul Franco, *Hegel's Philosophy of Freedom* (New Haven: Yale University Press, 1999); Frederick Neuhouser, *Foundations of Hegel's Social Theory: Actualizing Freedom* (Cambridge, MA: Harvard University Press, 2000); and Alan Patten, *Hegel's Idea of Freedom* (Oxford: Oxford University Press, 1999).

出来了作为第二自然的精神的世界。（PR §4）

那么，黑格尔清楚地认为，对于在"法哲学"之对象的严格意义上算作法的实例的法律、社会实践或者制度，它必须以某种方式表象下述方式，以此方式，自由意志给予自身实存，因此实现自身。在这个方面，法的概念对黑格尔来说具有一种规范性维度：作为法的实例的某东西必须满足某些标准。因此，法不可能仅仅被确认为任何碰巧实存的东西。更确切地说，如果任何法律、社会实践或者制度要具备合法性，把真正的责任施加给个体或者集体的社会或者政治行为者，那么它必须满足成为下述方式的条件：以此方式，自由意志给予自身实存，在这种意义上即如此一种意志能够通过这个法律、社会实践或者制度实现自身，使得被讨论的这个法律、社会实践或者制度成为自由得以可能的一个条件。人们必须假设，黑格尔《法哲学原理》作为法的一个"体系"，目的在于呈现所有诸如此类的自由之法律的、社会的和政治的诸条件，以之形成一个统一的整体，这个任务将要求表明每一个法的领域如何必然地与其他的法的领域相关联。

黑格尔明确赋予自由概念重要性，这有望纠正他的社会和政治哲学。这些解释强调某些主张，它们毕竟仅仅出现在前言或者一些源自学生对黑格尔讲座的笔记的补充中，而不是源自黑格尔自己意图出版的文本。这些主张包括一个全能的国家、一个具有准神的地位的国家的实存，例如"国家是行走在地上的神自身"（PR §258A），以及我们应该"把国家当作地上的神予以崇敬"（PR §272A）。然而，黑格尔《法哲学原理》的核心概念，自由，本身并不足以反驳这个观点，即黑格尔本质上是反自由主义的或者甚至是原始的极权主义的政治哲学家，完全是因为他的"积极"自由的概念已经主张辩护他的这个哲学观点。根据以赛亚·伯林，这个自由概念涉及自我掌控和自我指向的观念，一方面，它需要一个实在的、更高级的、理性自我的存在；另一方面，需要一个非本真的、低级的、非理性的自我的存在。据称，这反过来证明了强迫他者服从他们实在的、更高级的自我，而不是服从低级自我的欲望和错误信念导致的命令是合理的。[1]而且，根据伯林，强迫他者的任务自然而然地被认为是一个权威国家所执行的任务。然而，当应用于黑格尔时，这种关于积极自由概念的所谓危险的解释至少遇到两个主要的困难，更不用说伯林对积极自由的描述是否公平了。[2]首先，黑格尔确定了法的某些领域，其中有某些非常类似于伯林偏爱的消极自由概念的自由得到承认和保护，涉及免受强迫的自由，包括国家的强迫。其次，可以论证，黑格尔有很好的理由以寻求发展出一个可以补充这个消极自由概念的自由概念，而不是完全取代之。

　　关于第一点，消极自由得到承认和保护的法的领域是抽象权利，尤其是市民社会，而黑格尔的"积极"自由概念在道德领域中呈现，然后在国家和市民社会的某些制度中被给予一种社会的和政治的内容，或者更准确地说，通过个体与这些制度和国家所处的这个关系而被给予内容。抽象权利是"抽象的"或者"形式的"，因为"它不是一个特殊利益的问题，我的好处或者福利的问题，它不是我的意志得以规定的特殊根据，也就是，我的洞见和意图"（PR §37）。更确切地说，所有"特殊性"都被忽视了，使得认为个体是平等的和同一的法律主体成为可能，每一个个体都有权利被当作一个人格，也就是说，作为一个"抽象的和自我的'我'"（PR §35R），每一个人都是一系列权利的承载者，每一个人都遵从人格性的概念。这些权利包括私人财产的权利以及与其他人格建立自由的契约关系的权利。鉴于其抽象于所有具体目的和利益，人们彼此

[1] Isaiah Berlin, *Two Concepts of Liberty* (Oxford: Clarendon Press, 1958).

[2] 然而，可以说，这并不公平，为了在极权主义和积极自由概念之间建立一种联系，柏林可能被认为引入了一些完全独立于后者的观念。参见 Allen W. Wood, *Hegel's Ethical Thought* (Cambridge: Cambridge University Press, 1990), 42 和 Raymond Geuss, *Outside Ethics* (Princeton, NJ: Princeton University Press, 2005), 69—70。

之间的义务以及国家对每个人的义务在性质上是纯粹消极的，当他们履行义务时，假设他们采取的是一般禁止的形式，即"不要侵犯人格性和人格性所带来的东西"。这个法的形式的实现预先假定了一套法律体系，它应用法律，并且判断所谓的侵犯权利的个别案例以及机构，它关注执法、侦查、探究与预防犯罪以及其他的在政治国家层面上运行的行政机构与立法机构。这些制度，作为黑格尔对市民社会和国家世界的本质部分，形成了他称为"伦理生活"（*Sittlichkeit*）的诸环节。

因此，消极自由在黑格尔的国家内得到尊重，因为后者承认法律上和制度上保证个人自由领域的合法性，在这个自由领域，个体是自由的，只要他们不侵犯他人享有他们自己个人自由领域的这些权利，便免于基于他人强迫的行动以及基于国家强迫的行动。尽管黑格尔认为抽象权利和制度作为自由的消极条件在伦理生活的层面上实现，但是，在这个意义上，如果人们的行动受制于任何的干预，不管是现实的还是潜在的干预，人们可能在一种外在的意义上是不自由的。基于他人干预而言，黑格尔因这个自由的片面性而批判这个消极的自由概念。他重新反思，实际上，这个自由概念在某种意义上可能被理解为不相容于自由概念本身。

当消极的自由概念被认为是自由唯一真正的形式，并且被认为需要依靠法律和国家予以保护时，我们似乎想到一种场景，在其中，自由为了自由而被限制。在这个意义上，每一个人格不受约束的自由，以及因此根据他或者她自己欲望而行动的机会，不管他们成为什么样的人，都要求根据他们可能有的某些欲望而真正地或者潜在地对他者行动的自由产生限制。这个限制形式的纯粹消极特征意味着，"合理的"（也就是，被理解为某种所有理性行为者都可能赞同的法，因为他们关注保护他们的个人自由）可能"仅仅显现为对……自由……一种限制，以及不是作为一种内在的合理性，而仅仅是作为一种外在的以及形式的普遍性"（PR §29R）。这个纯粹外在的限制形式在一定意义上与自由概念相冲突，它意味着，人们受制于某种纯粹外在于自身的东西，同时人们认为自身在不受限制的消极意义上是自由的。以这个方式，黑格尔似乎想要论证，强迫他者的直接形式，尤其是使用武力，仅仅是缺乏自由的最明显形式。那么，是否存在这样一种自由形式呢？在其中，自由被限制的观念与下述观念一起被思考，即尽管存在这种自由的限制，人们仍然在一种纯粹消极的意义上是自由的。黑格尔认为，只有当理性的东西以及依据其一般有效性的理性（"普遍的"）不能被理解为对人们自由的"外部"限制，而在某种意义上被理解为自我限制或自我规定的问题时，才有可能构想出这种形式的自由。

　　这种类型的自由在道德个体层面上体现，在那里，我们具有一系列的行为形式，在其中，自由通过一种自我限制的或者自我规定的行动在消极意义上被限制。这种情形的一个例子就是，当一位道德行为者在排除其他可能的行动过程意义上，通过意愿一个目的的（因此是它的手段）而不是其他可能的目的的行动而限制自身。而且，通过这样的一种行动，这个行为者对一系列后果而不是另一系列的可能后果负责。当一位行为者让自身服从一系列的规范，使它以某种方式而不是其他方式有义务行动（或者不行动）时，也存在一种自我规定或者自我限制的行动。在两种情形中，这个主体的一项根本性权利得到满足，因为这位行为者真正地能够在其行动和它们的后果中承认自身，或者在它服从的这些规范中，在一定意义上，即他可以认为它们是他自己意志的产物，承认自身。这就是要尊重的"主观意志的法"以及这个观念即"意志可以承认某物或者成为某物，仅仅因为那个东西是它自己的，并且因为意志在其中呈现自身为主体性"（PR §107）。黑格尔对这个主观意志的法的承认使得他强调自由主观维度的重要性，例如他谈及"主观自由的法"，这些重要性构成了通过能够承认它是人们自己特殊自由的表现而在一种行动中得到满足（PR §§121, 124, 124R）。尽管自我规定的概念明显出现在黑格尔对道德立场的解释中，但我所说的与伯林一样，到目前为止都不明确，如果人们已经服从他们实在的、高级的自我，而不是服从低级的、自我的欲望和错误信念导致的命令，那么就为国家强迫个体做他们会做的事情的观念提供了辩护。更确切地说，与伯林还原的自由概念相比较，黑格尔发展了一种可能被认为更丰富的自由概念。黑格尔把真正的自由确认为只不过是能够根据人们被给予的欲望不受外在约束的情形下的行动，通过关注自由行为的主观方面的重要性以及通过寻求解释个体如何可以保持自由的发展，甚至当他们的自由同时被限制或者受到约束时也可以自由。

黑格尔提出了一些主张，尽管这些主张支持这个观念，即为了真正的自由，自由行为的主观方面必须具有作为其对象的某种东西，这个东西符合某些客观有效的标准。因此，他并不把实存的欲望或者信念当作权威。这些欲望和信念的纯然给予性实际上意味着，意志的内容"不是源自它自我规定的活动本身"（PR §15R）。这里，我们可以看到，一个自由意志并不具有直接地被它碰巧具有的欲望和信念规定的这个观念的重要性，以及真正的自由要求意欲正确类型的内容这个观念的重要性。自由的、未被规定的意志的主观性与其意欲的内容之客观性之间的符合形成了"意志理念的抽象概念"，一般来说，这就是意愿自由意志的自由意志（PR §27）。然而，仅当"意志具有普遍性，或者自身作为无限形式，作为其内容、对象和目的"时，"它不仅是自在的自由，而且也是自为的自由"（PR §21）。而且，在同一个段落中，黑格尔似乎把关于"自我规定的普遍性"的概念、意志以及自由当作本质上相同的观念的不同表述。仅当它的内容指的是一种普遍的类型时，这个意愿的行为者才可能完全意识到它的自由，能够在那种限制其意志的东西中承认自身的意义上的自由。意志能够在一种普遍类型的内容中承认自身的这个要求标志着一种清楚的方式，以此方式，实存的欲望和信

念可以根据独立于它们的标准来衡量：在某种意义上，它们必须相　　8
容于或者符合具有普遍地位的东西。

　　在论道德的后面几段中，黑格尔在提及康德的道德理论以及
单单诉诸良心来规定义务内容的道德主观主义的所谓失败时，论证
了只有在伦理生活的层面以及在国家中，"实体的"自由才真正有
可能（PR §§149, 149A, 257）。当抽象权利和道德采用个体的视角
以及抽象于这种确定的社会背景时，这种社会背景形成了他们对自
身、对他人以及对他们行动于其中的世界的看法的隐含背景，这个
社会背景是在伦理生活层面上被明确塑造的。这里，个体在任何情
形下都被认为是一个更大整体的部分，不管是作为家庭成员、作为
一个与他者相互依赖的经济和社会行为者，还是作为一位公民。作
为更大整体的一名成员，这个个体不仅处于与他者的本质性关系
中，而且依赖于他们，而不管他或者她承认这个事实与否，以至于
意志再次被限制或者受约束。

　　鉴于这个社会背景，关于认为黑格尔的《法哲学原理》开启
了这种方式的主张，即如果他们已经服从他们实在的和更高级的自
我，国家使得个体做他们会做的事情，以此为基础而辩护国家强迫
的形式，的确是一种夸大的、误导性的主张。首先，如我们已经看
到的，黑格尔为基于被给予的信念和欲望而行动留出了某种空间，
而只要该行动不侵犯他人的个体自由，就不管它的确切本质如何。
其次，消极自由领域本身就预先限制个体可以做什么或者不可以做
什么，并且，如果必要，它必须凭借国家施行的强迫或者能够施行
这个功能的其他实体来维持。这里，不言而喻，黑格尔没有错误地
认为，如果诸个体没有在这个术语消极意义上把如此必要的对他们
自己的约束理解为局限性，那么他们就会是更自由的，他们不可能
确定自身是具有局限性的自由行动者。这些对他们意志的约束可能
不仅在源自对所有个体以及适用于所有个体有效的法律意义上，而
且也在被社会合作的要求和在相同法律和政治共同体内一起和平生

活的需要施加社会行为者们约束的意义上，被认为是普遍的。因此，解释意志如何在可能受到约束的同时仍然是自由的，要求对个体自身如何可能承认这些社会限制、任何正式法律的限制和出于这个原因对它们的赞同提供一种解释。否则，他们的社会世界的本质特征将仍然是纯粹外在的约束形式。

在一种纯粹消极意义上理解对自由的如此社会限制，黑格尔提出包诸实践、诸规范以及诸协会形式，这些基本上都是市民社会中自发产生的，是诸个体凭借生产活动和与他人的交换活动寻求满足他们需要的结果。这表明，对他来说，人类相互依赖性这个事实本身意味着，人类在多大程度上受到各种限制的程度，因此能够基于被给予的欲望和信念行动而不受任何形式的干预，必定被认为事实上是非常有效的。因此，当人们把自由的观念还原到它的消极概念上时，人们就把自由的领域限制到人类生存和行动的一个极度有限的领域。相反，黑格尔努力理解，此类约束如何可能被理解为与自由的观念相容。而且，黑格尔认为人类的需要和他们的目标在特征上是社会性的（以及在这个方面是"普遍的"），并且出于这个理由，它们也是不确定的（PR §§190–192）。因此，我们不清楚，能够在没有限制的情形下基于被给予的欲望或者信念而行动如何充分解释自由的可能性。更确切地说，这些欲望或者信念本身被社会规定，因此超越了一个个体直接控制的诸因素规定。如果社会的组织方式不同于它当下被组织的方式，那么人们的信念和欲望可能在某种重要情形中被证明是不同于它们当下所是。在自由本质是其所是的任何陈述中，接受被给予欲望和信念的权威和不可纠正性——例如能够与这些欲望或者信念相符合的行动，鉴于没有任何外在的阻碍而这么做——在这个方面，看起来是有问题的。

那么，黑格尔有一些好的理由，以寻求发展另一种自由概念。这种自由概念可以补充，而不是完全取代伯林支持的消极自由概念。黑格尔把这个自由概念与下述观念联系起来，即意志的对象以某种方式就是意志本身,"因此对它来说,既不是他者也不是某种限制的东西"(PR §22)。就自由的这个形式而言,"意志完全与自身同在[bei sich],因为仅仅与自身相关联,以至于依赖于某种其他而不是自身的每一种关系因此都被清除"(PR §23)。然而,从字面上看,意志的这个对象不是自身,并且它的对象与自身并非不存在任何依赖关系。实际上,对第一段的细致解读表明,这个对象仅仅在下述意义上才是意志本身,即依赖于意志的某种东西以如此方式可能被认为,这个主体或者行为者在某种意义上可以在这个对象中承认自身,即使它构成了对它意愿行为的一种限制,因而约束它。

　　如我们已经看到的,任何对意愿的此类限制在由相同社会和相同国家之成员组成的一个集体和共同体中假设的这个特殊形式包括诸种实践、规范和协会形式,它们都关联于人们在相互依赖的条件下需求的产生和满足,以及关联于国家的法律和制度。因此,个体可以在那种同时对它们的意志进行限制的东西中承认自身的方式可能发生变化。假设有下述几种形式:对其他个体的一种情感认同,如在家庭中;尊重与其共有相同法律或者社会空间的其他人,因为人们在其他人中承认人们自己的地位和作为一个人格的特征;这个意义,即人们的特殊目的最好通过符合一般公认的规范的行为以及通过参与某些人类合作的形式中来实现;对某些法律和制度的本质上合理的特征的洞见。因此,尽管这种客观的"伦理实体及其法律和权力都是……一个对象,就其本身而言,在最高的独立的意义上存在"(PR §146),使得它们在这个方面独立于个体的意志,[1]它们在真正伦理生活的情形中并不是"对主体而言陌生的东西"。更

[1]然而,这个独立性并不是绝对的,由于伦理生活"在自我意识中具有其知识和意愿,并且通过自我意识的行动具有其现实性"(PR §142)。然而,即使伦理生活的这些制度依赖于个体,当它们存在以及发挥作用时,它们并不依赖于任何特殊的个体,在这个意义上,个体仍然"对它们而言是偶然性的",同时以以上文指出的方式,"这些权力在个体中具有它们的表象、现象的形态以及现实性"(PR §145)。

确切地说,"这个主体的精神见证了它们是它所特有的本质,在精神的这个本质中,它有它的自我意识,并且生活在与它自身没有什么区别的要素中"(PR §147)。对黑格尔来说,并不是简单地理解个体之间的关系,不管是直接关系还是制度的中介关系;而是如何可能以下述方式被思考的一个问题,以此方式,因这些关系而产生的约束与自由的观念相容。鉴于制度和国家的作用,尤其是黑格尔在《法哲学原理》中提到的作用,它也是阐明何种制度和何种国家可以解释自由和约束这种相容性之可能性的一个问题。而且,制度和国家的这种作用从人们关注的个体之间的关系问题转化成人们关注个体与国家制度之间的关系问题。

11　　黑格尔主张,国家构成了"最终的"目的,它"具有与个体相关的最高权利,个体的最高义务就是成为国家的成员"(PR §258)。实际上"只有通过成为国家的一位成员,个体自身才具有客观性、真理以及伦理生活"(PR §258R)。鉴于这个本质性的政治关系的重要性,把黑格尔的《法哲学原理》"重新实现"为一种规范性的社会理论的任何尝试,基于"我们自己的后形而上学合理性标准",[1]必须被认为标志着与黑格尔自己理解的《法哲学原理》有着重大差别。按照黑格尔的理解,社会领域最终从属于"更高级的"政治领域。尽管试图把黑格尔《法哲学原理》重塑为一种规范性的社会理论的好处是非常清楚的。人们不仅要避免必须诉求黑格尔在他的逻辑著作中以最纯粹的形式表达的"思辨"理性形式,而且必须向政治国家赋予黑格尔自己赋予的相同地位和最终权威。甚至,在某种意义上认为自己是黑格尔主义者的哲学家们已经彻底从这个方向攻击了《法哲学原理》,如阿多诺。

　　黑格尔正是在法哲学 [Rechtsphilosophie] 中,遵循现象

---

[1] Axel Honneth, *The Pathologies of Individual Freedom: Hegel's Social Theory*, trans. Ladislaus Löb (Princeton, NJ: Princeton University Press, 2010), 5.

学和逻辑学，把对世界进程的崇拜推向极端。在很大程度上，
合法性就是这种媒介。在这种媒介中，邪恶由于其客观性而是
正确的，并且要求善的外表。积极地看，无可否认它保证了生
命的繁衍，但是，在其现存的形式中，它的破坏性并没有显示
出减弱，这得归功于暴力的破坏性原则。当这个无法的社会
［ *die Gesellschaft ohne Recht* ］成为纯粹任意性的猎物，如它在第
三帝国中所做的，社会中的法［ *Recht* ］保留了它总是随时准
备诉诸引用法规辅助的恐怖。黑格尔提供了实证法的意识形态
［ *die Ideologie des positive Rechts* ］，因为一种已经明显对立的社会
最为迫切地需要它。[1]

回过头来看，对黑格尔的《法哲学原理》的这种描述似乎标志着黑
格尔是他自己时代现存的普鲁士国家的辩护者，他的法仅仅由于它
们的实存而被认为是有效的，通过保证社会秩序实现一种表面上
的善，尽管它有助于保持社会中的不公正。而且，对现存国家不 12
加批判的态度伴随着用进步意义看待人类历史的一种错位的乐观
主义，伴随着被认为代表着一种历史过程的昌盛的现代强制国家
（ modern coercive state ）。然而，这一次存在一种重要的差异，因
为对法律本身的需要特别根据基于威胁社会秩序的阶级冲突的社
会对立而被解释，因此，甚至很多人认为现代法权国家（ modern
Rechtsstaat ）是进步的一种标志，它被认为基于面临资本主义生产
方式产生的张力维持社会秩序需要的暴力，并且由此维持着。因
此，黑格尔《法哲学原理》意识形态的功能不是要等同于试图促进
人们接受任何特殊的现存现代国家，例如普鲁士国家。相反，它是
要等同于试图促进人们接受现代国家本身，在黑格尔自己的时代，
这逐渐地被当时的资本主义生产以及由它产生的对立生产关系所规

---

[1] Theodor W. Adorno, *Negative Dialektik* (Frankfurt am Main: Suhrkamp, 2003), 303/
Negative Dialectics, trans. E. B. Ashton (London: Continuum, 1973), 309；译文有改动。

定。因此，这并不是一个这样的问题，即黑格尔描述的政治国家，连同其君主立宪制、地主贵族的立法作用以及直接普遍选择权的缺失，是否相容于一个自由概念，这个自由要求个体不会把他们所服从的这些限制经验为纯粹外在的、陌生的限制。更确切地说，它恰恰就如同国家与社会的关系的问题，因为后者是具有其自己的整套关系的一个经济领域。

如在《法哲学原理》中所规定的，国家的性质及其与社会的关系实际上可以部分地根据黑格尔认为自己有权提出的这些主张的诸限制，鉴于他自己的历史立场而得到解释。他主张，

> 要理解存在的东西是哲学的任务，因为存在的东西是理性。就个体而言，每一个体在任何情形下都是他的时代的孩子。因此，哲学也是被把握在思想中的它自己的时代。想象任何哲学可能超越它同时代的世界，就如同一个人可以越过他自己的时代或者在罗德岛跳跃，是多么的愚蠢。(PR, 前言, 21–22 [26])

尽管，强调黑格尔认为理解已经存在的东西在一种历史意义上的合理性可能被认为支持《法哲学原理》的保守主义解释，这也可以被简单地认为是对他的信念的一种反映。他相信，现代国家一般而言是合理的，并且在更大程度上比任何其他之前的社会和政治组织更为合理。这个立场在一种严格意义上不是一种保守主义立场，由于它并不排除这种可能性，即一种特殊的现存国家，包括黑格尔自己时代的普鲁士国家，将缺少一种真正合理国家的根本性特征以及将在这个意义上要求改革。而且，传统的和过去的诸实践并不被赋予任何种类的内在价值，如果广泛地接受它们被认为是拒绝威胁它们实存或者权威的任何改革的一个充分理由，那么就像它们将会是的那样。

强调对存在东西之合理性的理解，尽管限制了哲学主张的权威，尤其限制了哲学批判的主张，因为哲学没有权利对事物应该如

何做出规范性主张，这独断性地断言或者暗示了现代国家的不合理性和不正义；同时，因为它建构了一个完全不同形式的社会和真正组织的理想。然而，即使哲学批判的哲学权利以这个方式被限制，这并不必然造成，某位历史立场不同于黑格尔的哲学家，在追问黑格尔描述的伦理生活形式实际上是不是当前人类可用的最好社会和政治组织形式时，鉴于他的《法哲学原理》的根本性目标以及新的历史诸条件，将得不到辩护。毕竟，在这个过渡性的时代，人们可能已经意识到一些可能性，这些可能性对坚持黑格尔立场的某些人来说仅仅是不可思议的；或者人们可能已经遇到这样一些问题，即黑格尔不可能合理地期望认清的问题，更不用说解决了。

　　与最后一种可能性相关，这些社会张力——或者，阿多诺因此所暗示的——黑格尔的《法哲学原理》试图隐藏或者压制的诸张力实际上被黑格尔自己所承认。黑格尔谈及市场经济的规范运作产生了相当程度的物质不平等，并且产生了经济危机，它创造了一类人，他们不能够"感觉以及享受市民社会的更广泛的自由，尤其是精神利益"（PR §243）；它同时创造了另一类人，他们被认为是促使财富集中到其手中的少部分人（PR §244）。话说回来，黑格尔并没有漠视现代国家必须面对的诸社会张力的存在。也可以说，如此张力的存在意味着，在那些人被剥夺了社会必须通过市场经济的正常运作提供的"更广泛自由"的情形下，一种社会和政治自由形式的可能性，这种自由包含了能够在那种限制人们自己意志的东西中承认自身，以至于人们并不把它经验为一种纯粹外在的和陌生的限制形式。相反，这些人可以说把国家以及其机构经验为，在限制他们自由的意义上，外在于他们自己的意志，他们不可能确定自身是自由和理性的行为者。

　　任何试图通过以某种方式重塑它而阐述《法哲学原理》的相关性将得不遭遇这个问题，即它的基本意图如何可能实现而不忽视、淡化或者掩盖那些黑格尔自己已意识到的社会张力以及他在很

14

大程度上能够解释的它们的性质。此外，要应对这个挑战，如果阐述《法哲学原理》的持续相关性的尝试要达到黑格尔哲学所达到的反思水平，人们需要考虑提出这个问题本身的不同历史背景，这要求反思黑格尔哲学自身的历史诸条件和预先假设。在今天这些不同历史背景的特征之中，人们，可能包括大型现代公司和金融机构，在国家以及全球层面享有相当大的权力。可以说，这个权力造成了各种形式的影响，使得现代政治国家沦为全球资本的工具而已，后者的利益以牺牲、不顾及现代国家的很多公民的利益而增进。对黑格尔来说，这将代表着现代伦理生活"逻辑"结构的根本性颠倒，因为后者的一个从属性环节，也就是市民社会的环节，他把它与劳动、生产以及交换联系起来——如黑格尔所称的"需求的体系"——这个环节主宰着伦理上更高的国家环节，国家在这一环节上关注的是普遍的利益或者"普遍"。这就等同于在两种不同的事物秩序中存在一种分歧。对黑格尔来说，它们意味着或多或少同步进行：伦理的秩序由《法哲学原理》中规定的法的诸环节以及事情的历史秩序构成。

尽管黑格尔警告我们不要混淆这两种秩序，因为，例如，根据它们的历史顺序抽象权利不可能被认为先于家庭，市民社会不可能先于国家（PR §§32R，32A），现代国家必须如此发展，即大体上符合黑格尔《法哲学原理》中规定的事情之伦理秩序，黑格尔才能够真正以一种立场理解他自己对于在人类历史的某个点上的事物的合理性的观点。例如，不可能存在一种这样的情形：国家在历史的这个点上从属于人们在今天认为仅仅是市民社会的一个环节。事实上，法的一个从属性环节在今天可以被认为已经获得了对存在的东西的主导地位。对黑格尔来说，一个更高级的法的环节意味着，现代国家，如同我们而非黑格尔对它的经验，实际上从黑格尔主义的视角来看比 19 世纪的法的国家更加不合理。如果为了论证，人们接受这个主张，即政治国家以上文指出的方式已经变成从属于市民社会的一个环节，避免这个结论而不完全偏离黑格尔自己路径的唯一方式将会表明，现实中的事情之伦理顺序的颠倒更充分地符合真正促使人类自由的诸条件，而不是黑格尔论证的伦理秩序。鉴于这个方式，这事实上是一个非常大的挑战，以此方式，黑格尔自己表明市场的力量可能被认为削弱了社会行为者们的自由（在"积极"意义上），这种力量使得行为者们服从已经具有一种完全外在化性质的非个人性的必然性形式。[1]

在本导论中，我已经试图提出黑格尔《法哲学原理》的复杂性和成就的意义，因此表明，如人们过去通常不幸所做的一样，给它贴上粗糙的政治标签是多么误导人。希望本书将贡献对这部著作的不同的、更加细致入微的理解，本书已经概述一些最近对它的解释。本书并不意图全面。更确切地说，每一位作者都集中于他或者她发现的对黑格尔《法哲学原理》的特殊兴趣。这在某种程度上缩小了本书的范围，特别是使得黑格尔的市民社会理论受到比他对伦理生活（*Sittlichkeit*）解释的其他方面（尤其是政治国家的结构）更多的关注。我相信，在黑格尔自己理解的法与历史之间的关系的基础上，这个路径可能得到辩护。事实上，法与历史之间的这个关系使得黑格尔国家的现代性程度问题成为本书的恰当结尾。

---

[1] 参见 David James, *Rousseau and German Idealism: Freedom, Dependence and Necessity* (Cambridge: Cambridge University Press, 2013), 179–186。

第一章

《法哲学原理》的方法

弗里德里克·纽豪瑟

《法哲学原理》的目的是要理解现代社会世界，通过阐述它的主要制度如何一同运作以实现"实践自由"，即黑格尔与意志或者自由行动联系起来的自我规定的这种东西，揭示其合理性及其对我们的正当要求。法（ *Recht* ），[1] 如黑格尔使用的这个术语，被定义为与实践自由相关联：它就是他称为作为"理念"（ *Idee* ）的自由，或者同样地，称为"自由意志之定在［Dasein］"（ PR §29 ）。这两种表述更加口语化，都指实践自由在这个世界上得以实现 [2] 的任何方面（ PR §4 ），但是，正如与社会和政治哲学一样，法的大部分实例将是实践自由发现在社会生活的诸制度和实践中实存（得以实践）的诸方式。《法哲学原理》的这个目标并不建立新制度，而是通过理解他们的社会世界，使得诸个体认为他们的社会生活带给他们的这些要求合理地得到辩护，在很大程度

---

[1] 我大写"Right"，是为了强调这个术语在英文中没有一个统一的对应词。黑格尔的《法哲学原理》处理了很多不同的主题，它们在英文中是不同的术语，包括个体权利、法律、正义、政治哲学、道德以及社会理论。

[2] 我将使用更加口语化的术语"realization"来翻译 *Verwirklichung*，而不是用更别扭的"actualization"。对于 *Verwirklichung* 在黑格尔的方法中起到的作用的解释，参见 Robert Pippin, 'Hegel's Political Argument and the Role of "Verwirklichung"', *Political Theory 9* (1981), 509–532。

上，[1] 因为践行它们对于实现他们自己的自由是必然的。正是因为哲学的理解涉及把"存在的东西"（PR, 前言，21［26］）看成实现自由之本质，所有如此的理解调和了个体与他们栖居的社会世界，并且通过他们自己的活动维持着：以不同方式可能显现为外在地限制他们活动的东西，被成为他们自由的这些条件之哲学所表明。正是与把握《法哲学原理》的方法相关，黑格尔把哲学的理解描述为给予已然"自在"或者隐性理性的实存内容以理性形式的一个过程（PR, 前言，11［13-14］）。因此，在把实存的制度看成合理的时，不管涉及其他什么东西，哲学理解的部分也认为它们在体系上是有秩序的——并且总是内在地被构成于它们的相互关系中，根据它们的首要目的之复杂要求，即自由的实现。

在本章中，我的目的是阐明这个独特方法的某些方面，凭借这个方法，《法哲学原理》主张实现了刚刚描述的目标。[2] 尽管方法论的问题对黑格尔极其重要，他在这个文本中对这个主题的评论很分散，要把它们拼凑为一个连贯的解释是很困难的。如果我们扩充这个问题，即黑格尔的方法非常不同于那些我们更熟悉的社会和政治哲学路径使用的方法，那么在试图解释或者评价这个文本的主张之前关注其方法的迫切性就变得很明显。黑格尔已经在前言中告诉我们，《法哲学原理》的方法就是哲学的方法，或者是更一般而言的"科学"的方法（PR, 前言，10［12-13］）。这就直接地提

[1] 如我在本章的倒数第三节提到的，在理性社会秩序中实现的自由并不仅限于其个体成员们享有的自由。自由也包括黑格尔归于作为整体的社会秩序的这种类型的自由（一种自我规定的自身繁衍）。参见 Frederick Neuhouser, *Foundations of Hegel's Social Theory: Actualizing Freedom* (Cambridge, MA: Harvard University Press, 2000), 114–144。

[2] 对于另一篇论黑格尔方法的有益文章，参见 Kenneth Westphal, 'The Basic Context and Structure of Hegel's "Philosophy of Right"', in Frederick C. Beiser (ed.), *The Cambridge Companion to Hegel* (Cambridge: Cambridge University Press, 1993), 234–269。

出，理解《法哲学原理》的方法依赖于熟悉黑格尔体系其他部分的程度。我在下面讨论这个问题，即讨论在黑格尔的体系中，《法哲学原理》从它之前的科学部分预设了什么。此后，我转向本章主要关注的内容，即解释黑格尔在表明现代社会世界的基本制度对于实现实践自由是合理的或者必然的时所依赖的方法。对此至关重要的是，理解《法哲学原理》的动向，他从一个法的主张、一个法的领域系统性地进展的方式。黑格尔把哲学的进展方式描述为"概念的发展"（实践自由的发展）（PR §32），但是理解这个意味着什么，就要求我们仔细地关注《法哲学原理》实际上做的以及它诉诸诸种类型的论证。如我们应该看到的，发展实践自由的概念涉及的不只是概念地分析这个术语的直接意思。对黑格尔来说，发展实践自由的概念要求在两个方面分析平台上进行，以及在两者之间往返运动：它涉及"演绎"（三个）相互区别但又相关的实践自由概念以及相关交织的概念的整体集合，系统地反思实现各种形式的实践自由的这些制度与实践。[1]黑格尔把对实践自由概念的逻辑反思与关注其制度实现的诸问题结合起来，他正是以这种方式解释了《法哲学原理》方法的独特性。

《法哲学原理》的预设

　　《法哲学原理》这个文本的评论者们往往分为两个阵营：一个阵营的人认为它的论证独立于黑格尔体系的其他部分而充分可理解；另一个阵营的人坚持，那些论证不可能与黑格尔在其他地方

---

[1]黑格尔如下描述了这两个方面：当我们"观察这个概念如何规定自身……我们获得的东西……是一系列的思想［或者自由的诸观念］以及另一些现存的配置［或者那些观念的实现］"（PR §32A，译文有改动）。

提出的诸主张分离，首先是《逻辑学》中的主张。[1]用不着惊讶，两个阵营都可能指出文本中的一些段落来支持他们各自的立场。在这个章节，我指出《法哲学原理》预先假设的东西，探究那些用来揭示黑格尔意指什么的段落（PR，前言，10［12］）。最终，我的解释与第一个阵营共有的东西更多，但是也试图公正地对待第二阵营的合法主张。

对黑格尔自己评述《法哲学原理》与他的作为一个整体的体系之间的关系的一项细致解读揭示了，当前者分离于后者时"预先假设的"三项主张。（当然，从《法哲学原理》的视角显现为，预先假设的任何东西都应该是在这个体系更早的部分中建立起来的。）第一个预先假设仅仅是承认哲学——"认知的思辨模式"不同于认知的日常方式。而且，黑格尔在这里提及的哲学认识的独特方面很明显与方法的诸问题相关：正是以此方式，哲学"从一个主题进展到另一个主题"（PR，前言，10［12］）。

19　　第二个预先假设与第一个相关联。它不仅关注哲学不同于其他的认知模式，也关注它们何以不同。在这种境况下，黑格尔明确地指出，《法哲学原理》预先假设熟悉"思辨认知的本性"，这是他主张在《逻辑学》中已经规定了的（PR，前言，10［12］）。然而，有意义的是，无论黑格尔什么时候指出，《法哲学原理》如何依赖于《逻辑学》，他都没有指出任何具体的哲学学说，而是指出哲学认知一般而言的本性——更准确地说，指出了这种方法，凭借它，"概念……从自身发展"，使得它成为一种纯粹"内在的进展以及产生它自己的规定"（PR §31）。应用到当前的情形中，这意味着，理解《法哲学原理》的方法要求能够表明最初空无内容的实践自由概念（或者意志的规定）如何通过一个内在的进展（在下文将

---

[1] 例如，属于第一个阵营的有 Allen W. Wood, *Hegel's Ethical Thought* (Cambridge: Cambridge University Press), 1990, 1–8，属于第二个阵营的有 Eric Lee Goodfield, *Hegel and the Metaphysical Frontiers of Political Theory* (London: Routledge, 2014)。

澄清的意义上）发展成为一种更加具有规定的概念——成为自由的一套有体系性的相关联的观念。这就意味着，需要理解《法哲学原理》如何以独特的使其成为哲学的方式进展，并且不要求诉诸《逻辑学》中出现的具体概念或者主张。更确切地说，第二个预先假设要求的是，文本读者们遵从的自由概念的发展具有相同的一般类型以及具有相同类型的必然性，如在《逻辑学》中概念发展所展现出来的。更准确地说，理解其概念进展必然性的《法哲学原理》的读者们——从人格的到道德的，再到社会的（或者伦理的）自由——不需要从《逻辑学》中获得的哲学方法的进一步指导。我在这里受到的挑战之一表明，《法哲学原理》的实践自由概念的严格发展，甚至对不熟悉《逻辑学》的读者们来说也可以被重构（如黑格尔自己必须相信的，因为他明确地欢迎这样的读者进入他论及法权的讲义）（PR §4R）。

　　《法哲学原理》的第三个预先假设是形而上学的，而不是认识论的。它包含着少量的哲学主张，也就是，"意志是自由的，以及意志和自由是什么"（PR §4R）。黑格尔认为这些主张不是在《逻辑学》，而是在《哲学科学百科全书》的主观精神篇章中建立起来的（PM §§363–399），这一章紧接着他处理法权的客观精神的章节。换句话说，《法哲学原理》导论中的很多内容——它对意志的和实践自由基本本性的解释，以及对法权的定义——并没有在那个文本本身内得到论证。更确切地说，这些学说仅仅是作为在黑格尔体系的其他地方发现它们证据的结果而被接受的（PR §2）。然而，黑格尔很快就指出——再次向没有掌握作为整体的体系的读者们指出——那些学说的预先假设的特征并不意味着，阅读《法哲学原理》本身就排除了在其中发现符合科学的大多数哲学的严谨性。他主张，因为所有的读者都将能够设想（vorstellen）以及发现导论对意志所断言的内容之合理性。只要他们愿意审查他们自己的"自我意识"，他们就可以有效把握意志之三个根本性环节（PR

§§5-7），以及导论中规定的意志的"进一步规定"（PR §4R）。这就意味着，如果我们把自己单单限制于《法哲学原理》，我们将能够理解和发现由这个问题开始的令人信服的（虽然没有在哲学上证明的）意志、自由和法权概念。甚至不用指出《逻辑学》，我们就能够把握这个运动的必然性，通过此运动，我们获得与法权相关的自由的三个具体观念，以及获得对实现那些观念的法权之实践和制度的解释。换句话说，即使从黑格尔体系其他部分的抽象中来阅读《法哲学原理》，它所主张要实现的哲学任务实际上也是非常坚实的。

到目前为止，我仅仅提及了《法哲学原理》计划的三个方面，黑格尔认为，当某个文本分离于他的体系的其他部分时，则它就是"预先假设的"。实际上，存在着更加实体性的和更加争议性的假设在这个文本中起作用——并且存在于脱离于这个体系的自然哲学或者精神哲学的任何部分中。当考察黑格尔方法涉及探寻经验的部分时——已经现存的诸机制——以便把规定性给予对合理社会秩序的哲学解释，这个假设的重要性在下文中变得很明显。这个假设也隐含在下文讨论的这些主张中，即哲学的任务是要理解当下（PR, 前言, 20［24］）以及"理解存在的东西"（PR, 前言, 21［26］）。为了使这个观念——至少，在拿破仑之后——存在的东西已经是隐性合理的，变成完全合理的，他要求哲学理解可以赋予它唯一的合理形式，这是《法哲学原理》的根本性计划。这在前言中最著名的声明中得到表达，"合理的就是现实的［*wirklich*］，现实的就是合理的"（PR, 前言, 20［24］）。然而，当黑格尔在这里宣告这个学说时，他指出，它不是一种预先假设，而是一种"坚信"（*Überzeugung*）或者"洞见"（*Einsicht*），《法哲学原理》"认为它是出发点"，对此，我的意见是，如果它要成为哲学，这个坚定主张定义的出发点必须是哲学所要接受的：从存在的东西是合理的这个

坚定主张出发，[1] 即使仍然是不完美的或者隐性的。如果要理解实 21
在性，它对黑格尔的哲学必须接受的立场来说是构成性的。

　　黑格尔对适应于哲学的这个立场的理解取决于作为目标导向
的活动之复杂理性概念，受驱使以仅仅实现它自己的自我设定的目
的，以及取决于（相关的）关于人类历史目的论特征的诸论点。这
些根本性的主张在《法哲学原理》中没有得到辩护，它们在这里也
不可能得到辩护。（甚至人们不完全清楚应该在哪里寻找黑格尔对
这种哲学立场的辩护：在《精神现象学》中，在《逻辑学》中，还
是两部著作的某组成部分中？）然而，出于我们的目的，重要的是
要指出，缺乏《法哲学原理》由之开始的立场的充分证据并未排除
其方法的一切哲学严谨性，好像黑格尔给予一种已经隐性合理的内
容以合理形式的东西显得如此松散，以至于他允许任何东西都被塑
造成适合理性的形式。（如果情形如此的话，提个最明显的例子，
当黑格尔极其努力地调和贫困的实在性与市民社会的合理性时，黑
格尔在这个文本的后面就不太会有什么动作。）（PR §§241–245）
《法哲学原理》的方法的两个特征解释了它有能力判断实在性的
某些方面不太完全合理——它的能力，用黑格尔的话来说，就是
区分现实性（*Wirklichkeit*）与单纯的实在性（*Realität*）或者实存
（*Existenz*）[2]——这完全就是我在这里强调的那种方法的两个方
面：它为实践自由的抽象观念给予确定内容的资源（通过发展实践
自由的三个具体观念），并且有能力以这些自由观念在法权的机制
中得以实现的方式发现"诸矛盾"。

---

[1] 黑格尔称之为合理的不仅是 *Wirklichkeit*："存在的是合理的。"（PR, 前言, 21
［26］）

[2] 如已经指出的很多，即使"除了理念，没有什么是现实的"（PR, 前言, 20
［25］，补充强调），很多实在性都不是理性的表现。

意志与实践自由的三个观念

如上面指出的,《法哲学原理》的导论可以被认为是关于意志本性的概括性主张,黑格尔认为实践自由和法权在他之前的体系中已经得到证明。这些导论性的主张应该被理解为对意志的抽象定义及其本质特征,即实践自由,这完全是因为它们是抽象的,所有关于自由在其中得以实现的一个社会世界会像什么样子,他什么也没有告诉我们。实际上,甚至在这个文本的部分中有比"预先假设"学说意味的更多的论证。最显著的是,在定义意志的三个环节的发展中存在一种逻辑的进展(PR §§5-7),那种进展的必然性可以得到重构而不用诉求《逻辑学》或者这个体系的其他部分。(非常简略:意志的这三个环节通过反思实践自由规定的空无概念而得出的,在那里,具有规定的这个观念或者具体的属性必须与下述这个观念结合在一起,即这些规定在意志自身中有它们的来源。[1])因为《法哲学原理》的独特方法——在思考实践自由如何在社会世界实现的相互作用中发展实践自由概念——唯有在"抽象权利"中进行,我将在这里仅仅对导论的相关主张提供简单的概述。

这些问题中最突出的是,任何自由意志的例子都必须包括三个环节:(a)从被给予的意志规定进行抽象的能力——"需求、欲望以及驱动力"(PR §5)——而不是让人们的行为仅仅被那些规定所决定;(b)对某种确定、特殊的内容的设定使得意志不只是内容回避的、纯粹普遍的从一切规定中进行抽象的能力,这些规定在第一个环节中是成问题的(PR §6);(c)把确定性与自我规定放置

[1] 对黑格尔自由观念的一项精彩处理可以在下文中发现,Alan Patten, *Hegel's Idea of Freedom* (Oxford: Oxford University Press, 1999), 43–81。也参见 David James, *Rousseau and German Idealism: Freedom, Dependence and Necessity* (Cambridge: Cambridge University Press, 2013), 145–147。以及 Robert Pippin, 'Hegel, Freedom, the Will', in Ludwig Siep (ed.), *Grundlinien der Philosophie des Rechts* (Berlin: Akademie Verlag, 1997), 31–54。

到一起，促成了黑格尔的"在他者中与自身同在"（*Beisichselbstsein in einem Anderen*），[1]这被认为是适合人们的意志特殊内容的一种形式——使得它成为"人们自己的"，对立于异质的、外在的或者仅仅被给予的（PR §7A）。以某种方式囊括所有这三个环节的一个意志规定就是一个目的（*Zweck*），它具有主观和客观的方面：属于"内在的"意识领域的一个目的，但是它通过呈现自身为通过行动"而实现的某种东西"而涉及"外部的"世界（PR §9）。这就意味着，实践自由仍然是不完整的，直到一个意志把它内在自我规定的诸目的转变为在这个世界上的成功行动。最后，完全的自我规定要求人们在这些目的的最坚实的意义上支持和实现自我规定的行动，它们的特殊内容与意志的本质本性（它的自由）是一致的。那么，这种意志是完全自由的——是"自在和自为的"自由（PR §22）——它不是随意地规定其目的，不只是带有一种最大化享乐的看法，而是符合其自由之本质；并且它通过在这个世界上的成功行动而使得这些坚实的自由规定的诸目的成为实在的。下文讨论的自由之三个具体观念——人格的、道德的以及社会的自由——是自在和自为自由的意志的所有实例。也就是说，每一种观念都涉及支持诸目的的一个意志，它符合对其自由的一种具体理解以及"客观化"那种自由的行动（使它成为实在的）。区分自在自为之意志的那些形式的东西是，每一种形式都对自由有一种独特的理解，这构成了它的本质本性，并且支持诸目的的标准。

在更详细地探究《法哲学原理》的方法之前，澄清奠基对法权机制的解释的三种实践自由观念将是有益的（还没有考察揭示从一个到另一个运动之必然性的这些论证）。如上文指出的，这三种观念如下所述：人格自由，"抽象权利"的基础；道德自由，"道德"

---

[1]对这个术语更多讨论，参见 Wood, *Hegel's Ethical Thought*, 45–51；以及 Neuhouser, *Foundations of Hegel's Social Theory*, 19–25。

的基础；社会自由，"伦理生活"（*Sittlichkeit*）的基础。其中，人格自由是最简单的，这就是为什么在《法哲学原理》中要首先处理它。在人格性中，这种成问题类型的自我规定就是选择其目的的意志。个人被给予的驱动力和欲望所描述，这些驱动力和欲望有能力激发他们去行动，但是由于这个事实，即他们的意志不是被他们恰好具有的欲望和驱动力所规定，他们就是人格。更确切地说，人格有能力拒绝某些欲望，并且欣然接受其他的欲望。他们的自我规定包括从被给予的倾向"往回退一步"，并且决定哪种倾向得到满足，以及如何具体地做。由于已经选择了去行动的目的，不管作出这种选择的理由，一个意志都具有基于这个观念自我规定的权限。而且，作为自在和自为的自由的一个意志，人格性势必要求，与人们作为一个目的选择者的自己的自我观念相符合，从而限制人们的选择：诸选择破坏了人们选择行为的这些条件——例如，同意成为一个奴隶——无法满足自由行动的人格性标准。

道德主体体现了自我规定的一种更为复杂的观念。道德主体是自我规定的，因为他们决定做什么与自我规定的诸原则相符合——与他们自己理解的（道德上的）善之所是相符合。道德主体性比人格性更为复杂，首先，因为它涉及规定人们的意志符合于定义人们理解的善的诸原则。其次，因为那些原则在这个意义上是"人们自己的"，即道德主体能够反思它们以及肯定、拒绝或者相应地修订它们。那么，当诸个体赞同他们自己对善的合理评价之见解，规定与之相符合的目的，以及通过它们自己的行动把善带到这个世界时，他们就实现了道德自由。

与人格的和道德的自由不同，在这种自由中，着重强调的是独立于他者的被设想的自由个体，这种自由即社会自由，包括参与现代性的三个主要社会机制中的某些方式（家庭、市民社会和国家）。对黑格尔的社会自由观念而言，它的出发点就是在古希腊城邦中享有的公民自由。根据黑格尔所言，在古希腊，公民如此深度地依附于他们的城邦，城邦的成员构成了他们身份的核心部分：为了其本身而参与城邦生活是有价值的（而不仅是其他目的的一个手段），并且这些计划和社会角色的来源是他们自我理解的核心。出于两个理由，黑格尔认为这是一种类型的自由：第一，事实上，希腊公民认为他们共同体的善与他们自己遵从的支配他们的法——这些指向的是集体的善[1]——相一致，而没有把他们经验为外在的限制。第二，城邦是其成员独特的和深度的满足的来源。它提供了一个社会架构，给予他们的生活以意义，并且，把它作为首要的舞台，在其中，他们通过履行他们的社会角色，和承认他们的同胞公民们而实现他们的"自我的意义"。除了社会成员的这些"主观的"方面，在《法哲学原理》中，被设想的社会自由还包括一个"客观的"要素：诸个体主观上接受为他们自己的这些机制实际上促进了一般而言的社会成员的人格的和道德的自由。这些机制是（部分）合理的，因为，独立于他们的成员具有与它们之间的主观关系，他们创造了这些条件。在这些条件下，社会的诸成员被塑造成为人格以及道德主体，并且，他们实现了与那些自我观念相应的自由之诸形式。[2]

方法

本章剩余部分的目标是要澄清《法哲学原理》的这个独特的方式，在这么做时，重构下述这些举动，通过它们，黑格尔阐明现代社会世界的这些基本机制是合理的，因为它们对完全实现实

[1] 因此，像道德自由，社会自由包括根据善的观念而行动。部分的现代社会自由涉及与善的观念的关联，它激活了一个道德主体模式中的社会生活，作为道德权威的一个个别性场所，它合理地对它据此行动的善的观念负责。

[2] Neuhouser, *Foundations of Hegel's Social Theory*, 145–174.

践自由是必然的。如已经指出的，他的进程的一部分可以被描述为实践自由概念的一种发展（发展为三种系统相关的自由观念），而且，黑格尔也把《法哲学原理》完成的东西描述为"发展理念 ［*Idee*］……从［自由］的概念"（PR §2）。用黑格尔的话来说，由于 X 的理念包括 X 的概念及其在世界中的实现（PR §1），《法哲学原理》，在从其概念发展法权理念时，将不仅衍生出一种完整的实践观念集合，而且也衍生出与之相应的法权的实在世界的诸形态（*Gestaltungen*）（PR §32），也就是说，这些具体的实践和机制要求实践自由以各种不同的形式完全实现。而且，黑格尔对法权解释的这两个方面是相辅相成的；把握它们如何相关联，对于理解《法哲学原理》的方法是本质性的。简而言之，从一种自由概念到另一种自由概念的运动——从个人的到道德的再到社会的自由的进步——只有通过关注，当人们考虑在缺乏完整的社会制度补充的情况下，在世界上实现一种给予的自由观时，才有可能看到"矛盾"，而这些社会制度在本书的结尾已经被表明是必要的，如果实践的自由要被充分地实现的话（这一条件将需要实现和整合实践自由的所有三个概念）。尽管人们可以区分《法哲学原理》（"概念的发展"）中的概念发展与有关这种社会世界必须如何被构造的主张。如果实践自由要被实现（"从概念发展理念"），其方法的任何一方面都不可能独立于其他方面。如果自由理念的内在发展要成为可能，两者都是必然的。

26 这就意味着，这个文本的三个主要部分——"抽象权利""道德"和"伦理生活"——与其每一部分都基于的自由观念一起，可以被理解为一个单一哲学论证的诸阶段，这一论证的目标在于清楚地表达实践自由及其实现的一种全面的、完全充分的观念。这个论证开始于一个自我规定的意志（人格自由）的最简单的观念，并且通过表明人格自由本身为何是不完整的来阐明有必要用一种更为复杂的观念（道德自由）来补充那种观念。当试图思考一个实现它的世界揭示了如此一个世界以某种方式与自由的核心理想相"矛盾"，即仅仅自身规定的一种意志的理想时，一种具体的自由观念被表明是不完整的。一种自由的观念被阐明是不完整的，就指出了该观念需要被修正，修正采取了一种独特的黑格尔的形式：我们保留而不是抛弃原始的自由观念，但是我们认为它是不完整的——捕捉了实践自由的部分而不是整体——需要以更复杂的自由概念来补充，它的特征以某种方式回应了困扰前一种自由观念的不完整性。（这就是在这种"过渡"中发生的，这个过渡标志着文本从一个主要部分进步到另一个部分。）（PR §§104, 141）一种类似的"辩证法"被重复，直到这个过程产生了实践自由的一种完整的观念——更准确地说，一种实践自由的系统相关观念的集合——被下述这个事实揭露的完整性，即它在法权实践中的实现没有揭示任何进一步的方面，在这些方面中，它对任何外在于自身的东西规定的一个意志的理想是不充分的。那么，黑格尔论证的一个重要特征是，它并不开始于一个固定的、完全确定的自由观念，这种观念是一种理性的社会秩序必须实现的自由观念。相反，通过反思各种不同的、初步的以及不完整的自由观念的充分性以及现实性，它获得了如此这样的一种观念。那么，通过这个方法，《法哲学原理》建立实践自由的"正确"观念和法权的"正确"机制，这个方法不是通过引入以及之后应用其他哲学部分中建立的某种概念而进展，而是通过遵循内在于一个自我规定的意志的最简略观念的一种思想运动。

现在，我们追溯从第一个实践自由观念（人格自由）到第二实践自由（道德自由）的发展来补充《法哲学原理》方法的这个纲要式解释的一些细节。如我已经表明的，黑格尔在《法哲学原理》主要部分中的第一步是要表达一个自在和自为的自由意志之最简单构想的观念（PR §§34–38）。这个观念就是人格性，首先是因为其理解的自由之核心即自由选择是一个自我规定的意志的最简单观念：要自由就不要被人们碰巧具有的这些驱动力和欲望所规定，而是选择——甚至是任意的[1]——满足其中哪一个以及如何满足。直接在表达这个自由观念之后，黑格尔转向《法哲学原理》中第二层面的分析，并且追问人格自由如何在这个社会世界上"被给予实存"或者实现（PR §§39–46）。他的回答是，一个人格，通过由她支配世界的一部分而实现她的作为选择意志的自由——这个世界由无意志的实体或者事情（Sachen）构成（PR §42）——在这个世界内，她的意志具有无限的自主权，并且其他的意志，作为实现她的目的的潜在障碍被排除在外。服从一个个体任意意志的一种排他性活动领域的思想是黑格尔抽象权利理论背后的主要观念，即定义如此一种领域的界限的这些原则。它们这么做是通过赋予诸个体一系列权利，以保证他们自由地、愉悦地处理那些事物，那些事物恰当地被认为仅仅服从他们自己的意志——他们的生命、他们的身体以及他们占有的物质事物——这些一同构成了他们的财产（PR §40）。然后，当诸个体栖居于为他们确保私人活动领域的社会世界时，人格的自由就实现了，在这个私人活动领域内，他们不受到其他行为者妨碍，其他行为者们无法通过选择寻求到他们塑造成为"他们自己的"这些目的。个体权利的制度保障与财产相关（在广泛的意义上，包括人们的生命和身体），它构成了这种法权的形态——理念——对应于作为人格性而设想的自由。

在考察黑格尔处理的人格自由如何产生了一种更为复杂的实践自由观念已推动我们进入新的法的领域之前，值得更细致地考虑在刚刚对个体财产权之必然性的论证中发生了什么。这些论证属于不同于上文提到的《法哲学原理》的第二个任务，它关注自由——在法权的机制和实践中——的一个具体观念的实现。在人格性的情形中，黑格尔的论证明显存在一个重要的概念构成成分：如果人们

---

[1] 人格不可能完全任意地选择，因为他们意愿他们选择的自由，因此承认人格性作为约束他们选择的诸条件。然而，如此的约束为任意选择留下了更大的空间。

作为诸目的的自由设定者要实现他们的自由，而不考虑这些目的的合理内容（除非他们的选择可能不会破坏人格本身的条件），那么人们在这样做时所关联的世界部分必须如此，即这个世界可以成为人们任意意志的工具——他们自由选择的目的的体现——而不"违背"他们的本性。这就意味着，人格实现他们自由的这个世界领域必须由无意志的实体构成，这些实体并不对人格如何处理它们施加任何它们自己的规范性进行限制。这样的无意志的实体就是事物，并且，一种保证事物中人格财产权的机制算作一种"自由意志的实存"，或者法权的一个实例。在这种程度上，即对人格自由的实现所要求的方式的进展而不诉求任何超越人格自由本身的观念——在这种程度上，即，如果一个任意选择的意志的自由要被实现，对事物的自主权可以被演绎为必然的——人们事实上可以说，理念内在地从概念发展（PR §2）。

同时，认为黑格尔对描述一个合理社会的抽象权利的具体实践的解释——财产、契约、惩罚——仅仅取决于先天的论证，是非常荒谬的。也就是说，在一定意义上，实在经验对于《法哲学原理》解释的合理社会是本质性的。在这个方面，它不同于《逻辑学》，就像所有黑格尔自然哲学和精神哲学一样。在把《法哲学原理》的计划描述为一种"合理东西的探究"时，黑格尔暗示了这个差异，这种探究则由"对当下和现实东西的理解"所构成（PR, 前言，20［24］）。这里的关键在于，对当下东西的理解对于《法哲学原理》的法权机制的解释是本质性的，它不可能是一种纯粹先天的理性运作。当黑格尔指出，实践自由的这些形态——真正存在的法权机制——暂时地先于对它们的哲学理解，他就承认了这点（PR §32R）。这对于黑格尔合理理解的概念是本质性的，这被他众所周知的主张所证实，这个主张即，只有在一种确定的哲学过程已经发生之后，哲学才可能完成它的工作：唯有在"现实性已经经历它的形成过程以及达到它的完整状态"之后（PR, 前言，23［28］）。这就是为什么黑格尔在相同的段落把哲学等同于"世界的思想"(修改了语气),之前,是等同于"在思想中被把握的它自己的时代"(PR, 前言, 21〔26〕)。相同的观念在这个主张中得到表达,"理解存在的东西就是哲学的任务"(PR, 前言, 21〔26〕)。

29 　　如果哲学必须考虑经验的实在性,以便开展哲学事务——如果它本质上依赖于"存在的东西"——那么,在提供充分明确地解释什么是合理的或者事物应该如何存在而无关乎它们实际上如何存在的意义上,它不可能是先天的。同时,哲学的理解不只是经验的侍女。如果理性为了做它的工作必须"进入外在的实存"(PR, 前言, 20〔25〕),它这么做并没有放弃它对经验的优先地位,"人类并不会止步于现存的东西上,而是主张在自身内具有什么是正确的尺度……〔在〕正确中……事物并不是因为它的实存而是有效的",而是因为它符合那种合理的标准(PR, 前言, 13〔16〕)。因此,没有进入与经验实在的关系中的概念思想不可能充分地规定什么是正确的,但是,同时实证的法权(在实存的社会世界中)取决于确保规范有效性的哲学理解。哲学任务不仅是接受或者描述现存世界的法权,而是要"在短暂和暂时的外表中"甄别"内在的实体和永恒的存在"——以"找到内在的脉搏",它在自由的现存结构寻找那个跳动的东西(PR, 前言, 20–21〔25〕)——并且,为了这么做,它需要理性,而不仅是经验的理解。这个应该如何理解呢?

　　我已经表明,在黑格尔的主张即个人的自由为了实现而要求对事物的法权的背后存在一种概念式的观点。(任意的自由,"选择的"意志的实现必须与无意志的实体相关联,它们对它们的占有者们怎么处理它们没有设置任何规范的限制。)然而,单靠这个思想并不足以给没有实现人格自由的实践经验的一位思想家提供一幅明确的图景,即人格自由得以实现的一个社会世界看起来是什么样的。对这幅明确的图景而言,黑格尔依赖于我们可以称之为"历史经验"的东西。也就是说,他"环顾"他周围的世界——本身就是人类努力塑造自身自由的世纪的出现——以及找到真正的诸实践，它们似乎就是这种类型的自由的实现的诸例子，在这个情形中，他的概念论证已经导致他去寻求各种不同的个体权利架构，它们可以被解释为人格自由之价值的表现。

由于很多读者会对下述这个见解犹豫不决，即《法哲学原理》的论证依赖于作为确定性的一种来源的经验，否则，它就无法充分地规定它"演绎"的自由观念，在这个问题上，值得引用黑格尔自己的观点。如他指出的，一旦一种确定的实践自由观念已经被表明为必然的——已经"被证明或者演绎"，接下来的哲学理解就采用第二步：

> 第二步是要环顾以及寻找与我们表象（*Vorstellungen*）和语言中的［概念］相符合的东西……如果……这种表象不是……在其内容上是错误的，这个概念可以很好地显示为……存在……在它之内。也就是说，这个表象可以被提升到概念的形式。但是它还远非……必然的和自为真实的概念的标准，它必须从这个概念获得它的真理，并且在后者的帮助下承认以及纠正自身。（PR §2R）

在这个段落，黑格尔加进了两项上文遇到过的观念：用哲学的方式理解，现存的东西依赖于在现实世界中"环顾"以找到诸确定的实践，它们符合已经显示为必然的自由之观念。自由的概念（如它在《法哲学原理》整本书中的发展）就是"无限丰富的……现象中"什么是"真实的"的标准（PR，前言，21［25］）。

如黑格尔强调的，重要的不是要忽视概念相对于经验的首要性：借助于概念论证，各种实践自由的观念被表明是必要的，这些概念论证提供了现象之真理的标准。同时，那些概念论证依赖于所参照的经验，因为它们通过关注——以及发现其中的"矛盾"——法权的确定结构而进行，哲学家只有在现实世界中发现它们才可能熟悉这些法权。是时候更细致地考察下述这个主张，《法哲学原理》

的方法把概念的方式（对实践自由的概念的反思）与现实经验中的"环顾"结合起来，以及前者的进步依赖于后者。这就需要试图理解，"辩证法"（PR §31R）如何要求——即这个方式，以此，"概念……从自身发展，并且仅仅是一种内在的进展和它自己规定的产物"（PR §31）——两个环节的相互作用。

关于对《法哲学原理》的论证如何依赖于这两个环节相互作用，我们可以在抽象权利内从财产到契约的运动中找到阐述。这里，黑格尔也从论证一个概念开始：财产的观念涉及这个思想，即一个物已经具有了与自由相关的意义。当事物成为涉及实现人格自由时，然而——当它们从单纯的物到财产时——它们不再仅仅是自然的实体，而是一个人格的意志的外在寄存处或者具体体现。

31　但是，如果一个意志现在外在地存在于事物之中，而那些物属于众多主体共有的公共世界，那么，该意志的实存不仅是自为的，也是为其他主体的。我与我的财产的关系不仅是我的意志与我占有的这些物之间的一种关系，而且（更根本性地）是与其他的人格之意志之间的一种关系。前面的关系可能是物理的占有或者控制的关系，但我占有的某物，仅仅还是因为这些事物是我认为体现了我的意志的、与我一样栖居于这个相同的世界的其他意志同样认为体现了他们的意志。最初（在"财产"中）似乎是一个意志与诸事物之间的一种关系，现在（在"契约"中）似乎总依赖于诸意志之间的一种更为根本的关系。我作为一个人格，在这个世界上实存——我的人格自由得以实现——仅仅在这个程度上，我的财产同样被其他人承认。

当这个论证独立于所有权诸实践的任一具体经验而进展时，黑格尔指出，作为这个论证结果的现象——契约——不可能纯粹地先天地被"演绎"出来。这里，黑格尔再次在实存的诸实践内"环顾"，以找到某种东西，它展现了他刚刚已经显示为人格自由必然实现的诸意志之间的这个结构。对生活在一个占有财产的社会的某人而言，达成契约就展现了这个必要结构的一种熟悉的实践。在一个契约中，两种意志对契约的哪一方将占有什么达成一致意见：我成为你的东西的所有者，你成为我的东西的所有者，仅仅因为我们已经同意那种安排。换句话说，契约是抽象权利的现象，它澄清了我已经了解到的关于财产的真理：一个人格对一个特殊事物的所有权依赖于众多人格之间的一种同意，这些人格都把那种物当作一个人格意志的一种延伸。

因为从财产到契约的运动内在于抽象权利，因此奠基在实践自由（人格性）的一个单一观念中，该观念不可能用来阐明黑格尔辩证法的最重要的方面，而是通过"诸矛盾"运动到更复杂的实践自由观念，因此运动到新的法的领域。这些矛盾以这些方式被发现，即，以此方式，之前的一个自由观念在法权的机制和实践中被实现。这里，黑格尔也很少对这种类型的矛盾提供明确的说明，当考虑实现特殊的自由观念之法权的这些结构时，人们应该料到会遇到这种矛盾。《逻辑学》的学生们对他的下述评论不会惊讶，当"［实践自由］的抽象形式揭示自身是……非自立的［*nicht...für sich bestehend*］"时（PR §32A，译文有改动），《法哲学原理》中的进展（*Fortgang*）就发生了。最好通过查看如此进展的具体例子来阐明这意味着什么。

在抽象权利向道德的过渡时，黑格尔的论证采取了下面的形式：当我们探究人格自由的系统性实现要求什么时——所有人格自由都实现——我们发现，归于人格的这个意志的结构对他们而言成为完全自我规定的是不太复杂的，并且，如此，人格性的自由必须被一个更加复杂的自由观念补充，即道德的主体性。超越人格自由的需要，在考虑遵从"抽象权利"中的财产和契约的实践时，就出现了。"抽象权利"也即惩罚（PR §103）。惩罚对于抽象权利是本质性的，因为人格自由的本性是任意的（因为它仅仅被这种要求所制约，即人们的诸选择不破坏人们自己的人格性）。这就意味着，我的诸选择是否尊重其他人的人格性，是一个偶然的问题。因此，如果人格的自由被普遍地实现，抽象权利的原则必须被制定成法律，并以惩罚威胁违反法律的人而得到支持。

超越人格性向更复杂的自由观念的运动的需要，通过考虑惩罚如何能够与被惩罚者的自由一致，而得到阐明——或者，更一般而言，威胁惩罚的法律约束如何能够与服从法律的人格自由相一致。根据黑格尔的看法，这是有可能的，只要"特殊"和"普遍"的意志结合到一个单一的意志中：惩罚揭示了一个意志的要求，"这一意志，作为一种特殊的和主观的意志，也同样意愿普遍的东西"（PR §103）。这里的观念指的是，在所有人的人格自由都得以实现的一个社会世界中，诸人格的这些意志必须被诸原则所约束，只要它们缺少一种更复杂的意志，这些原则就必须向它们显现为外在的。当我被要求约束我的诸选择，以免侵犯其他人的人格性时；或者，如果我已经无法这么做，当我被这个法律所惩罚时，我只有在这个条件下才保持自由，即我也具有一个"普遍"的意志（我支持抽象权利的这些一般原则）。在那种情形下，我承认这些约束我的行为的原则，或者惩罚我的法律，是"我自己的"，并且通过它们，我可能认为约束就是自我约束，也就是说，是与这些原则相符合的自我规定，这些原则在我已经"洞见"到它们的有效性的意义上来源于我（PR §132R）。总的来看，这符合（内在地划分）一个道德主体的自我立法意志的结构：如此一个主体具有些特殊的欲望，它们可能或者不可能符合于理性的这些要求，但是它也承认对这些欲望进行判断的这些原则的权威性，这意味着，它可能认为它的道德行为是"它自己的"——是自我规定的——即使当它的特殊欲望被普遍的理性所支配时。[1]这个主张——清楚表达了这个意义，即

33

---

[1] 这个论证仅仅确立了具有道德主体性的一般结构的一个意志的必然性。它并没有演绎黑格尔最终归于道德主体的每一个特征，例如，它的存在与善的诸原则联系在一起，这也包括延伸到实现人格性所要求的东西之外。

单纯被认为是人格性的实践自由无法是自立的（self-standing）——并不是指，仅仅是人格还不是道德主体的诸个体构成的社会具有概念上的或者实践上的不可能性；而是指，如此的存在者不可能栖居于一个这样的世界，在这个世界，人格的自由得以实现，同时享有充分的自我规定（因为他们的行为会受到那些不是"他们自己的"诸原则的约束）。如黑格尔指出的，这种类型的社会世界"与自由不符"（PR §33A）。

　　简而言之，道德自由的什么缺陷使得必然向"伦理生活"以及其独特的自由概念（社会自由）运动呢？如在人格自由的情形中，道德自由的缺点在设想它的实现诸条件时就显露出来，这里，那种缺点的一般特征也在于它无法完全独立自存："道德不可能独立地实存……［它］必须具有伦理的东西作为它的支持和基础。"（PR §141A）这种非独立的道德自由的特征具有两个方面。第一，实现道德自由在一定意义上依赖于某种外在于个体意志的东西，这个意义即成为一个道德主体（以及一个人格），要求一种构形或者教化，它仅仅在合适类型的社会制度内才可能完成：诸道德主体必须被社会化，以至于我们能够认为他们的行为被一些规范性原则所约束，能够反映应该引导它们行为的原则，以及能够根据他们认为是善的原则而行动。第二，诸道德的主体没有完全的自我规定性，因为从他们自身来考虑——除了他们在基本的社会制度中已经被社会化而占有的这些位置之外——他们缺少一些必要的资源，以把非任意的内容给予他们认为具有道德权威的善的概念。脱离社会的道德主体可能真挚地渴望实现这种善，而对最好地促进所有人的善的这些计划和生活形式没有一种具体的远见，他们不可能知道他们对善的忠诚要求他们采取何种具体的行动。用黑格尔的话来说，道德的主体性是"抽象的""空洞的"以及"形式的"（PR §§134–137, 141）。它无法满足一个完全自我规定的意志的标准，因为它自身不可能把充分的规定性给予它自己支配的概念。

34

导向《法哲学原理》最后的自由概念——社会自由——的思想是，解决存在于善的（或者理性的）社会和政治制度中的这些问题。因此，理性的制度被认为具有双重的任务：使得它们的成员社会化，从而成为具有要求成为人格和道德主体的这些主观能力的存在者；提供一种社会架构，从而对特殊的计划提出定义，这些计划使得个体的生活充满目的，并且为他们理解善提供了明确的内容。这两个任务都指出了一个方面，即系统地实现人格的和道德的自由依赖于理性制度。此类的制度保证了实现人格的和道德的自由的必要条件，然而，我们不应该因此认为，黑格尔的理论纯粹出于工具性的理由而重视社会成员（仅仅作为一种手段以实现前两种形式的实践自由）。相反，如果这些自由形式设定的这些问题要以保持完全自我规定的理想方式得以解决，那么这种解决必须产生一种新的、与更加实质性的自我规定一致的观念，这在社会自由的观念中找到表现。换句话说，合理的社会秩序保证的人格的和道德的自由的这些条件所凭借的这个手段本身必须实现一种类型的自由。它们不仅是实现自由的一种手段，也必须是实现自由的一个例子。

把社会自由应该满足的各种不同的要求放到一起，就可以说明它的基本特征：除了保证人格的和道德的自由的必要条件外，社会自由将包含自我规定的两个意义。第一种意义关注的是个体社会成员的诸多意志。此类的个体将在这个意义上是自我规定的，因为他们的自我观念与他们占有的社会角色联系在一起，他们参与到伦理生活的机制中不仅是自愿的，也是积极的，由此，他们构成了——赋予他们实在的实存——他们的身份。

自我规定的第二个意义——黑格尔对《法哲学原理》自由的处理中直观上最不明显但最独特的方面——基于下述思想：如果自我规定要在保证前两种形式的实践自由的条件上完全得以实现，那么，这些构成社会秩序的个体仅具有自我规定的意志，是不够的。情形也必须是如此，社会秩序作为一个整体，被认为是一种活的、自我繁殖的体系，这体现了定义一种完全自我规定的意志的特征，一种比基于自己的任一个体意志都更加彻底的自主的体系可能是如此。基于这个观念，社会自由的诸个体的这些行动在两个方面算作"他们自己的"：他们的社会参与源自他们自己有意接受的身份以及他们与这些身份相称的表现。并且，在根据那些身份行动时，他们实际上产生了使得他们自己（人格的和道德的）自由得以可能的社会条件的整体，以及他们的"自我规定"（或者自主的）社会秩序。

最后，我们回到这个看法上，即哲学理解把一种理性的形式给予一种已经现存的内容上，这个内容先于如此的理解，它仅仅是隐性合理的。如上文表明的，这涉及，看到现存制度和实践的一种明显无形式的集合，就是根据实践自由及其理念（其实现的要求）而系统地有序的。换句话说，哲学澄明了我们法权实践的最初隐蔽的体系特征，它这样认为是通过实践自由概念的单一视角进行的——以之为多样但相关的实践自由概念的实例。它的任务就是要把形式给予原本似乎无形式的东西上，但是它给予的形式并不是把形式强加给一个外在的内容。我们通过再次参考上文给予的抽象权利的解释，可以澄明这个主张。因为这个解释揭露了财产权的合理性，因为它表明我们的现存的诸实践是本质性的——虽然不是在每一个细节上——诸方式，以此方式，社会世界实现了一种特殊类型的实践自由。以此方式，现存的个体权利的现存架构就是一种解释的活动。也就是说，它认为那些架构就是要以某东西为目标——或者具有一个点——然后，通过清楚表达这种自由的观念而澄明那个点，这种自由观念最好地明确以及统一了现代社会中承认的各种不同类型的权利。这个点使得我们有可能明白，哲学式的理解如何将现存的权利实践系统化（以及合法化），而没有从无中把一种形式强加于它们。那些看起来只是不同类型的个人权利——狭义上的财产权、身体和生命权、不受他人妨碍地以各种方式行动的自由——在哲学中表明，它们在与单一自由概念的关系中具有重要意义。如我们从一个法的领域进展到另一个，我们在社会实践中理解相似类型的体系关系——最值得注意的是，家庭生活、经济生活和公民生活——这似乎比前两个领域中讨论的个体权利的类型要更为多样化。

36　　　理性理解揭露的存在于法权领域中的体系性有两个主要的类型：其一关注潜在于每个领域中的自由观念之间的系统联系。其二包含诸机制实现那些观念的方式之间的体系联系。第一种形式的体系性，在《法哲学原理》从人格性的自由到道德主体性的自由到社会成员的自由的必然发展中，得到它概念论证的阐述。第二种形式的体系性揭示在于，表明这些权利的机制和实践如何被特殊的自由观念塑造成为必然的，这些自由观念大体上以我们已经知道的它们的方式被构成，以至于以不仅潜在于它们自己而且也潜在于其他法的领域中的诸形式而贡献于自由的实现。因此，哲学把一种理性形式给予现存的东西的部分意义在于要表明，法权的特殊例子，虽然首要地奠基于一种自由观念，它也在实践它们领域的独特自由形式中与其他例子相合。第二种类型的体系性的一种样式可以在下述这种方式中发现，即伦理生活的这些机制不仅实现社会自由，也实现人格性的自由和道德主体性的自由。（过家庭生活是实现社会自由的一种方式，而且，在它的完全理性的形式中，家庭生活也促进了家庭成员的人格性和道德主体性。）第二种类型的体系性的另一个样式被定位在这些方式中，即以此方式，诸个体在伦理生活的一种机制中寻求的这些目标与他们在其他机制中寻求的目标一致。（在市民社会的生产活动中，男人不仅寻求他们自己的特殊目的，也作为父亲履行他们的义务，因为他们的劳动满足了他们各自家庭的需求。）正是通过阐明法权的诸机制如何系统性地在那些意义上（以及在本文其他的讨论中）实现自由的概念，黑格尔认为自己已经表明，"国家"——整合抽象权利、道德和伦理生活机制的现代社会秩序——是"一种内在理性的实体"（PR, 前言, 21［26］）。

黑格尔《法哲学原理》中的财产、使用和价值

斯蒂芬·霍尔盖特

黑格尔意识到，只有在现代世界，随着市民社会的出现，"财产自由才到处都被承认为一项原则"（PR §62R）。[1] 尽管如此，他主张，财产是被自由的理念本身塑造成为必然的。本章的目的在于，通过追溯黑格尔《法哲学原理》中从自由、通过权利到财产以及其使用的逻辑而解释为什么情形如此。我通过简略地比较黑格尔和马克思关于"价值"的主题结束本章。

自由意志与法

首要的任务是要解释，为什么自由或者自由意志必须赋予自身法（Recht）的形式。黑格尔称"理智"是认识存在的东西（PM §465）。相反，意志寻求实现以及实现外在世界中的它的主观目标。因此，它就是赋予其目的的内容以客观"实存"（*Existenz*）的活动（PR §8, PM §469）。[2] 就意志积极地以这个方式客观化自身

---

[1] 也参见 PR §182A，以及 VRP 3: 56, 56, 41。VRP 的译文是我自己翻译的。

[2] 在黑格尔的逻辑学中，*Existenz* 和 *Dasein* 之间存在差异。然而，这个差异在《法哲学原理》的抽象权利中不起任何作用，因此在本章中，两个术语都翻译为"existence"。

而言，它是"自我规定的"和自由的。然而，起初，它的目标是被自然而非自身所规定的：它们是其直接性地被给予的需求、驱动以及倾向。相应地，黑格尔坚持认为，意志一开始不是完全自由的，而仅仅是隐性的或者"自在的"（*an sich*）自由的（PR §§10–11, PM §§471–475）。

然而，就意志在思想中把自身与它被给予的驱动和倾向区分开来而言，以及就其把自身理解为有能力选择哪种目的是它将实现的而言，它是明确的自由的或者是"自为的"自由的：*Willkür*（任意）或者"arbitrariness"的能力（PR §§12–15, PM §§476–478）。同时，由于意志可能选择的这些目标仍然是被自然所规定的，因此它仍然仅仅是隐性自由的。任意性是矛盾的，即使它是大部分人认为真实的自由之所是：尽管它是明确的，它不受约束地选择自由，但它可能仅仅选择被给予它的东西，因此它完全依赖于后者（PR §15A, VRP 3: 134）。

黑格尔主张，当意志的主要内容不仅是一种被给予的需求或者驱动，而且是自由本身，那么意志就避免了这个矛盾，是真正自由的（PR §21, PM §480）。真正的自由意志因此就是"意愿自由意志的自由意志"（PR §27）。然而，这个意志仍然是主观的，因此仍然寻求给予以及赋予客观性以其内容（PR §§25–26）。因此，它就是"绝对的驱动……以使得它的自由成为它在这个世界上的对象"，以之为自由的"理性体系"和一种"直接的现实性"（PR §27）。用黑格尔《哲学科学百科全书》中的话来说，真正的自由意志的目标是赋予"定在"（*Dasein*）以自由（PM §469）。与这种自由的定在相应的就是黑格尔所理解的"法"（Recht）："一般而言，法就是实存的自由意志的任一定在"（PR §29, PM §486）。对黑格尔来说，法因此并不属于仅仅是活着的、感性的，而对自由没有意识的东西，法是作为某种客观的和实存的东西的自由。[1]

---

[1] 因此，动物没有权利（这并不是说，我们不应该保护、饲养以及保存它们）。参见 PR §§47A, 56A; VRP 4: 173, 183, 195。

　　我们还不知道法将被证明是什么，或者"自由"究竟意味着什么。然而，我们知道，真正的自由意志不可能仅仅是进行选择的意志（由于后者陷入矛盾之中），而必须是这种意志，它意愿自己的自由是法。而且，这个意志的目标既要给予其自由以法的形式，又要现实地给予其自由作为法的"定在"。同样，真正的自由意志就是"现实的自由意志"（*wirklich freier Wille*），因此，选择的意志仅仅是自由的"能力"（*Vermögen*）（PM §§480, 482; PR §22）。顺便一提，这并不是要否认，意志不可能总是能够实现其自由为法权（例如，在贫穷的情况下）（参见 PR §244, VRP 4: 609）。但是，如果这个情形发生了，这种意志就不是真正自由的。

　　然而，除了"现实性"，还有另一种模态范畴，它与法的概念不可分离，也就是"必然性"。法是真正的自由意志现实地把它给予其自由的"定在"，而且，如果它要成为真正自由的，它也必须把它给予其自由。在黑格尔的（大体上）先天精神哲学中，自由的每一种形式被显示为逻辑上是必然的。因此，对哲学而言，自由采取选择的形式是必然的（在证明是法的意愿之前）。然而，选择的自由本身包含了必然性的缺失，也就是说，在不必肯定任何特殊倾向或者对象而能够随心所欲地肯定时：自由选择的"我"就是"规定自我是这个或者其他东西的纯粹'可能性'[Möglichkeit]"（PR §14）。

　　相反，真正的自由意志必须具有作为其内容的自身以及其自由——作为它的目标要实现以及现实地实现的这个世界上的东西——因为这是它避免对伴随着的选择的完全依赖的唯一方式（PR §23）。而且，如此的必然性不仅存在于哲学上，也存在于自由意志本身，并且它形成了后者法的概念的部分。

　　这种选择的意志"自为"而自由，由于它明确地意识到它有能力进行选择，然而，它仍然仅仅是"隐性的"自由（*an sich*）。这不仅意味着，它不是真正自由的（而是依赖于被给予它的东西）；而且也意味着，它不是真正自为的，因此意识不到它的矛盾特征

39

（虽然它可能被造成意识到它）。这就是为什么选择的意志错误地认为自身是完全自由的（PR §15R）。另一方面，真正的自由意志具有其自己的自由，而不是某种被给予的东西，以作为其"内容和目的"，因此就是真正的"自为的自由意志"（PM §§480–481）。这就意味着，与选择的意志相反，真正的自由意识认识到以及必须认识到其自由的特征，并且相应地就意味着，它理解它的自由必然意愿自身以及给予自身客观实存。因此，对真正的自由意志而言，它的法就不仅是其自由的"定在"，而且，如果它要成为自由的，那么这种定在也是它必须给予其自由的。换句话说，对于这种自由意志，它的法就是它自己的自由，被认为是那种它必须意愿和肯定的东西——它的目标必须实现以及实际地实现的那种东西。

必然性的这个环节被整合到黑格尔法的概念中，并且解释了为什么权利要求尊重。权利并不具有自然事件或者法则的强制力，因此实际上不可能阻止我们无视它。尽管如此，它要求得到意志的承认，因此使得后者具有规范性的必然性，如果不是自然的必然性的话。如黑格尔在讨论犯罪时表明的，一个自由意志总是有可能侵犯另一个自由意志的权利。然而，如果如此一种意志不理解，它侵犯的这些权利必须得到尊重，那么它就不理解一项权利是什么。因此，一项权利是自由的客观定在，作为一个规范，自由意志别无选择，只能服从它，即使如此一种意志可能实际上并不选择服从它。权利中的这种规范必然性的环节在《法哲学原理》中并没有完全明确。然而，在黑格尔讲义中，很明确："人们说，意志是自由的，因为它可以选择。理性自由，自在和自为的意志，并不选择，而也有必然性……法是必然的［*Das Recht ist notwendig*］。"（PR 1821/22, §§14, 29）[1]

---

[1] PR 1821/22 的译文是我自己翻译的。也参见 VRP 4: 149, *Werke* 7: 81："我成为一个具有权利的人格是必然的［*eine rechtliche Person*］。"（PR 的黑格尔页边注释的译文是我自己翻译的。）以及参见 Stephen Houlgate, 'Recht und（转下页）

权利与人格

自由意志不再仅仅进行选择，而且意愿以及知道，它必须意愿它的自由为权利，这就是人格。我们现在将更详细地考虑人格的逻辑结构以及它的自由。

在思辨哲学中，如黑格尔对它的设想，对一个概念的考察总是在其未发展的直接性中开始于后者。[1]真正的自由意志，或者人格，在其直接性中就是这种意志，它把直接性与自身联系起来，因此，黑格尔坚持认为，它是"一个主体的内在的个体的［in sich einzelner］意志"（PR §34）。它不仅是一般而言的一个意志，而是一个特殊个体的意志。而且，如此这样的一种意志，像选择的意志，仍然已经给予驱动和倾向，它们提供给它诸特殊的目的，并且它仍然遇到一个"外在的"、直接给予的世界，在这个世界中，它必须实现它的自由。

然而，这种自由意志也是"自我意识，但是在其个体性中与自身是无内容的和简单的关系"（PR §35，修改了译文）。同样，它是一种完全无规定的、非具体的，以及在那种意义上是普遍的，意志。如黑格尔在《法哲学原理》§5 中解释的，这种自我意识的主体首先通过在思想中把自身与其特殊的"需求、欲望以及驱动"区别开来，并且认为自身就是一种纯粹抽象的、普遍的"我"，而成为一种明确的（虽然还不是真正的）自由意志。那么，这个抽象的意志在那些驱动（以及它们的对象）之间作出选择，因此给予自身一种特殊的内容。然而，当它成为真正的自由时，它具有它的抽象

41

（接上页）Zutrauen in Hegels Philosophie des Rechts', in Gunnar Hindrichs and Axel Honneth (eds.), *Freiheit. Stuttgarter Hegel-Kongress 2011* (Frankfurt am Main: Vittorio Klostermann, 2013), 615–616.

［1］参见 EL §238："思辨方法的这些环节就是（α）开端，就是存在或者直接的东西。"

普遍性，以之为它的内容。这种意志给予以及必须给予客观实存以作为权利的"自由"，因此完全就是这个抽象的普遍性。

然而，这种自由意志在其直接性中也总是一种具体的、个体的意志。因此，它同时是，以及知道自身就是，具体的和普遍的：这种意志在其"有限性"中就是"无限的、普遍的以及自由的"（PR §35）。因此，自由意志或者人格就是，以及理解自身是，这个"我"，这个"我"同样是一个空洞的、无规定的，像任何一个他者的"我"———一个"我"在其具体性中完全是抽象和普遍的（PR §35R）。相应地，意志肯定为其权利的这种自由是普遍性或者"人格性"，它与一个具体的个体不可分离。[1]

现在，在《哲学科学百科全书》中，黑格尔论证，这种个体的自由意志必然与其他个体的意志相关联（PM §483）。当黑格尔借鉴《逻辑学》中的"一"（*Eins*）的逻辑而主张"人格性的直接的一而排斥无限多的一"（LNR §31，译文稍作改动）时，在他的1817—1818 年的法哲学讲稿中提出了一种相似的观点。然而，我们刚刚也已经看到，自由意志必须意愿作为其权利的人格性是抽象的、非具体的，因此是普遍的。因此，它并不是只属于一个人格，而是属于所用相同的人格。相应地，在意愿他自己的自由为他的权利时，人格也必须意愿所有其他的人格的自由为他们的权利，因为任何意志肯定的自由在所有人格中都是相同的：每一个人格必须肯定在每一个人格中的人格的权利。因此，"权利的命令"就不仅是"尊重我的自由是一个人格"，而是"成为一个人格，并且尊重其他人的人格"，权利的领域指的就是人格之间的相互承认（PR §36）。[2] 早在《哲学科学百科全书》中，黑格尔就表明，相互承认是一切理性和精神的一种逻辑前提条件（参见 PM §436）。然

---

[1] 参见 Klaus Vieweg, *Das Denken der Freiheit. Hegels Grundlinien der Philosophie des Rechts* (Munich Wilhelm Fink, 2012), 97–102。

[2] 也参见 PM §490; LNR §31。

而，在《法哲学原理》的一开始，相互承认被人格（作为权利的承载者）的逻辑机制塑造成为必然的：因为，在承认他必须意愿他自己的抽象的以及因此"普遍的"自由时，这个个体的人格承认，他必须意愿所有人格中的相同自由，并且每一个人格都以完全相同的方式承认这个。[1]

　　注意，权利先于以及造就必然的相互承认，并且它自身并不是由后者所构成。因此，"权利奠基于相互承认"是不正确的。[2] 黑格尔后来在《法哲学原理》中论证，如果诸权利要获得"现实性的力量"，它们就必须被普遍地承认以及编定成法律，并且，这发生在市民社会中。然而，法律把普遍的"有效性"赋予已经"自在的正确的"东西（PR §§210–211）。通过法而承认，因此，并不首先确立权利的领域，权利被人格的概念造就成必然的，并且要求人格之间的相互承认，而不是预先假设人格之间的相互承认。

　　人格的概念也把一种独有的特征给予产生于它的权利。像选择的意志，人格把他的完全抽象的"普遍"身份与他的特殊欲望分离开来。相应地，如此这样的"特殊性"——不同于个体性——"还不包含在抽象的人格性之中"（如它将被包含在道德和伦理的主体中）（PR §37）。相反，这意味着，人格权利都不内在于成为一个人格之中，以满足这个或者那个特殊的欲望。已经很清楚，我不会仅仅因为我欲望某物而对它有权利，因为权利奠基于自由之中，而不

42

---

[1] 在 PR §49R 中，黑格尔表明，在这个点上，还没有"很多"（*mehrere*）人格。然而，我认为他的意思是，我们还不是在契约的领域中，在这个领域中，存在"多元化"（*Mehrheit*）的意志（VRP 4: 179），并且自由在"意志与意志的关系"中具有其定在（PR §71）。他并不是要完全否定，一个人格，先于契约，而与其他诸人格相关。（根据我的解读，顺便说下，黑格尔在 PM §490 中的主张是，我的人格性在被期望契约的其他人格承认中具有它的"定在"，即使契约直到 PM §492 才被介绍。）

[2] Robert R. Williams, *Hegel's Ethics of Recognition* (Berkeley, CA: University of California Press, 1997), 138. 在下文中也有一种相似的误解，Dudley Knowles, *Hegel and the Philosophy of Right* (London: Routledge, 2002), 102。

是欲望。我们现在看到，我的自由作为一个人格，自身并不赋予特殊的诸欲望以权利。如果一种特殊的欲望被建构成为一个人格，那么我不得不意愿它，并且它就有权利得到满足。然而，由于人格性完全是抽象的，没有任何欲望被建构成为一个人格。相应地，诸人格作为抽象人格，有权利成为自由的，情况就是这样。

　　也完全因为一个个体意识到自身就是一个抽象的我，正像选择的意志，人格的自由——像选择的自由——包含着能够（虽然并不必须）肯定人们的任何一种欲望，也就是，在如此肯定的可能性中。然而，不同于选择的意志，人格意识到他的自由就是他的权利，是那种必须被自由意志意愿的东西。因此，人格必须把他的自由理解成包括意愿任何特殊欲望（以及其对象）的必然可能性。相应地，人格的权利，仅仅是这个必然可能性，用黑格尔的话来说，就是"一种许可或者担保"（PR §38）。因此，我被许可作为一个人格，以肯定我选择的任何欲望。但是我不必肯定任何特殊的欲望，如我们已经看到的，我的任何特殊欲望本身没有权利得到满足。因此，如果一个人格满足一种欲望，正是因为，他作为一个自由的人格，授权这么做，而不是因为这种欲望的任何"权利"要求他这么做。

43　　　然而，法，如我们知道的，就是客观的定在或者自由的"现实性"。肯定一种欲望（以及其对象）的这种必然可能性——人格自由包括的——因此，如果人格的确享有他的权利，那么就必须被实现。这就是为什么黑格尔后来坚持认为，每一个人格都必须占有某种财产，即使他们并不都必须占有相同数量的财产（PR §49A; VRP 3: 216–218）。尽管如此，人格在实际上肯定一种欲望（以及占有某物）时享有的这种权利包括了这么做的必然、正当的可能性：它就是人格"担保"或者授权的实际体现。因此，这个人格有权从那种欲望（以及其对象）中撤回他的意志，并投入其他欲望中，如果它愿意这么做的话。

　　事实上，人格性是抽象的以及空洞的，进而意味着，没有特殊的、肯定的命令遵循着它。相应地，一个人格的权利要求的一切就是，它必须被尊重而不是被侵犯。"因此，"黑格尔写道，"只存在对权利的禁止，权利命令的实证形式，在其最终的内容中，都基于禁止。"（PR §38）这个"实证的"命令"尊重其他人的人格"，因此，实际上，就指导我们不要侵犯他们的权利。

　　人格性的抽象特征也意味着，除了把自身理解为一个人格以及在这个世界上"实现"人们的自由，对于人格要具有权利，没有任何特殊的条件必须满足。换句话说，人们不需要做或者可能做任何事情以匹配权利：人们不可能获得权利，例如，通过善的行动，或者不可能通过需要而获得权利（PR §37）。一个人一旦以促使以及要求其他人承认的方式断言或者"实现"他在这个世界上的自由，权利就直接属于一个人格。

　　注意，这个直接的——或者黑格尔称为"抽象的"——人格权利并不是仅仅因为他是人而具有的一种自然权利（虽然它是其他人所称的"自然法"[*Naturrecht*]）。[1]抽象权利仅仅属于那些明确意识到他们自由的人，在他们自己眼里和在其他人眼里给予那种自由"定在"的那些人。它就是，任何意识到他的自由可以给予自身的一项权利，而不管他的社会或者法律地位。[2]这同样适用于奴隶，也适用于其他人。

　　按照黑格尔的观点，奴隶并不需要获得他们的自由。如他在1817—1818年讲到的，"即使我生而为奴……我意愿自由之时，我意识到我的自由之时，我就是自由的"（LNR §29）。那么奴隶，例如，通过逃跑而赋予自由客观定在时，他就把那种自由转变成为

44

---

[1]　参见 PR 1819/20, 67。PR 1819/20 的译文是我自己翻译的。

[2]　论及罗马法时，黑格尔提到，权利具有一种特殊的社会和法律"地位"（*Stand*）（PR §40R）。然而，对于我们来说，权利独立于地位，由于自由本身"根本上而言就是一种地位"（*garkein Status*）（PR 1819/20, 69–70）。

他的权利。在他的 1824—1825 年讲稿中，黑格尔坚持认为，"奴隶总是具有逃跑的绝对权利"（VRP 4: 239）。然而，更加符合黑格尔的权利改变的说法是，奴隶完全通过逃跑确立他的权利。他对他的自由的意识，如果恰当地发展，就会带来自由就是权利的这种必然的主张。然而，那仅仅是在现实中所主张的——例如，在逃跑中——它成为其他必须尊重的一项权利。这就解释了黑格尔原本苛刻的见解（1819—1820），在俘虏房们的眼里，对被他奴役的人，没有"不法"（Unrecht）可言（PR 1819/20, 73）。对黑格尔来说，所有的人都是生而自由的，因此存在一项明确的道德要求，不要奴役任何人。但是，只有我的自由"在定在中显示自身"是法，我才可以要求尊重我的权利（PR 1819/20，74）。如果我无法以这个方式实现我的自由，因此，我不可能主张，我的权利正在被侵犯（虽然一旦我的确实现了我的自由，我的权利被确立以及要求尊重）。按照黑格尔的观点，每一个人格都必须以促进以及必须现实地促进所有人格的权利为目标，但是，同样地，如果他的权利要被其他人尊重和促进的话，一个个体必须像其他人显示，他就是一个人格。[1]

财产

如我们已经看到的，人格通过从一切仅仅被给予他的东西中抽象出来而设想自身。事实上，人格把如此之类的被给予物都排除在自身之外（PR §34）。因此，后者仅仅被还原为外在的"事

---

[1] 由于权利不是自然的，而是依赖于自由意识的，所有的孩子们，作为隐性的自由，必须通过教化提升到如此之类的意识上（PR §§174–175）。因此，在一个理性的国家，所有人都意识到他们的自由和权利，并且将不存在奴隶制（Werke 7: 124–125）。

物"（Sachen），而没有任何人格性，因此没有任何它们自己的自由或者权利（PR §42）。然而，如此之类的事物实际上有两种不同的种类。

第一种是"自然的存在"，它不可分离地依附于人格，也与人格有区别：也就是，他的身体与所有他的特殊需求与欲望连在一起。第二种包括那些与人格以及其身体不同的事物：也就是，外在世界中的无生命的对象以及有生命的物体（PR §§34, 43, 47）。[1]，因此，这两种类型的"事物"构成了黑格尔称为"外在领域"的东西，在这个领域，人格必须给予他的自由客观的"定在"（PR §41）。道德的自由会在主体自身的行为中体现，伦理自由会在习俗和法律支配的人类制度中体现出来。然而，人格自由必须在"事物"中体现出来，这些事物与人格直接地相区别，因此是"不自由的"。如黑格尔指出的，因此，"人格权利本质上是对事物的权利［Sachenrecht］"（PR §40R，译文有改动）。

当人格在一个物中体现他的自由时，他就把他的意志置于物之中，并且占有它，以此方式，这个物成为人格的财产。这个人格，对黑格尔来说，因此就具有"占有物的绝对权利"（这些物还没有被其他人格占有），或者具有财产权（PR §44）。更准确地说，人格在财产中具有他的权利：因为他的自由仅仅在被占有的一个物中成为某种客观的和外在的东西。这并不是要否认，人格在他占有某物之前设想他的所有权，而是说，他所设想的以及其目标要实现的东西就是作为所有权本身的权利。我占有的权利，因此——必须成为——与我实际占有的某物相辅相成。

这个财产观的一个重要结果就是，财产不是——或者主要不是——增进人格自由的一个手段。确切而言，财产本身是"自由的首要定在［Dasein］"，同样是"自为的一个本质性的目的"（PR

───────

[1] 关于有生命的事物"外在"于人格，参见 PR §44A，VRP 3: 209。

§45R）。与阿兰·帕腾（Alan Patten）一样，因此，我们并不占有
财产，以至于我们可以发展和坚持"构成自由人格性的这些能力和
自我理解"。[1] 诸人格占有财产，因为唯有在如此的所有权中，他
们是权利的现实承载者，既是自为的又是为他的（参见 PR §51）。

由于外在领域不仅包括外在对象也包括我的身体，如果要体现
我的权利，我必须占有后者，并且把我的意志置于其中（例如，通
过训练它做我意愿的事情）（PR §§47–48; VRP 4: 195）。当我这么
做时，我的身体要求得到他人的尊重，因此"不可以被误用为一只
负重的野兽"或者被奴役（PR §48R）。（因此奴隶不仅在逃跑中可
以声称它们的自由和权利，而且也可以以他们维系身体的方式声
称。）作为自由的人，如果我选择的话，我可以"从我的实存中撤
回到我自身"，并且否认对我的身体进行的伤害本身就影响了我的
人格。然而，对其他人来说，我的身体——一旦我已经占有它——
就是我的人格自由的客观"定在"。因此，其他人不可以对我的身
体施以伤害，因为在这么做时，他们侵犯了我作为一个人格的权
利：用黑格尔的话来说，"他者对我的身体施加的暴力就是对我施
加的暴力"（PR §48R）。[2]

因此，对于黑格尔，身体的不可侵犯的权利就是我的财产权
利的一个完整的构成部分（PR §57）。然而，在我的身体的所有权
和对其他事物的所有权之间存在重大的差异。所有的事物都是外在
于人格自由的，因此，没有任何事物，作为事物是如此，以致我的
自由要求我占有它。我的自由，作为权利，因此就包括了占有任何
特殊事物的正当的可能性，而不是必然性，因此，我占有的任何事

---

[1] Alan Patten, *Hegel's Idea of Freedom* (Oxford: Oxford University Press, 1999), 140.

[2] 孩子还不是人格，他们被家庭保护（如果有必要，国家保护）（PR §174; LNR §85）。成年人，不管出于何种理由，都不可能训练自己的身体以践行他们的意志，他们可以通过使用标记来占有他们的身体（如他们可以占有其他事物）。参见 PR §58。

物可能都会失去或者"异化"（PR §65）。然而，我的身体不仅是一事物。实际上，它是区别于我的抽象人格性的一个这个世界上的事物，然而，它也是"所有［我的］进一步规定的实存的实在可能性"（PR §47，译文有改动），因此也是我的人格性的自然条件。我的权利，作为一个人格，因此，不可能包括异化我的身体（以及我的生命）的权利，因为在异化这些权利时，我同样会失去所有权利（PR §70，也参见 PR 1821/22，§70）。相应地，作为一个人格，我并不是恰好被许可占有我的身体，而是必须占有以及必须继续占有。[1]

　　然而，在要求我实际地"占有"所关注的事物上，它对我的身体和对其他事物的所有权是一致的。因为只有以此方式，我确实地给予我的自由以客观定在，因此，把后者转变成为能够"被他者承认的"一项权利（PR §51）。然而，黑格尔指出，占有本身并不构成财产所有权。当我以我的"外在力量"（我接下来以此方式将考虑的）拥有它时，我就占有了某物（PR §45）。然而，一种占有算作我的财产，仅当它体现了作为一个人格的我的权利：财产是权利的占有（PR §45; VRP 4: 186）。因此，唯有自由的存在者，作为权利的承载者，可以占有财产，因此任何对一个事物有需求或者欲望的存在者都可以占有它。

　　黑格尔指出，家庭和共同体，例如宗教共同体，可以占有财产（PR §§169–171, 270R）。[2]然而，在抽象权利的领域，财产被人格所占有，相应地，这解释了它的两个进一步的特征。第一个是，如此的财产从本质上而言是私人的。一个主体是一个人格，因为它

---

[1]因此，按照黑格尔的观点，没有权利自杀（PR §70; VRP 3: 260–261）。关于一个人格的身体（以及心灵）的"不可剥夺性"，参见 Peter G. Stillman, 'Property, Contract, and Ethical Life in Hegel's *Philosophy of Right*', in Drucilla Cornell, Michel Rosenfeld and David Gray Carlson (eds.), *Hegel and Legal Theory* (London: Routledge, 1991), 210–212.

[2]也参见 *Werke* 7: 109, 421; VRP 3: 212.

意识到他的作为一个"我"的抽象身份以及自由。但是如此这样的一个人格也意识到他是一个直接的个体（在其他如此这样的个体之间）（PR §§34, 36）。因此，如果财产要体现人格的自由和权利，它必须体现它的作为一个个体的普遍权利。相应地，这就意味着，它必须是所关注的个体的私人和排他性的财产（PR §46; LNR §26）。因此，对黑格尔来说，私人财产不是简单的基于劳动分工的社会秩序的产物（虽然在历史上出现了这样的一种社会），而是被一个人格的概念塑造成为逻辑上必然的（相应地，也被自由的本性塑造成为必然的）。这并不是说，没有其他的他所关注的东西优于私人财产权。然而，黑格尔坚持，私人财产规则的诸例外"不可能奠基于偶然性、私人的任意性或者私人的有用性，而仅仅奠基于国家的理性有机体"，这本身就是自由的最高体现，因此是最高的法（PR §46R）。[1]

这里提及的财产的第二个特征是，在抽象权利领域，每一个人格具有平等的占有（某）财产的权利，但是并不是要求占有物是相等的（PR §49）。财产权奠基于"人格性"之中，它对于所有的个体人格都是相同的，因此每一个人都具有占有（某）财产的相同权利。然而，我们所占有的东西是被我们的特殊需求和欲望所规定的，后者，作为我们的特殊需求和欲望，在某些方面与其他的特殊需求与欲望不同。不同的人格占有的东西本身，因此，是不同的以及不相等的。在他后来对市民社会的解释中，黑格尔表明，人们之间巨大的财富差异可能剥夺了最不幸福的人的福祉（因此否认了他们要满足的道德权利）。市民社会，因此，需要被组织成为同业公会，以避免出现如此巨大的差异（PR §§243–244, 253R）。[2] 然而，

---

[1] 道德关切也可能限制一个人格的财产权，参见 PR §127R; LNR §8。

[2] 关于同业公会在避免市民社会中出现贫困的作用，参见 Stephen Houlgate, *An Introduction to Hegel: Freedom, Truth and History*, 2nd edn (Oxford: Blackwell, 2005), 204–206。

黑格尔也论证，抽象权利的层面上，没有任何东西可以阻止占有物的过度不平等分配（即使每一个人格都占有某物）。因此，这就是一个很清楚的提示，尽管人格权利是自由的必然开端，但它并没有穷尽自由可以以及必须所是的一切。

财产及其使用

对黑格尔来说，财产是正当的占有，以及一个人格占有财产这个事实要求它采取不同形式的涉及的占有。一个人格就是一个个体，他意识到成为一个抽象的、普遍的（以及因此自由的）"我"，因此，"占有的这些模式"必须"包含从个体性的规定到普遍性的规定的进展"（PR §54A；VRP 4: 204）。

由于人格在其直接性上是具有这个身体的一个个体，此时此地，正当的占有必须首先涉及"物理地获取"一个事物，获取被限制在空间和时间中（PR §§54–55，参见 PR43, 47）。然而，在《法哲学原理》的页边注释中，黑格尔指出，具有财产的人格"是一位思想的人"，以及如此这样一个人格"意愿为思想的东西是整体、普遍的东西"（*Werke* 7: 120）。占有某种普遍的东西，而不被限制的第一步就是采取"给予形式"于一个事物（例如，耕作土壤）：因为，以这个方式，我的意志显现在事物中，它具一种"独立地存在的外在性"，继续超越这个位置和这个时刻（PR §56）。然而，第二步涉及在我的心灵中占有整体的物（"普遍的东西"），并且通过一个标记向其他人表明这点（PR §58; VRP 4: 212）。黑格尔主张，这个就是占有物的"最完整"的模式，由于它具有最广阔的范围，虽然它可能也是"模糊不清的"以及"无规定的"（例如，在海滩上放置一个十字架，表明"整片土地是我的"）（PR §58A；VRP 3: 227；*Werke* 7: 126）。

然而，财产涉及的不仅是占有，还有对物的使用（*Gebrauch*）。此类的使用，像占有的不同模式，被这个事实即财产被一个人格或者自由意志占有，塑造成为必然的。在占有一个物时，黑格尔写道，"意志与它具有一种积极的关系"（PR §59）：它在物中看到了它自己的自由的"定在"。同时，通过使得这个物是"我的"，这个意志剥夺了它的独立性，并且在这个意义上否定了它。对物的这个否定在对物的使用中澄清，如黑格尔指出的，涉及"对物的改变、破坏或者消耗"（PR §59）。因此，对物的使用就是"我对它的所有权的完成"（*Werke* 7: 128; PR 1821/22, §59）。

49　　现在，人格，以及成为意识到自身是一个抽象、普遍的"我"的一个个体，也是具有特殊的需求和欲望的一个特殊主体（PR §37）。后者规定着我们占有什么东西，但是，我们的人格性本身对它们没有差别。因此，一个人格，作为人格，首先认为事物仅仅是潜在的财产，不是需求的对象。然而，当一个人格认为它们是使用的对象时，一个人格与事物的关系发生改变。这个变化奠基在《逻辑学》的"概念"学说中，并且不参考后者，就不能完全理解。简单地说，这个作为普遍东西和作为个体东西的这个概念本质上是自我关联的（即使个体是"许多其他个体"之中的一个），因此这个作为特殊的在概念本质上区别于另一个特殊，因此明确地相关于另一个特殊（SL, 601, 606–607, 621）。相应地，我作为一个纯粹的所有者，意识到我的个体性和普遍性是一个人格，我在我的财产中恰恰与我自己的人格性相关联。然而，作为一个财产的使用者，我否定事物，因此把我自己与事物区别开来，并且我在这么做时，认为事物和我自身明确地是与另一个特殊相关联的特殊。这并不是要改变这个事实，即我的占有物和使用物的权利纯粹以我成为一个人格为基础，而不是以我具有特殊的需求为基础。尽管如此，作为对事物的一个正当的使用者（而不是单纯的所有者），我认为后者明确地是与我的特殊需求相关的特殊物（而不仅是作为被占有的物）（PR §59）。如我们应该在下一节中看到的，这意味着财产对于它的所有者必须具有"价值"。

那么，对黑格尔来说，使用就是所有权的逻辑延伸，因为它明确地呈现这个事实，即我的自由意志通过占有它而否定了一个事物。由于我的自由在使用中被给予客观定在，后者就是我的权利作为一个人格的进一步体现。因此，一个人格具有使用他的财产的权利，并且财产所有权没有使用权就是不完整的（并不否认，道德和伦理的考虑可能限制我如何使用我的财产）。而且，由于抽象权利领域中的财产是私人的，因此，我有权利完全地以及排他性地使用它（虽然我可能让另一个人暂时地使用它，而不放弃我的所有权）（PR §§61–62）。相反，如果我有权利完全使用这个物，那么我就是它的所有者，"这个物剩下的任何东西都不可能是其他人的财产"（PR §61）。一种封建关系，即农奴完全使用土地而主人拥有对土地的所有权，因此，就与财产权的理念不相容（参见 PR §62R）。

价值

在《法哲学原理》中（PR §63），黑格尔注意到，使用的一个对象是"在质上和量上被规定的"一个个别的事物。这个对象也满足一个特殊的或者"具体的"需求（如我们刚刚已经提到的），因此，这个对象具有一种"特殊的有用性"。如此特殊的有用性与相同需求相关的其他事物的有用性是"可比较的"：这个围巾在保暖性能上可能比另一条围巾更有用。而且，不同的需求本身是可比较的，因为一种需求可能比一种需求更为紧迫。相应地，这就意味着，与一种需求相关的一个事物的有用性必须与满足不同需求的诸事物的有用性是可比较的。然而，由于，在这个情形中，不存在所有事物都满足的任何一种需求，此类事物在满足一个特殊需求上不可能是或多或少有用的。因此它们的有用性如何可能比较呢？按照黑格尔的观点，这是有可能的，只要这些事物在满足"根本的需求"上（*Bedürfnis überhaupt*）或多或少是有用的（PR §63，译文有改动）。因此，具有一种不同的特殊有用性的诸事物必须具有与需求相关的一种比较的有用性，在比较中，这些需求不被具体规定，而仅仅算作需求。这并不是要否认，我的雨衣可以让我保持干燥（因此满足了它的特殊需求）比我的围巾让我保暖（因此满足了它的特殊需求）要更好。然而，这两种对象可以直接地进行比较，只要具有一个共同的尺度——也就是，需求本身——我的雨衣刚好被理解为满足我的一种需要，要比围巾更为成功。换句话说，这些对象可以被直接地比较，仅仅与诸多未被规定的需求相关。

　　注意，一个事物的比较的有用性，在刚刚解释的意义上，不是完全分离于它的特殊有用性，而是后者与满足不同需求（如前文雨衣和围巾的例子）的事物的特殊有用性相比较。然而，一个事物的有用性可以成为比较的，仅当我们无视它与特殊需求的关联——因此无视它自己的特殊性——认为它是服务于一个未被规定的需求的一个未被规定的有用性（在与另一个如此之类的有用性比较时）。我的围巾让我保持温暖，而不是干燥；我的雨衣让我保持干燥，而不是温暖。然而，每一事物的这种比较有用性与它服务的特殊需求不相关，而是与需求本身相关：很简单，雨衣在满足我的一个根本需求上要比围巾更好。

　　由于一个事物的比较有用性以这个方式是未被规定的，黑格尔论证，它是某种"普遍的"东西（PR §63; VRP 3: 239）。应该指出，此类的"普遍有用性"并不包括广泛的特殊有用性，而是包括以很多特殊的方式是有用的。一个事物的比较有用性是"普遍的"，因为它抽象于这个事物的特殊有用性，并且，与其他事物的能力相比较，包括它满足没有进一步规定的诸需求——在满足"一种需求的简单可能性"中（*Werke* 7: 136）。黑格尔给这个比较有用性的名称就是"价值"（*Wert*）。因此，一个财产对象必须具有价值，要理解它是如此就要无视它的特殊有用性，而考虑它根本上是相比较而言有用的（PR 1819/20, 76; VRP 3: 236–240）。因此，一个事物的价值，换句话说，就是其比较而言的（或者相对的）未被规定的有用性。

现在，如我们已经提到的，一个个别的物把其规定的有用性归于其"质和量"，然而，当一个物的比较的有用性或者价值被考虑时，抽象是从这个物的"规定的质"而被塑造的（PR §63），以致价值必须采取"量的规定性"的形式——按照黑格尔的观点，量存在是"漠视"质的存在模式（PR §63A; VRP 3: 238–239）。一个物的价值或者相对的未被规定的有用性，因此，只能是"多于"或者"少于"——或者等于——另一个物的价值。[1]

然而，黑格尔坚持认为，一个事物的特殊的质并不完全消失于它的量的价值，而是保存在其中，由于那种价值的大小本身就是他的特殊的质和有用性的一种功能。一个事物的价值比另一个物的价值具有"更多"或者"更少"用处。然而，它不是未被规定的，而是具有一种确定的特征，表现为一个量或者比例：一个事物比另一个事物的价值要多三或者四倍，等等。黑格尔坚持认为，那种量完全是被特殊的质所规定的，并且就是所关注的事物的有用性。按照黑格尔的观点，各种不同的因素对规定一个事物的价值有贡献，包括事物的稀有性以及产生它所要求的"时间和才能"（*Werke* 7: 136–137，也参见 VRP 4: 228–229）。然而，首先，一个事物满足需求的相对未被规定的能力的大小被它特殊的有用性所规定：我的雨衣根本上比我的围巾更有价值，因为它比围巾更好地满足我的需求（未被规定的），但是这个雨衣比围巾多四倍的价值（而不是三

---

[1] 黑格尔也认为，具有相同有用性的物仅仅在"量的规定上"是可比较的（PR §63）。

倍），因为它的特殊能力使我保持干燥，并且做得很好（也许因为我更要求或者欲望保持干燥）。相应地，"定性为定量提供了数量，它本身在其中既被保持又被废除［*aufgehoben*］"（PR §64A，译文有改动，VPR 3: 239）。[1]一个事物的质或者特殊有用性在这个事物的价值中"被保存"，由于它规定后者。但是它也在那种价值中被"废除"或者被隐藏，例如，一件雨衣的价值要高于一件围巾四倍这个单纯的事实并没有告诉我们这件雨衣有什么用处。

注意，对黑格尔来说，价值被塑造成为必然的——在契约和交换之前——被这个事实塑造的，即财产必须被使用以及在被使用中明确地与需求相关。[2]更确切地说，这个人格，认为自身是某种普遍的东西（以及个体的东西），他在他使用的特殊事物中寻求普遍。因此，他认为这个事物不仅与特殊需求相关，而且也与"我的需求的普遍"或者我的需求本身相关，因此，认为它具有一种相对的未被规定的有用性或者价值（VRP 4: 226）。因此，通过使用对象中"带出的这种普遍性"，这个人格变得意识到事物的价值（*Werke* 7: 136）。

因此，最终，正是我成为一个人格——不仅是需求（当然不是交换）——使我的财产必然具有价值。而且，一个人格的财产本性上是私人的以及排他性的这个事实，意味着我必须是那种价值的排他性的所有者。当一个事物被理解为不仅是一个事物，而且也具有

---

［1］参 见 Jean-Philippe Deranty, 'Hegel's Social Theory of Value', *The Philosophical Forum* 36 (3) (2005), 315。相反，克里斯托夫·亚瑟（Christopher Arthur）坚持认为，黑格尔"并不试图剥夺有用性的机制尺度"，参见 Christopher J. Arthur, 'Hegel on Political Economy', in David Lamb (ed.), *Hegel and Modern Philosophy* (London: Croom Helm, 1987), 113。

［2］在 1817—1818 年，黑格尔还没有看到（或者，至少强调）使用和价值之间的逻辑联系，并且坚持认为，事物在被交换时要求一种价值。他也争辩，"价值依赖于产生事物需要的劳动"（以及后者的"稀有性"）（LNR §37）。然而，从 1819—1820 年开始，黑格尔把价值理解为一事物的（相对的）未被规定的有用性，参见 PR 1819/20, 76。

价值，它被理解为一件"货物"或者"商品"（Ware）。当价值本身成为某种客观的东西时，它就成为金钱。金钱的所有权——伴随着物的所有权和使用——因此是成为一个人格所必需的。事实上，黑格尔讲到，金钱是"最明智的［verständig］占有，这值得人类思考"（VRP 4: 228–229）。[1]

契约

作为一个人格，我必须占有某种财产，但是我没有被要求占有任何特殊的事物。我占有这个，而不占有那个，仅仅出于我的选择。因此，我可能总是选择占有某种其他的东西：我可能总是从这个事物中撤回我的意志，通过放弃它或者将其交给另一个人而"异化"它（PR §65）。异化一个事物也完成了否定的过程，它在使用中变得明确。通过占有某物，我把它还原为我的意志的一种体现，因此隐性地否定它。我通过改变或者消耗它的使用而明确地否定这个事物。然后，我甚至更深刻地通过下述宣称来否定它，即它不再是我的意志的体现，因此将我的意志从它之中解放出来（VRP 4: 228）。然而，如上文提到的，我可能仅仅异化了与我的身体相区别的外在对象。我不可能异化我的身体，除非在有限的时间内（参见 PR §§67, 70）。

注意，在异化事物时，我隐性地承认，没有任何事物可以充分地体现我的自由意志，更确切地说，我的意志作为意志必须成为客观的。在契约（Vertrag）中，我对一个事物的异化明确地与在另一个意志中和为另一个意志成为客观的我的意志相一致（PR §§71–73）。

---

[1]关于黑格尔的价值概念，也参见 Vieweg, *Das Denken der Freiheit*, 129–130。

我的意志通过被另一个意志承认而对另一个意志而言成为客观的（相应地，我承认另一个意志）（PR §71R）。当然，我的财产已经在契约出现之前被承认，但是，在那种情形中，我的意志在占有的物中具有它的客观"定在"。相反，在契约中，我的意志完全是在被另一个意志承认为一个财产所有者时具有它的客观定在。然而，在契约中，我的意志不仅仅是对另一个意志而言是客观的，而且也在另一个意志中以及作为另一个意志而是客观的，由于其他的意志意愿我所意愿的东西。因此，我们的意志形成了一种同一性。然而，我们也仍然是不同的意志，因此，我们形成的这个"同一性"实际上就只是一种"被设定的""共同意志"，并且被我们两人所维系（PR §§71, 73, 75）。因此，我的自由在一种共同的意志中具有他的客观定在，这个意志也是"意志与意志的一种关系"（PR §71）。

契约，如黑格尔所认为的，具有两种根本性的形式（每一种形式都有变式）。第一种形式是"形式的"契约，在这种契约中，一方将财产作为礼物交给另一方（虽然两方都仍然承认彼此之为人格和财产所有者）（PR §76）。第二种契约是"实在的"契约或者交换。在这个情形中，每一方都把财产交给另一方（因此不再是一位占有者），也从另一方获得财产（因此成为一名占有者）。而且，交换的每一方仍然是他开始的财产的所有者。这种情形的发生，是因为交换的货物具有相同的价值，因此每一方保留了那种价值（PR §§74, 77）。价值，被财产的使用塑造成为必然的，因此它使得交换的契约得以可能。

现在，如此交换的发生是因为一个人格需求或者欲望某种被其他人占有的东西（正如我们首先占有某物，因为我需求或者欲望它）。然而，黑格尔坚持认为，契约也被理性塑造成为必然的，因为只有在契约中，一个人格的意志以意志的形式而成为客观的，而不是一个单纯的事物。因此，不仅是需求（市民社会内的劳动分工），而更是自由、权利和人格性的逻辑，使得契约成为必然的，正如他也使得财产、使用和价值成为必然的。

马克思与黑格尔论价值

现在，我将简要地考察黑格尔与马克思关于价值这个主题之间的一种差异，来结束本章。这个差异是微妙的，但是，我相信意义重大。

黑格尔直接从财产及其使用中获取价值的观念。相反，马克思坚持认为，价值仅仅出现在货物或者"商品"（*Waren*）的交换中。[1]对于马克思来说，每一种商品都具有——或者是——一种"使用价值"，它是一种特殊的有用性或者满足需求的能力，它存在于商品的"物理属性"或者性质中（Cap. 125–126, 133）。[2]然而，马克思把这个使用价值与商品的"价值"（*Wert*）区别开来，这表现在后来的"交换价值"中（Cap. 128, 152）。这个交换价值就是一种商品与另一种商品之间存在的"定量关系"（1: 3, 1: 4等等）。事实上，它仅仅是一定数量的另一种商品：因此四分之一的小麦的交换价值就是"X 抛光的鞋子，y 丝绸或者 z 黄金等"（Cap. 126–127）。注意，一件商品将具有几种不同的交换价值，但是每一种都表现出这个商品相同的价值。

马克思坚持，每一种商品必须既具有使用价值和交换价值（或者价值）（Cap. 131, 138, 310）。然而，他也论证，商品中这两种"潜在"之间存在着一种"对立"（Cap. 181）。这是因为这个事实，即一件事物的"价值独立于它生而有之的特殊使用价值"

---

[1] Karl Marx, *Capital. Volume 1*, trans. B. Fowkes (London: Penguin Books, 1976) (hereafter Cap.), 138–139, 166, 179.

[2] 参见 PR §63。

（Cap. 295）。这个尖锐的差异反映了质和量之间的进一步的逻辑差异："作为使用价值，商品首先在质上不同，同时作为交换价值，它们可能仅仅在量上不同，因此不包含一个使用价值的原子"（Cap. 128; 也参见 Cap. 176）。由于这个差异是如此尖锐，因此，对马克思而言，一个商品的价值不是被后者的特殊有用性或者质所规定（对黑格尔而言也是如此）。那种价值的大小更是仅仅被生产商品所需要的"社会必要劳动时间"所规定，也就是，正常条件下需要的劳动时间以及"在一个社会中普遍存在的劳动强度和平均技术程度"（Cap. 129, 186, 293）。

　　然而，我的目的不在于详细地考察马克思的价值理论，而是要注意马克思区分的价值和使用价值对于他理解的劳动工资具有重要的意蕴。在劳动工资中，资本主义的雇主和工人都认为工人的劳动力是一种被买卖的商品（有一定的期限）（Cap. 270–273, 342–343）。同样，劳动能够展现一般意义上的商品的双重本性。一方面，劳动力是具体的，包括了一个人的具体的"体力和智力"，或者性质，并且（当开始工作时）就产生"使用价值"（Cap.270, 283）。另一方面，劳动力是"凝固的劳动时间"——也就是，被要求生产和维系它的时间——因此具有一种价值（表现在它的交换价值中）（Cap. 130, 277）。完全从劳动力的特殊性质中抽象出的这个价值，就是能使得后者成为一种可交换的商品的东西，正像任何其他的商品，因此，作为如此这样的一件商品，劳动力并不是这个或者那个个体的特殊能力，而仅仅是抽象的劳动力——买家可以使用的能力，正像任何其他的商品，"例如，他这一天出租了一匹马"（Cap. 292）。

　　重复一遍：劳动力必须是一个具体的个体的能力以及产生使用价值的能力。然而，作为一件商品，劳动力也可以交换成为任何其他商品。因此，它不算作一个具体个体的能力，而仅仅是作为抽象的劳动力，可以按照数量使用的。而且，资本家购买劳动力，生

产的不仅是使用价值，也生产新的价值，事实上，生产剩余价值
（Cap. 293, 301）。要生产这些价值，劳动力必须再次是抽象的，
因为它必须在一定数量的劳动和劳动时间中实现自身（Cap. 296,
302–303）。

　　在劳动过程中产生的剩余价值——这种价值超过了劳动力本身
的价值——属于资本家，而不是工人，因为他已经购买了后者一定
时间的劳动力。然而，资本家当然可能与工人分享某些剩余价值。
然而，他出于三个理由而不这么做。第一，他被"自私性"和"私
人利益"所驱使（Cap. 280）。第二，他认为他有权利占有他已经
购买了其使用的劳动力的剩余产品（Cap. 303, 342）。第三，就劳
动力是一件商品而言，因此是价值的一种体现，它就是抽象中的劳
动力。因此，资本家不会认为它就是这个或者那个特殊的个体的劳
动，因此，没有理由与任何如此的个体分享剩余价值。我认为，这
第三点理由尤其重要：资本不仅是自私的，关注它的权利，而且通
过把此类的劳动力设想为具有一定量价值的一件可交换商品而避免
看到劳动力的特殊性质——以及具体的人的特性。相应地，这就反
映了这个事实，一个事物的定量价值独立于那个事物的特殊有用性
以及性质，并且不带有它们的任何痕迹。也注意，不仅是资本家
（如马克思对他的理解）看不到一个事物在其价值上的特殊有用性
和性质的任何东西。马克思自己认为，价值的抽象形式使得我看不
到事物的不同性质和人类的劳动力。这就是为什么他坚持认为，价
值和交换价值必须被废除，并且随之一起废除私人生产和商品交
换。[1] 对马克思而言，资本主义的问题不仅在于它榨取了剩余价

56

---

[1] Karl Marx, *Selected Writings*, ed. D. McLellan, 2nd edn (Oxford: Oxford University
Press, 2000), 257："共产主义废除买卖。"也参见 Patrick Murray, 'Value, Money
and Capital in Hegel and Marx', in Andrew Chitty and Martin McIvor (eds.), *Karl
Marx and Contemporary Philosophy* (Basingstoke: Palgrave Macmillan, 2009), 179：
"资本的关键不在于重新分配剩余价值……它要废除价值。"

值，导致贫困，而且它建立在价值和交换价值基础之上。从本性上而言，它们"不包含使用价值的原子"，因此，它们完全隐藏后者（Cap. 128）。

在这个方面，黑格尔的价值观为马克思的价值观提供了重要的解决方案。黑格尔的价值与马克思的使用价值或者交换价值并不完全一致。它不是前者，因为它并不包含特殊的有用性；它不是后者，因为它先于，因此独立于交换价值。然而，它与马克思的价值相似，因为它是"抽象"于它们"特殊性质"的事物的一种"量的规定"（PR §§63, 63A; VRP 3: 239）。然而，按照黑格尔的观点，价值不是（或者主要不是）"凝聚的劳动时间"，而是一个事物的相对未被规定的有用性：它的存在对我们或多或少都是有用的。如此的有用性"未被规定"，因为它仅仅是一个事物根本上满足需求的能力。然而，黑格尔坚持，这种未被规定的有用性或者一个事物的价值"源自这个事物的特殊性"（以及特殊的有用性），并且，"［因此］定性的东西为价值提供了定量的东西"（PR §63A; VRP 3: 239）。因此，对如此特殊性和性质的追溯必须被包含在一个事物的价值中。这并不意味着，一个事物的特殊性质和有用性将在其价值中是直接可见的。但是，后者本身将表明，这个事物具有一种特殊的有用性，将表明某物的力量（这不符合马克思的观点）。[1]

对黑格尔来说，价值，先于交换价值，源自财产的使用，但是他使得货物的交换成为可能，因此，在如此的交换中，可能被认为是"交换价值"。然而，按照黑格尔的观点，与马克思的观点，价值与交换价值必须包括对这个事物的有用性和特殊性质的追溯，因此，前者本质上并不会使得我们对后者视而不见。这并不意味着，雇主不可能无视他们雇工的人性以及自私地占有他们生产的"剩

---

[1]重复：对马克思而言，一件商品必须既具有一种使用价值又具有一种价值（或者交换价值）。但是，后者仅仅是凝聚的劳动实践，它并不包含"一个原子"的使用价值，因此本身并不表明商品具有一种使用价值。

余"商品。相反，它意味着，价值和交换价值本身并不完全抽象于事物的性质和人类，因此，它们并不是内在地非人性化的。相应地，这意味着，经济交换的制度，与价值不可分离，它不需要被废除，如马克思主张的，而更要需要被塑造成为伦理的制度。[1]

马克思从黑格尔那里借用了很多，包括对历史辩证法运动的通常微妙的把握。然而，在他的资本主义解释中，马克思证明自身是一位"知性"的思想家，而不是辩证的理性：因为，除了承认一件商品必须具有（交换）价值和有用性，他坚持两者之间存在尖锐的区别（至少在这个方面，也在数量和性质之间）。[2]相反，黑格尔表明，对一个事物的特殊有用性的追溯被包含在它的价值中，并且在这么做时，他证明自身不是一位知性的思想家，而是理性的。

---

[1] 参见 Houlgate, *An Introduction to Hegel*, 206。

[2] 在不同的语境中，马克思也承认"黑格尔在他的《逻辑学》中发现的规律，即在一定的点上，单纯量上的差异被一种辩证法的颠倒而成为质上的区分"。（Cap. 423）

黑格尔论道德

阿伦·W. 伍德

黑格尔是他称之为"伦理生活"（*Sittlichkeit*）的支持者，是他称之为"道德"（*Moralität*）的批判者，这是老生常谈的事情。与这些老生常谈的事情相关联的是这个信念，即后面这个术语只不过是黑格尔蔑视康德和费希特道德哲学的绰号。通常的诸解释把 *Sittlichkeit*——在日常德语中是指习俗和传统的道德——与作为一种个体主义的和理性主义立场的道德（*Moralität*）对立起来，后者可能批判通常公认的社会实践。黑格尔应该是前者的支持者，是后者的反对者。这很好地匹配于另一件老生常谈的事情：黑格尔是一位社会和政治的保守主义者，是批判的理性的反对者，也是个体性的敌人。像很多老生常谈的哲学内外的思想一样，这个思想包含了一点点真理，但是它夸大了以及扭曲了真理。出于这个理由，当人们允许如此老生常谈的思想影响他们对这个主题的思考时，它可能严重误导他们。

黑格尔的道德观和伦理生活观的发展

在关于黑格尔伦理生活和道德的老生常谈的思想中的核心真理是，在耶拿时期，黑格尔对费希特哲学就采用一种批判性的态度，费希特正好在怀疑之下离开了大学，是被"无神论"的指控赶走的。的确，在黑格尔的时代以及之后很长一段时期，哲学家们倾向于认为康德道德哲学等同于费希特的道德哲学，并且认为费希特的《伦理学体系》（1798）是康德伦理学观点以及费希特伦理学观点的最可靠的陈述。[1]黑格尔对那些批判的表达在他的早期论文《处理自然法的科学方法》（1802）中，他使用了道德（*Moralität*）这个术语，作为黑格尔想要超越的立场的名称，而伦理生活（*Sittlichkeit*）则是一种更高的立场（*Werke* 2: 459–468; NL, 75–82）。伦理生活是他所认同的古希腊精神的立场，在黑格尔早期未出版的一些著述中得到赞赏，在那种精神中，应该存在个体性和普遍性的一种直接融合——诸个体感到自己与他们的社会秩序、习俗方式直接同一。道德似乎是一种与这种同一大相径庭的现代堕落，是随着社会原子主义化发展以及文化凝聚力丧失而加重的。

然而，在几年之后出版的《精神现象学》中，事情变得更为复杂。黑格尔在《精神现象学》中使用了相同的对比，但是，是以更为不同的方式。在第6章（"精神"）中，"伦理生活"指的是"精神"的第一个或者直接的阶段，一种超越"理性"的意识形态。[2]在"精神"这一章中，伦理生活仅仅是第一个或者直接的阶段，对应的意识形态就是黑格尔所指的古希腊社会。道德代表着历史过程

---

[1] 下述论文很好地支持了这个主张的正确性（也许令人惊奇），Michelle Kosch, 'Fichtean Kantianism in Nineteenth Century Ethics', *Journal of the History of Philosophy* 53 (1)(2015): 111–132。

[2] 然而，从"理性"到"精神"的前进代表了黑格尔对这部著作原初计划的一种修订，并且对《精神现象学》的主题以及整体结构提出了大量棘手的问题。这些问题的一项近期呈现——人们认为《精神现象学》计划的真正结尾是第5章，这在下文中被发现，Eckart Förster, *The Twenty-Five Years of Philosophy*, trans. Brady Bowman (Cambridge, MA: Harvard University Press, 2012), Chapter 14, 351–372。黑格尔决定改变《精神现象学》结构的一项更加肯定的结果相当详细地呈现在下文中，Michael Forster, *Hegel's Idea of a Phenomenology of Spirit* (Chicago, IL: University of Chicago Press, 1998), Chapters 13–18。

的结果，是伦理生活的美的直接性崩溃的结果，并且，经过法权状况（罗马）、自我异化的精神（基督教）、信仰与纯粹识见的辩证法和之后的启蒙运动，在绝对自由和恐怖（法国大革命）中达到顶峰，结束于道德。道德就是"自身确定的精神"。那么，在一种相当直接的意义上，在体系的结构内，现代道德在《精神现象学》中呈现为精神的最高阶段，高于古代伦理生活的阶段。

当然，像《精神现象学》中呈现的所有意识的形态，道德也遭到它自己的辩证法以及崩溃，导致良心的悖论、对宽恕的需求，并且通向宗教这个更高的阶段。而且，甚至在《精神现象学》中，黑格尔保留了对希腊伦理生活（*Sittlichkeit*）的怀旧之情。因此，他批判性地描述道德（*Moralität*），指出了他在道德心理学中发现的这些不一致性，他把这些归于康德和费希特，归于他们对个体道德行为与世界秩序之间关系的看法（PhG, 365–383）。这些批判甚至开始得更早，在论理性的这一章中，伦理生活似乎就提供了解决方案（PhG, 228–235, 252–262）。黑格尔在精神这一章结尾处对道德讨论感觉像是这些批判的继续。因此，除了道德对伦理生活的结构优先性，我们可以理解，从《精神现象学》中获得对黑格尔看法的印象的那些人自然而然地会认为，在这里，如在 1802 年论自然法的论文中，他对伦理生活持一种支持的态度，而对道德持一种否定的态度。

但是，黑格尔在《精神现象学》中对两者的处理方式中，仍然存在一种张力，甚至是矛盾。现代精神，已经历经了自我异化的经验，启蒙与迷信的斗争以及革命的创伤，它应该作为比历史过程由之开始的伦理生活的天真直接性更高级的和更深刻的某种东西而出现。但是，在《精神现象学》中，黑格尔似乎仍然不能够概念化下述这个方式，即现代道德以此方式比古代的伦理生活更高级。那就是为什么，除了意识诸阶段的体系结构表明的道德结构优先性，黑格尔仍然给予读者这种印象，即古代的伦理生活比现代道德更得到

60

偏爱。在"理性"这一章中，康德似乎就是问题所在，安提戈涅则是解决方案（PhG, 261–262）。然而，安提戈涅代表的精神的阶段现在已经永远地消失了，并且出于很好的理由。我们只剩下康德（或者经过费希特掩饰的康德）以及浪漫主义的良心混乱，它们源自对我们自己以及世界的道德观的批判性反思（PhG, 383–409）。宗教来拯救我们，但仅仅是把我们带到一个更高的阶段。道德的这些悖论激发了宗教意识，但是它们没有在实践层面上得到解决。

十几年以后，黑格尔再次提出这些问题，首先是在海德堡时期写作的《哲学科学百科全书》中，然后在他论法的讲义中，以及——现在最明确地——在《法哲学原理》中。伦理生活对道德的优先性现在被赋予一种结构形式。伦理生活是抽象权利领域的具体形态、真理：抽象权利和道德（PR §§33, 141）。但是，伦理生活本身在黑格尔思想的过渡期间已经经历了关键性的转变。它不再是古希腊的绰号。它现在所命名的是现代社会的独特合理性。在现代伦理生活中，（自我与社会秩序）个体与普遍的融合不再仅仅采取美的、天真的直接性的形式，如它在古希腊那样，现在，它是被把握为一系列渐增的反思阶段，直接性地通向信仰与信念，然后是对知性的片面识见，最后它在概念的思想中得到实现，即《法哲学原理》本身提出的理性体系（PR §147R）。只有在这里，伦理生活才真正地被发现。

伦理生活，作为现代伦理生活，也被合理地建构，不同于古代的伦理生活。在古代伦理生活中，仅有的机制是家庭和国家，以索福克勒斯戏剧中的安提戈涅和克里翁为代表：他们的直接对峙导致悲剧的冲突，这是普遍性和个体性的优美和谐的崩塌（PhG, 266–289）。从 1806 年到 1816 年，黑格尔开始重视——开始给予一个名称——一种独特的现代机制，它规定了现代家庭和现代国家的形态，并解释现代伦理生活优先于每种前现代的社会秩序的方式。他赋予这个机制的名字就是"市民社会"（*bürgerliche*

Gesellschaft）。这个术语甚至可以被更准确地翻译为"资产阶级社会"，由于它的基础是经济，而不是政治，因此，*bourgeois*（有产者）译作 *bürgerlich*（参与现代市场经济中的城市中产阶级），而不是法语词汇 *citoyen*（政治国家的成员）（PR §190R）。市民社会规定着家庭的现代特征，它是资产阶级的核心家庭，而不是前现代的封建"氏族"或者"亲属集团"（*Stamm*）（PR §172）。它也规定着现代国家的特征。在现代国家，公民具有一个独特的领域——他们的等级（*Stand*）的"私人"社会领域，奠基于市场经济内他们的贸易或者职业（*Geweibe*）——在这个领域，发展他们的个体性，以及黑格尔所说的他们的"主观自由"。从市民社会的立场来看，人们的等级就是人们的私人生活，但是，通过它，人们也是社会的，由于等级成员是人们的与社会生活的有机联系。正是这个地位构成了政治国家中立法机构的代表（PR §§308–314）。正是这个被黑格尔称为"主观性"的原则——在道德领域（*Moralität*）表明自身最为纯粹——规定着现代社会的每一个方面，构成了对古希腊世界的关键优先性，并且优先于每一种前现代的社会和政治形势。社会和谐和个体性现在都被认为不是直接地得到和解，如在古希腊的优美、天真的和谐中，而是反思性地、合理地得到和解。黑格尔对柏拉图的批判（本质上与卡尔·波普尔的批判相同）在于，柏拉图哲学和古代伦理生活本身，并不承认主观性的立场，相反，试图压制它（PR §§185R, 185A, 206R, 262A）。在现代伦理生活中，人格的特殊性和个体性，以主观自由的形式，最终得以实现。它们并不颠覆现代国家，相反，构成了现代国家的力量，正如现代社会秩序给予个体性真正的意义，"现代国家的原则具有强大的力量和深度，因为它允许主观性原则在人格特殊性的自主这一端得以实现，同时把它带回到实质性的统一中，因此在主观性自身的原则中保存这个统一"（PR §260）。

黑格尔成熟思想中的道德主观性

如果我们要理解黑格尔《法哲学原理》中成熟的道德（*Moralität*）概念，我们必须放弃这个想法，即他对于道德持唯一否定的立场。因为在道德这一部分中（PR §§105—140），黑格尔正试图发展一种替代的道德主体观，这融合了康德—费希特道德哲学的诸要素，但是把他们定位在黑格尔权利概念的体系发展中，赋予现代主观性作为现代世界伦理生活的一个要素的应有地位。

道德出现在抽象权利的辩证法中，尤其出现于这个领域在"犯错"或者"不法"（*Unrecht*）的规定中崩溃。错误的概念指的是一种抽象自由意志，即"人格"，在其中，它自己的个体意愿与普遍的（抽象）权利的意愿处于对立。这个对立可能导致一种新的自由意志观。人格仅仅在与外在对象或者事物的关系中实现自由意志。但是，人格的意志一旦被分裂为意愿正当的普遍意志以及反对它的个体意志，如在犯错中，这个自由意志内部的这个内在对立就产生了一种新的自由意志概念：道德主体的自由意志（PR §104）。

自由意志就是这种意志，"在他者中与自身同在"（PR §23）。人格（作为抽象权利的自由意志）的唯一"他者"就是外在的世界。但是，一旦意志自身被划分成为普遍和特殊，自由可能采取一种新的形式：道德主体的自由，在这里，与自身同在的可能性在意志自身内可以被实现，通过在其个体性中自己实现普遍。这个实现有几个不同的方面。

（1）道德主体只承认属于它作为它自己的东西才是对它有效的。道德主体是由自我支配的，而不是由外在的压迫支配，如在犯错以及通过惩罚消除错误时发生的（PR §§100—102）。

（2）在这个自我支配中，普遍与特殊的关系采取了"义务或者要求"的形式（PR §108）。道德主体处于一种规范或者义务之

63

中，一道法则是自我强加的，它的特殊意愿应该服从它自己的普遍性。

（3）主体，像人格，处于与一个它在其中行动的外在的、客观的领域的关系之中。因此个体性对普遍性的服从要在于这个客观性的关系中表现出来。并且它的行动的客观性把道德主体置于与其他道德主体的意志的关系中（PR §§110–114）。

黑格尔对道德阐述划分为三个部分。它们并不分别遵从这三个环节，而是处理三个环节被结合在道德主体的行动中的三种不同方式。第一个部分的处理方式，即道德主体承认受义务约束的外在事件是他自己的：归责性或者可归责性（PR §§115–118）。第二个部分的处理方式，即道德主体通过行动实现它自己的个体性：主体的自我满足或者福利（*Wohl*）在道德行为中的作用（PR §§119–128）。第三部分包括了被道德主体实现的善（*Gut*）的道德观，以及这个善被道德良心规定的方式。

黑格尔的道德归责理论

很多道德责任的理论都不直接关注行动——外部世界的事件——而是关注内在的心灵事件，例如意愿，它被认为是行为的起因。这些理论追问意愿与行为之间的这种因果关系，以及关于意愿自身在行为者的心理上被引起的方式。如果我所做的与正确的意愿相关，我们得对我们的所作所为负责任；如果我们的意愿在心理上以表明我们就是行为者的方式被引起，我们得对意愿负责。

黑格尔的路径与此完全不同。他基于对自由意志的解释（PR §§4–21），预先假定，人类的意志是自由的（像费希特则认为不自由的意志这个术语是矛盾的，PR §4），并且他坚持认为，这个自由包括了完全从我们的特殊性进行抽象的能力以及确定我们是谁和我们意愿什么的特殊性的能力（PR §§5–6）。但是，他认为意愿本质上与外部发生的事情相关联，而不仅是一种内在的事件（PR §§7–9）。他认为，我们自己决定对我自己采取不同的态度，即我们的自然驱动和欲望，也决定选择某种东西而不是其他的东西，以及在我们自由意志的不同表达中做出选择（PR §§10–15）。但是，如黑格尔所看到的，这些问题还没有解决关于"可归责性"的问题——关于我们在道德上对什么负责：世界上哪些事件在道德主观性相关的意义上是"我们的"，以及我们应该如何把这些事件思考为我们的，有关道德信任或者责备。

黑格尔有三个基本的概念，根据这些概念，我们思考道德主观性与世界上发生的事情的关系。第一个概念是"负责任"（*Schuld sein an*），一个纯粹的对对象或者事件负责任的因果概念，在此，某种关于我们的东西——例如，我们身体的运动——带来一个对象或者事态。一个行为（*Tat*）是客观世界中的一种选择，这个意志得在这个意义上对此"负责任"（PR §115）。在下述这些情形中，我们可能在这个因果意义上有责任，那些情形即我们不把发生的事情根本上归咎于作为道德主体的我们自己。

归责所依赖的对行为"负责任"的另外两个概念与外在行为的影响被道德主体认识或者思考的方式有关。有如此两个概念，黑格尔用德语词汇"故意"（*Vorsatz*）和"意图"（*Absicht*）来标示。两个词汇都不完全与英文词汇 intention 相一致，但这个词可以在恰当的语境中翻译日常德语中使用的这两个单词。然而，这两个单词的日常使用没有那么重要，因为黑格尔为它们提供了他自己的相当有技术性的解释。

"它是……承认为其行为的意志的法，以及仅仅对那些它知道在其目的内预先假定的行为的那些方面负责任，对在其故意中呈现的行为负责任。"（PR §117）在这个意义上，一个行为的故意就是，我知道的作为这个行为之结果所发生的任何事情。它在这个下述意义上就是行为的意图，即我们认为，我做的某事情可能要么是有意地，要么是无意地被做的。即使我后悔或者希望我本可以避免的我的行为的那些方面也属于我的故意，因为，我知道它们将发生，我必然有意而非无意地这么做。我的意志并不对在这个意义上无意地做的事情负责任——我不知道什么会发生——而仅仅对属于我故意为之的事情负责任。因此，黑格尔称之为"知情权"（PR §117）。某人不对他的行为的一个方面负责，因为它不属于他的故意，对此，黑格尔举的例子是俄狄浦斯。俄狄浦斯不知道自己杀害的是父亲，因此他对弑父罪不负责任（PR §§117R, 118R）。黑格尔认为这是古代与现代世界的一个重要的差异——在现代性中，与道德主观性观念的出现相关联——对于古代人来说，俄狄浦斯对他行为的一切都负有责任，甚至是不属于他故意为之的事情（参见 PhG, 281–284）。

　　然而，一个行为的意图（*Absicht*）是普遍概念，根据它，当我意愿它时，我思考这个行为（PR §119）。它就是在你正试图做什么、你意图做什么的意义上的你的行为的意图。这个主观的意志具有这种权利，即它应该对它的行为以及构成它的故意的部分行为负责任，它的依据是，根据它意愿这个行为的普遍观念或者描述来考虑这个行为。如果，当消防员给你家房子灭火时，消防员朝你的书喷水而使其毁坏，那么，毁坏你的书可能就属于他的故意，但不属于他的意图，因为他的意图是"灭火"而不是"毁坏这些书"。当我们对一个行为负责任时，我们具有这种权利，即它应该不仅根据它的故意，而且也根据它的意图来判断。黑格尔称之为"意向权"（PR §120）。

　　但是，知情权和意向权都附加了一个重要的限定条件。黑格尔认为，在一个行为的故意和意图中，我们要包括任何属于这个行为"本性"的东西。根据黑格尔，任何事物的"本性"都包括我们从对它的理性方式以及它与其他事物之间的关联所把握的东西（EL §23）。在一个行为的情形中，这些都包括与它的结果的关联（PR §118）。因此，一个行为的本性包括所有这些会被理性反思认识的结果："一般而言，重要的是要思考一个行为的这些结果，因为，以此方式，人们不会止步于直接的立场，而是超越它。通过对这个行为的多方考虑，人们会被导向这个行为的本性"（Werke 4: 230）。一个行为的故意——使得它是有意的而不是无意——以及它的意图——行为者被认为意图它的概念或者描述——两个都包括理性的反思会阐明的一切，即使粗心、草率或者疏忽大意的行为者实际上没有考虑它们。我不仅得对我没有反思负责任，而且，如果我已经反思了我应该反思的事，我会意识到我正在做的一切，我也得对这一切负责任。因此，与"意向权"相符合的也是"这个行为的客观性权利，它断言自身被一个作为思维的行为者的主体意愿以及认识"（PR §120）。

包括作为其故意和意图的这个行为的"本性"的一个结果就是，如果一定的发展可以被认识为这个行为的一种可能的结果，那么，这位行为者不可能根据这个基础即它"不幸"的发生而放弃对它负责任。在行为中，一位思维的行为者对所有属于这个行为本性的结果负责任，即使它们的发生是作为不幸的一个后果。例如，一名纵火犯必须对毁坏整个街区负责任，即使他的目的仅仅是破坏一特定居所或者一特定家具，因为火势失控的可能性属于那种类型的行为的本性（PR §§119, 119R, 119A）："通过行为，我揭示自身是不幸的，相应地，不幸对我就有权利以及是我的意愿的一种定在。"（PR §119A）因为，我们起初对外在行为负责任，而不是内在的意愿，一名纵火犯幸运而没有毁坏什么或者毁坏很少的行为与一位纵火犯造成可怕灾难的行为中，没有什么东西是"相同"的。

故意和意图包括属于行为本性的一切这个规定特别适用于从抽象权利、道德或者伦理的视角具有意义的行为诸方面。一个行为要依赖于行为的"认知"（Kenntnis）来判断是正确的或者错误的——

也就是说，一位有思维的理性行为者对它已经知道什么，即使一位无思想的或者受误导的行为者不知道或者相信它。一个"好的意图"和有益的结果都不可能辩护或者辩解一个犯错的行为（PR §126）。

而且，犯错行为的错误性必须被考虑为行为者意图以及行为者故意的部分（PR §132）。行为者对其错误性有认知的一种行为——因为它相反于抽象权利、道德义务或者伦理义务——不需要被认为是为了自己的利益而故意犯错（除非那是行为者在这种描述下故意的行为），但是，我们的行为者意图的观念必须考虑这个事实，即行为对它的错误性有认知。我们可以通过认为"行为者知道，或者应该已经知道，它是错误的，并且无论如何都意图这么做"来表达。

黑格尔的理论仅仅免除了这种人的罪责，即他们是功能不全的理性主体。这意味着，"儿童、低能者、疯子等的归责性。因为他们的行为要么完全出于心不在焉，要么被减弱了"（PR §120R）。因此，黑格尔的理论，在确定主体行为的归责时，允许精神或者行为的无能以及其无能的程度。他的理论也允许这种责任——被我占有或者我照顾的事物、动物或者无责任人（如儿童）造成的伤害或者错误（PR §116）。我对它们造成的后果承担责任，正如我对我的行为的任何好运或者坏运的结果承担责任，它们就是行为本性的部分。

主观满足与福利

作为一位理性行为者的道德主体必须考虑它的诸行为的外在结果，并且认为它们的益处就是它们的内容（PR §122）。黑格尔区分了益处的两个方面：形式的和质料的。形式上，主体在成功地践行其行为时找到满足，尤其是认为对其他人的积极影响。它属于我的福利以及我的幸福，我对确定事物所做的，我的计划已经是成功的，我已经促进了我自己设定的不管何种原因以及实现不管何种目的。质料上，我也考虑以及认为是我自己福利和幸福的部分，即属于我的行为之意图的特殊"需求、倾向、激情、意见"（PR §123）。对黑格尔来说，这些是我的道德主观性的积极方面。我对别人行善也有益于我，或者，如果根据我的善性，我接受荣耀和名声，这并不是什么可耻的事情。我在我已经做的事情中获得自我满足并不是什么需要道歉的事情，或者我应该通过我的道德行为而让自身变得抽象。相反，它构成了我的主观自由表现的某种本质性的东西，这是构成道德行为的根本性价值。

黑格尔与康德和费希特在这个方面分道扬镳。康德认为，当我履行我的义务时，我应该感到自我满足，但是这不是我的幸福的部分（KpV, 119）。对康德来说，没有理由责备，因为我具有使得他人幸福的倾向，或者出于对它带给我的荣耀的热爱而促进共同善，而成为受益人。事实上，这些倾向是令人愉悦的以及值得赞赏和鼓励的，但是它们并没有赋予我的行为那种内在的、真实的或者本真的价值，它们是道德核心。它们仅仅属于出于义务的行动（G, 397–399）。即使我也出于这些倾向而履行了善行，我应该培养一种道德品质，它单单为了道德法则而赋予践行我的义务以优先性（G, 390; KpV, 81）。自我满足不可能是道德行为的动机，这是因为，仅当我们意识到遵从道德法则以及为了自身而服从它的内在价值时，它才被感觉到。费希特在这个观点上比康德更为严格。他认为，为了自身利益的自我满足是道德的直接对立面（SW 4: 260; SE, 249）。道德涉及让自身摆脱为了自己的享乐的驱动（SW 4: 141–142; SE, 134–135）。康德认为，自我赞同的快乐与幸福或者自我利益没有什么关系（SW 4: 147; SE, 140）。但是，费希特走得更远："伦理的驱动必须……被包括在一切行动中。"

（SW 4: 156; SE, 148）道德行为不必寻求人们自己的利益或者荣耀：它必须完全是无我的，"正是完全凭借人们的整个的个体性的消失和湮灭，每个人成为道德法则的一种纯粹的呈现"（SW 4: 256; SE, 245）。

相反，对黑格尔来说，重要的主要在于，人们在这个世界上完成的事："主体是什么？就是它的这些系列的行为。如果这些是一系列无价值的产物，那么意愿的主观性同样就是无价值的。相反，如果个体的诸行为是一种实质性的本性，那么，他的内在意志也就是如此"（PR §124）。黑格尔甚至确认一个道德行为的"动机"（*Beweggrund*）就是"意图的特殊方面"（PR §121A）。换句话说，激发任何道德行为的东西完全就是主体在行动中获得自我满足，即它形式上或者质料上贡献于主体的自我利益的方式。主体具有权利，在其行为中找到自我满足（PR §121）。由于"个体自身（包括以荣誉和名声的形式获得承认）的主观满足也要在实现自在和自为有效的目的上被找到"，它就是对分离这两者"的理解的一种空洞的断言"，并且"认为……客观和主观的诸目的是相互排斥的"（PR §124）。

黑格尔认为，对这种理解的区分，导致谴责那些做出真正善行的道德家们吝啬小气，因为他们在他们的成就中找到了个人的满足，包括荣誉和名声的满足。有一句著名的谚语："没有人是他自己仆人的英雄。"但是，黑格尔补充道："不是因为前者不是一位英雄，而是因为后者仅仅是一名仆人。"（PR §124R）这对我来说，似乎存在分歧，真理不可能仅仅存在于一边。黑格尔的确正确的是，一位行为者在一种善的行为的成功中获得满足是道德主观性自身之价值的部分。它是像康德和费希特这些哲学家置于道德之基础中的自律的不可或缺的方面。

康德认为，我们被允许寻求我们自己的幸福，并且对它不存在什么道德上的错误或者羞耻。但是，我们不必把这个当作与义务相同，或者混淆我们的个人的善与我们的条件的善，或者认为我做了善事，仅仅是因为此事服务于我们的自我利益，或者带给我们荣耀（KpV, 110–113; TP, 278–289; MS, 385–387）。康德所担忧的是，一旦我们认可我们自己的幸福，尤其当我们的自以为是在我们的动机中占有一席之地时，我们就面临着不再为自己做正确的以及善的事情，而是服从于自我欺骗，这种自我欺骗导致败坏的行为者，做任何事情都使得自己受益——尤其是可能带给他们荣耀和名声的事情——不管它实质上正确与否。

费希特似乎赞同黑格尔的看法，即伦理驱动涉及自我满足（SW 4: 152, 156; SE, 144–145, 148），甚至，我们的幸福由履行我们的义务构成："不是使得我们幸福的东西是善的，而更确切地说，只有善的东西才使得我们幸福。"（SW 6: 299; EPW, 151）因此，那些因为使得他们幸福而寻求善的人，按照费希特的观点，都不可能做真正善的事情，并且，如果他们做了，因为他们认为它将使得他们幸福，那么它不也会使得他们真正幸福。幸福并不是通过直接地寻求它而获得。当他们无私地服务于道德法则，寻求他们自己的自由、寻求他人的自由以及所有人都可能赞同的这些目的时，人们将是幸福的——尤其当其他人同样这么做时。

黑格尔似乎是正确的，但康德似乎也是正确的，费希特似乎也是正确的。也许，按照黑格尔的观点，存在一种方式以和解这个真理与在康德和费希特中发现的相反真理。但是，我将把它留给另一个费希特或者另一个黑格尔以综合或者调和那些对立面，并且规定那种真理的确切位置所在。我希望强调的是这点，即黑格尔这里表明的一种独特的道德主体观。甚至，如他对康德和费希特的批判，他并不是通过拒绝道德，而是通过建构一种与他们相反的积极的道德观。

道德的善

　　善就是理念，即意志的概念与特殊的意志的统一的理念，在这种统一中，抽象权利、福利、认知的主观性以及外在定在［Dasein］的偶然性，作为自为的自主的东西，被扬弃。但是它们同时本质上被包含以及保存在它之内——［善就是］实现的自由、绝对以及世界的最终目的。（PR §129）

　　善，如这里呈现的，就是适于道德的善——也就是善良意志。它也被认为是道德努力的目的的善，即世界的目的。善的两个方面在康德那里都有它们的先驱形式，但是在黑格尔那里，两个方面都被转变了。 70

　　对康德来说，善良意志就是这种意志：它的行动符合善的原则，或者道德法则。包含在黑格尔呈现的道德善中的另一种康德观念指的是最高的善，即世界的目的。对康德来说，道德或者德性（意志的善），结合了那种意志已经使得自身有价值的福祉或者幸福（KrV, A804–819/B 832–847; G, 392; KpV, 110–113; KU, 447–459; R, 4–6）。

　　在黑格尔的呈现中，两者都得到有意义的修正。善良意志不是一种这样的意志，它根据某种原则行动，而是这种意志，它的意图和洞见与善的东西相符合（PR §131）。它们与之符合的善涉及两个要素之间的一种条件性关系，并且，在两种情形中，第二个或者受条件约束的要素就是福祉或者幸福。但是这种约束性的东西不可能相同于康德最高善的那些东西，因为在黑格尔那里，造就一种善良意志的东西是被意志与善的关系（意图与洞见）所规定，因此，善良意志不可能（恶性循环的痛苦）参照意志的善良与福祉之间的关系而被规定，如康德的观点。相反，在善中约束性的要素是抽象权利。善就是，包括福利或者幸福的外在定在，但是福祉没有对抽象权利的意愿已经被获得。善良意志就是这种意志，它的意图和洞见被指向这个意义上的善。抽象权利和福利对于善都是必要的："福利没有权利就不是善的。相似的，权利没有福利就不是善（*fiat iustitia* 不应该具有 *pereat mundus*，以作为它的结果）。"（PR §130）而且，这里所讨论的福利不再仅仅是个体道德主体的福利，而必须被认为是一切人的普遍福利，国家的共同福祉或者福利（PR §126R）。

　　道德意志或者主观性，必须被它知道和意图善的方式判断。黑格尔称之为"洞见善的权利"（PR §132R）。它的洞见和它的意图两者都必须符合善。也就是说，意志必须产生善，并且是在抽象的"善"的概念（以权利为条件的福利）条件下产生的。它必须对客观的什么是正确的和善具有洞见。因此，它是被对善的认知（*Kenntnis*）以及它的意图判断（PR §132）。一个在抽象的东西中意图善的意志，同时被错误地被认为是构成它的东西——认为它的意愿是善的，即使它没有产生福利，或者即使它产生的福利涉及权利的意愿——它都不是一个善良的意志。我们将在下文的呈现中看到，对黑格尔来说，善良意志与良心相关，这个特征使得他与他最直接的前辈们——康德、费希特和弗里斯这些道德理论家们相冲突。

　　从道德的立场来看，被善良意志意愿的东西是在义务（*Pflicht*）的概念下被理解。黑格尔在这一点上赞同康德，也赞同这个命题，即必须因为义务本身而履行义务（PR §133）。但是，他与康德在"什么是义务？"以及这个问题的回答上分道扬镳（PR §134）。康德认为，可以通过至上的道德原则应用到特殊环境中而得到回答。费希特在这个点上也与康德分道扬镳，他论证，道德原则本身是纯粹形式的，它的内容必须被一种分离的演绎所提供（SW 4: 54–65; SE, 56–67）。而且，如果没有发展一个理性社会的概念，以及人们在其中可能占有的地位或者等级，一种充分的义务学说不可能建构起来（SW 4: 343–365; SE, 324–344）。在这两点上，黑格尔遵从费希特，但是不同于费希特，他对它们的解释意味着，道德立场作为一个整体不能够建构一种充分客观的义务理论，尤其是康德哲学（PR §§135, 148, 148R）。

良心

费希特与黑格尔在另一点上也持相同意见。两者都认为，从主观的立场上看，即从日常的道德行为者的立场上看（黑格尔会说：从道德主体本身的立场上看），关于做什么的问题必须用良心来回答。黑格尔在《精神现象学》中对良心的处理有点不同于他后来在《法哲学原理》中的处理。在早期的著述中，他承认道德正确性没有客观的标准。良心通过对个体道德行为者们的主观反思起作用，并且也通过与其他道德意识之间的关系起作用。只要其他人接受了一个行为者的保证，即这位行为者已经做出了诚实的反应，并且行为符合行为者有良心的信念，良心就起作用（PhG, 383–401）。当这种可能性被承认，即行为可能不是真诚的，或者其他人不接受这位行为者对那种影响的保证，它就崩溃了（PhG, 401–403）。这就导致这种行为的意识与一种纯粹的或者判断的意识之间的一种对立，即"优美灵魂"：这位行为者可以被判断为虚伪的、邪恶的。但是，这种判断如果没有招致相同的指控，就仍然不能够进行，因此仅仅以其自己的方式是虚伪的、邪恶的（PhG, 403–407）。当双方相互忏悔，以及在宽恕中和解，解决方案就出现了，并且通向更高的宗教领域（PhG, 407–409）。从实践的立场看，良心中的这些矛盾仍然未被解决。

在《法哲学原理》中，黑格尔作出了一种关键的区分：单纯形式的良心和真实的（或者真理的，*wahrhaftig*）良心之间的区分。前者是主观上确定它的信念以及根据这些信念行动，后者的信念与

72

伦理生活规定的正确和善的客观标准相符合。真实的良心具有一些"规定的原则"。它意愿"自在和自为的善的东西"(PR §137)。它单单从道德的立场要求承认。但是，同样地，道德主观性的正确是指，主体做的任何事情都必须符合它的主观洞见和它的形式良心(PR §§136–138)。

然而，道德的主观性在其有良心的反思中应该自为地规定，善的东西与根据正确的权利、道德和伦理生活的标准客观上是善的东西之间仍然存在对立的可能性。从有限的、抽象的道德立场上看，只要还没有被纳入伦理生活的立场，在道德领域本质性的主观性的权利与自在和自为的客观正确的东西之间仍然存在冲突的可能性。这个可能性表现为道德邪恶。

邪恶

《法哲学原理》的每一个阶段都构成了实现自由的一个确定阶段。但是，每一个阶段都是一种有限的实现——总是存在某种超越它，而它自身不可能理解的东西。出于这个理由，每一个阶段都终结于它自己的崩塌或者对立，要求过渡到更高的某种东西上。抽象权利结束于犯错或者不法(*Unrecht*)，而通向道德(PR §§82–104)。伦理生活的这些阶段结束于相同方式：家庭随着父亲的去世和孩子的成熟而解体(PR §§173–181)。市民社会在作为同业公会成员的人们的等级荣耀中达到顶峰，它们的结束是特殊的，而不是普遍的。普遍性仅仅在国家中才实现(PR §256)。甚至国家在与其他国家的外在关系中获得其限制及其在世界历史中的有限位置(PR §§341–360)。因此，它的阐述对于道德并不是独有的，它的阐述结束于它的对立，它的崩塌——邪恶。如我们已经看到的，在《精神现象学》中也一样，虽然黑格尔告诉我们，良心和邪恶在那里得到不同的解释（PR §140R），如我在上文已经试图表明的。

黑格尔提出关于道德邪恶的一般概念。道德与邪恶具有共同的根源，它们都有道德主体的"自我确定性"。善良意志是道德意志符合于客观正确的东西以及普遍的福利。相反，邪恶意志是主体意志撤回到自身，即它的自在存在（PR §139R）。根据黑格尔的解释，当主体的自我确定性在与普遍和客观正确的和善的东西对立的特殊性中被肯定时，邪恶就出现了。但是，邪恶也有不同的程度或者阶段。黑格尔呈现了道德良心败坏的六个阶段（PR §140R）。它们包括从邪恶的最不恶化或者不严重的形式下降到更加恶化的形式。随着情况的恶化，良心与邪恶或者错误行为之间的冲突就消失了。从某种程度上说，这似乎是一件好事；而你可能天真地认为，冲突是坏的，和谐是好的。然而，黑格尔的观点似乎是，当邪恶出现时，良心与一种（邪恶）行为之间的和谐共存是一件坏事情，而不是一件好事情。黑格尔的邪恶阶段与克尔凯郭尔的《致死的疾病》有共同之处，它们都代表了一种辩证的发展，不同于费希特、谢林以及黑格尔自己著述中的大部分辩证运动，它不是从低级进展到高级，而是相反，从低级下降到最低级。也许，克尔凯郭尔认为自己呈现的是对德国观念论辩证法理论的讽刺，这个辩证法理论代表着作为进步的和好的一个主题（或者人类历史）的理性的发展。克尔凯郭尔的观点是，人类绝望的进步发展成为罪恶，导致向下，而不是向上，因为有罪的人类断言他自己的骄傲理性，以反对他的造物主的权威。但是，黑格尔对邪恶的这些阶段的处理表明，当这个主体要求时，一位理性主义者也可能做相同的事情。[1]

---

[1] 参见 Allen Wood, 'Evil in Classical German Philosophy: Evil, Selfhood and Despair', in Andrew Chignell and Scott MacDonald (eds.), *Evil: A History* (Oxford: Oxford University Press, 2019)。这篇文章讨论了康德、费希特和克尔凯郭尔，但是，出于篇幅的原因，我不能够涵盖黑格尔。我希望这篇文章的当前部分有助于补偿那种省略。

黑格尔论邪恶的六阶段

阶段（a）以坏的良心行动。这里的这个行动，以及，在某种程度上，道德行为者是错误的、败坏的以及邪恶的。但是，这位行为者的良心没有被败坏。它告诉行为者她正在做的事情是错误的。这个阶段是良心本身滑向邪恶的出发点。

阶段（b）虚伪。道德行为者知道自己正在做错误的事，但是假装它没有错，或者试图欺骗某个主体认为没有错，或者至少使人不相信这个行为者是错误的。这个阶段有两个次一级的阶段。

（i）客观的虚伪。这位行为者自身清楚地知道这个行为是错误的，但是想让其他人假装它没有错（或者至少向其他人假装这个行为自身并不认为它是错误的，即使这些他者认为它是错误的）。

（ii）主观的虚伪。行为者知道这个行为是错误的，但是欺骗自身认为它没有错。

阶段（c）或然论。[1] 道德行为者遇到这样一种情况，即他不能确定两种选项中哪个是正确的，哪个是错误的。双方都有理由。为了论证，我们假定行为者选择的行为客观上是错误的。但是，让我们假设，对行为者来说，坦率地说，似乎他选择的行为比另一个选项更有可能是正确的。当行为者自身相信，由于他选择的这个行为更有可能是正确的，足以使它正确，那么，在这个意义上他不能因为做了这种行为而受谴责（即使客观上此事是错误的），这就是涉及或然论的错误态度。这里，行为者许可这种判断，鉴于他现有的信息，他的行为可能正确地取代了他是否真的客观正确这个整体问题。这就是比主观虚伪更深层次的败坏，因为这样实际上涉及一

---

[1] 或然论是一种与耶稣会相关联的伦理学说，布莱斯·帕斯卡尔在他的《致外省人信札》中批判了这个学说。（帕斯卡尔是一位詹森主义者。詹森教会在 17 世纪法国天主教中是耶稣会的神学和政治敌人。）黑格尔在《法哲学原理》中多处参照了帕斯卡尔，都持赞同的态度。

74

种虚伪的原则——即用一个行为的单纯可能的正确取代关于它正确或者错误的客观事实。

阶段（d）意愿抽象的善。这里，行为者践行了错误的或者邪恶的行为，但是主张他的意图（在 PR §§120–122 讨论的意义上）是善的，也就是说，她在意愿它时带给行为的普遍的东西是"善的东西"。由于这个行为本身是（假设）错误的或者邪恶的，这个善必须是在抽象东西中的善的东西——换句话说，它必须是行为的某种积极的特征或者属性，行为者在意愿它时可以援引为它的"主观本质"。在或然论中，仍然还存在剩余的未败坏的良心，它可以区分一种行为的"可能正确"和"真正的和真实的正确"。在这个进一步的阶段，事实上，行为在抽象的东西中意愿善的东西，这被认为对良心考虑行为的正确或者善是充分的——特别是无视或者压制这种行为是错误的的可能性。

阶段（d′）辩护手段的目的。黑格尔把"辩护手段的目的"归类到邪恶良心这个形式的次一级阶段。行为者带给邪恶行为的积极方面在于"它促进了一个好的目的"。这个欺骗性地无视或者压制这种可能性，即，如果这个手段是邪恶的，那么，一个在抽象意义上是善的目的可能是一种邪恶。

阶段（e）信念伦理。[1] 在之前的阶段，行为者说服自己，一个行为可以算作客观上正确的，只要它以一种抽象的善良意图被意愿。但是这仍然允许一种区分被塑造，即以一种抽象的善良意图被意愿的一种行为与不过在其特殊性上被考虑是错误的一种行为之间的区分（即使之前的阶段的这个点要隐藏或者压制这个区分）。在这个新阶段，行为者让这个行为算作善的或者正确的，尤其是，在行为者相信这个特殊的行为是正确的任何时候。不再允许的是，这

---

[1] 黑格尔把"信念的伦理"与弗里斯（J. F. Fries）联系起来。信念伦理的这个特征不能准确描述弗里斯的立场。对于这个主题的进一步讨论，参见我的著作 *Hegel's Ethical Thought* (Cambridge: Cambridge University Press, 1990), 178–194。

个行为客观上是错误的，只要它以它是正确的这个信念来意愿。

阶段（f）讽刺。[1]这里，行为者的主观性认为自身充分地辩护一种行为，而不管所有的道德标准。讽刺就是与所有客观性自我分离的——意味着，主观性本身或者自在就被认为是行为者的权威。

76

总结性的评论

本章的目的是要表明，对《法哲学原理》的成熟黑格尔来说，"道德"不仅标示在康德和其他道德哲学家那里被发现的一种错误。黑格尔积极的道德观表现了现代伦理生活的特有的主观自由的价值。在本章中，我已经试图解释了黑格尔的道德主观性、归责性、善、良心以及道德邪恶的观念。黑格尔对道德主观性具有一种肯定性的解释，这种道德主观性与康德和费希特的道德主观性形成了有趣地对比，并且构成了他成熟的伦理思想的重要部分。

---

[1]黑格尔把邪恶的最后一个阶段与弗里德里希·施莱格尔的讽刺理论联系起来。这个联系是不公平的，并且忽略了讨论讽刺在艺术、交流和生活中的地位时施莱格尔立场的关键点。

黑格尔的作为反思性平衡的良心以及对伦理生活的有机证成

迪恩·莫亚尔

在本章中，我分析《法哲学原理》证成的两个主要观念，并且揭示它们之间的关系。我论证，我们应该把黑格尔的良心观与约翰·罗尔斯介绍的反思性平衡的解释联系起来，因为黑格尔的良心观包含整体主义，并且在普遍原则与个体判断之间来来回回，这是反思性平衡解释的核心。从"道德"过渡到"伦理生活"时，黑格尔把证成的核心从道德个体转移到现代生活的整个社会制度集合体上。这个制度的体系得到辩护，因为它是被普遍和特殊目的之间创造性的相互作用所描述的有机的、生动的结构。在对比这两种模型时，我的目标是要弄清楚，黑格尔认为这种反思模型的错误之处以及在转向有机辩护时获得什么。主要的差异取决于黑格尔通过行动而不是通过判断的导向，基于行动的有机论被证明是优先的，因为它包括一种公众的反馈过程，这个反馈过程支持一种动态的、自我纠正的政治证成的模型。

预备

近期解读《法哲学原理》的研究成果激增，但并没有解决一个核心的解释性问题。这个问题就是如何理解黑格尔的个体自由理论与伦理生活的有机合理性理论之间的关系。黑格尔确实煞费苦心在这种解释的每一个层面上讨论了个体，但他也谈及了基于个体意志的政治理论的某种最激烈的争论，很清楚，他的理论的独特性根源于他对社会整体的论点。黑格尔的自由意志概念是在《法哲学原理》(PR §§5-7)中展现出来的，这个概念重新得到关注，但是，他对意志结构的解释与强调整体对整体中的个体成员的优先性相容。如下问题持续存在：黑格尔的有机论是多么强的整体主义，它是否与自由主义的核心民主承诺相容？[1] 我将论证，有机模型对当代社会和政治证成的讨论贡献良多，同时不提供对这些困难问题的完整答案。

为了构建下文的讨论，我在这里展现，我认为什么是黑格尔政治证成观念的任何充分解释的主要要素。这就意味着是一种预备的描述，这种描述借鉴于他的解释的熟悉方面，相对而言没有什么争议。本章的主要问题是，第一个要素与第二个要素如何与在评判这个主要问题中起重要作用的其他五个要素相关。

（1）诸规范和诸制度，如果符合黑格尔的合理性，就得到辩护，因为这种合理性是这样的形式，以此形式，任何事物根本上都可以得到辩护。同时，这个合理性的确切术语存在争议，一般图景则是相当清楚的。诸规范和诸制度作为一个系统的整体是合理的，在这种整体中，普遍、特殊和个体处于一种动态的相互关系中。在黑格尔术语中，它具有概念的三个环节的结构以及理念的系统性的、"实现的"特征。

（2）诸规范和诸机制应该是如此，以便它们得到根植于其中

---

[1] 当前对于这个问题的一个好的概观，参见 Alison Stone, 'Gender, the Family, and the Organic State in Hegel's Political Thought', in Thom Brooks (ed.), *Hegel's Philosophy of Right: Essays on Ethics, Politics and Law* (Oxford: Blackwell, 2012), 143–164。

的诸个体的肯定。因此，黑格尔对自由的主要描述是"在他者中与自身同在"，这是一种认同或者非异化的标准。这个肯定包括反思性支持的一种构成部分，但是，对黑格尔来说，更重要的是，诸个体通过实现这些规范的行动而认同这些规范，发现它们行动的结果就是它们自由的一种表现。

（3）这些规范和制度必须提供社会稳定性。这近乎所有政治证成的标志，但是在霍布斯的《利维坦》中最为突出，因为他的首要目标是避免内乱。

（4）这些规范和制度必须以相互承认为特征。承认的主题在黑格尔的哲学中根深蒂固，在《法哲学原理》中多处提及，然而，要花点功夫以澄清，如何理解它在这个文本中的完整功能。

（5）对黑格尔来说，任何可辩护的政治制度观念将必须包括法律的权利和法律面前的平等。"抽象权利"的这个领域也是相互承认的领域，虽然在这个领域中，诸个体的特殊差异是非本质的。黑格尔伦理生活观念的一个最紧迫的问题，总是个体的这些权利在这些机制中被扬弃的程度，也就是说，如何理解个体权利从属于有机体系。

（6）这些规范和制度必须运作以实现黑格尔称之为善的整个价值观。[1]这本身并没有说明很多，由于有很多规范和制度被定向于获得善，虽然它确实违背了自由主义思想的路线，自由主义思想认为政治制度回避所有的理想。这个组成部分的一个重要后果就是，在黑格尔的解释中存在一种后果主义的要素，它必须纳入证成的任何解释中。[2]

（7）无论上述六点的结论如何，黑格尔在很多评述中都澄清，

[1] 当我大写 Good 时，我指的是黑格尔在 PR §129 中的观念。

[2] 我在下文中讨论了这个问题，参见 Dean Moyar, 'Consequentialism and Deontology in the Philosophy of Right', in Thom Brooks (ed.), *Hegel's Philosophy of Right: Essays on Ethics, Politics and Law* (Oxford: Blackwell, 2012), 9–42。

诸规范和制度的证成不只是要辩护一种永恒的理想，而更是对此时此地现实的一种辩护。人们可以称这个要素为历史主义的或者实用主义的，但是，比任何标签更为重要的是它要求回应各种实际的变化。

这个列表最明显的问题只在于它的长度。完全的黑格尔证成似乎非常笨拙，因此对于解决实际的争论的任何指导都是无用的。然而，政治的真理可能恰恰是那么复杂，并且，黑格尔频繁地指控他同时代人的肤浅性表明，他预计想要理解他称之为客观精神的领域会是困难的。[1]复杂性和困难性在具体的情形中并不妨碍证成，因为在现实的世界中，几乎所有的情形都涉及整体主义的考量。作为整体的先驱，黑格尔的确为通过合理考量一种体系来辩护的思考提供各种资源。他的合理性理论是特殊、普遍和个体的相互关系，这使得他能够把多层的辩护思考为一种动态的、对情境敏感的过程。在这个方面，他的理论看起来非常类似于政治哲学中最为突出的整体主义辩护模型，也就是，反思性平衡。

反思性平衡与黑格尔的良心

黑格尔的《法哲学原理》与罗尔斯的《正义论》之间的深度亲缘关系现在已众所周知。同时，从表面上看，罗尔斯的计划更是康德式的，而不是黑格尔式的，但是罗尔斯计划的主要要素——主题的基本结构，自尊的社会基础，政治理论的调和性功能——源自黑格尔。我在这里引入罗尔斯，并不是为了详述他们之间相似性的论证，而更为聚焦于一个关键的，并且更多地被忽视的比较点。反思性平衡的观念在罗尔斯重构的政治理论中是关键性的，如它给予

---

[1] 参见，例如，PR §272A。

他一种方式以思考政治证成，它既诉求常识，又避免过度形式主义和基础主义的理论陷阱。我将概述这个证成观念，然后论证，我们可以认为黑格尔《法哲学原理》中的良心观是罗尔斯路径的一种先兆。理解这个亲缘关系将有助于设置随之而来的、向黑格尔的伦理生活方面的转移，以及在那里运用的不同的证成观念。

　　证成似乎不太可能是一个联系点，由于人们可能认为，对罗尔斯来说，证成仅仅是原始立场的进程，一种契约主义的立场与黑格尔更为整体主义的、非形式理解的证成没有什么共同之处。然而，对罗尔斯来说，原始立场的形式主义或者程序主义仅仅是一种本质上整体主义观念的一个要素。他最初呈现的反思性平衡被包含在"原始立场以及证成"这个部分中，这个部分使得契约主义的观念似乎是首要的，而平衡考虑是次要的。但是，这个核心的辩护策略是要考虑影响恰当描述两种正义原则之合理选择的所有因素。除了我列出的黑格尔证成的第一个要素外，不难阐明罗尔斯与其他要素的相互性，虽然有几种相关性存在些关键的差异。我想要强调的关键是，在反思性平衡中，对个体的整体主义辩护相容于认真对待这六个要素（甚至这种有机观念可以被给予一种罗尔斯式的解释，但是，我在这里不会探究那种可能性）。如罗尔斯在《正义论》结尾处以黑格尔的口吻所说的："因此，我们正在做的是要把下述诸条件的整体结合成一种观念，即我们准备在恰当反思后承认我们彼此的行为中合理的诸条件。"[1]

　　罗尔斯写道，反思性平衡的这种方法是辩护和调整诸原则，这些原则形成了与我们的"深思熟虑的信念"一致的诸结果：

　　　　我们可以注意到，是否应用这些原则会使得我们对社会的基本结构作相同的判断，这些判断是我们现在直观地塑造的，

---

[1] John Rawls, *A Theory of Justice*, Revised Edition (Cambridge, MA: Belknap Press, 1999), 514.

并且我们对其抱有最大的信任。或者，是否，在我们的当下的判断有疑问或者犹豫不决的情形下，这些原则提供一种我们可以基于反思而肯定的解决方案。[1]

通过查看它们是否产生了与那些我们已经塑造的判断一致的判断（在所有普遍性的层次上），来检查这些原则。特殊的判断和抽象的原则之间的这种平衡，可以通过调整这些要素和应该对它们建模的进程而获得。他写道："通过来回往返，有时候改变契约条款的条件，在其他人撤回我们的判断以及使得它们符合原则时，我认为，最终我们应该找到对最初情形的一种描述，它既表现合理的诸条件，也产生与我们经过修剪和调整的深思熟虑的判断相匹配的诸原则。"[2]"合理的诸条件"中最突出的就是无知之幕。无知之幕应该代表我们的道德直觉，即正义的这些条件不应该基于不公平的讨价还价的立场上，以及没有人因为他们的出身环境而值得赞扬。

注意，对罗尔斯来说，在反思性平衡中有两种类型的证成。第一，存在通过正义的这些原则具体判断的这种证成。这个证成是暂时的，因为它对我们深思熟虑的信念或者知觉负责。如果这些直觉与通过该原则提出的证成矛盾，那么，这些原则必须被调整以提供更好的结果。第二，正义的整体理论通过反思性平衡得到辩护。这些原则，与各种不同的环境或者事实一起，应该允许我们为政治哲学中广泛的问题得出一些结果，只要这些结果和原则结合在一起能构成一个融贯的整体，并且该整体理论得到辩护。当人们可能使用第一种类型的证成逐一评估诸情形和诸原则时，最终，那种类型的证成将依赖于第二种证成，即反思性平衡中的整体类型的证成。

罗尔斯称之为合理选择的一个问题是，黑格尔会称为自由意志

---

[1] Rawls, *A Theory of Justice*, 17.

[2] Rawls, *A Theory of Justice*, 18.

的一个问题，因此，认为罗尔斯的对理性行为将在恰当的条件下选择什么的整体主义考虑相关于黑格尔奠基于自由理性意志的权利，根本就不是牵强附会的事情。实际上，在罗尔斯的解释中没有什么东西依赖于黑格尔最激烈批判的契约主义的要素——它依赖于偶然的、任意的意志。罗尔斯的目标正是要保证一套正义的体系，它不依赖于任何被给予的个体偶然的选入或者选出的选择。罗尔斯的正义原则被设计以支配基本结构的诸原则，那种结构首要地恰恰是由黑格尔设想的作为伦理生活的那些制度所构成（当然，具体细节是不同的）。然而，黑格尔并没有表示，向伦理生活的过渡就是完全理性的意志基于反思将做出的选择，他——明确参考了他的思辨逻辑——把一个社会体系中善的这些普遍原则与个体良心的特殊性结合起来，这个社会体系得到辩护，因为它具有有机、生动的特征。

　　要把良心理解为反思性平衡，我们需要往回退一步，回到黑格尔对善的解释。黑格尔呈现的善是先前在《法哲学原理》中介绍的一种包罗万象的形式权利观念。黑格尔称这个善为"理念""世界的最终目的"（PR §129，译文有改动），这一主张尽管表面上与善相容，罗尔斯称之为一种"弱的善理论"。[1] 它仅仅包括普遍的权利，任何人为了寻求更为实质性的善的观念都需要这些权利。黑格尔最初根据康德义务的抽象普遍性呈现善与意志之间的关系，接着就是他的著名的反对主张，即定言命令是形式的以及空洞的。善的实现，要求意志的特殊性发挥作用，因此，个体的良心起到具体说明善的实现得到辩护的作用。

　　黑格尔对良心的处理存在一种显而易见的特性，它揭示了为什么把它与反思性平衡等量齐观是有意义的。根据黑格尔的介绍，良心是"一般而言的特殊性"以及"规定性的和决定性的因素"（PR

---

[1] 参见 Rawls, *A Theory of Justice*, 347ff. 关于黑格尔的善要比通常所认为的要弱的一种论证，参见 Frederick Neuhouser, *Foundations of Hegel's Social Theory: Actualizing Freedom* (Cambridge, MA: Harvard University Press, 2000), 266ff.

83 §136），并且他倾向于强调，它就是个体判断具体情形中什么是正确的现实视角。然而，黑格尔也认为良心是超出人们特殊性的行为：它是"一个人最深的内在孤独，在其中，所有外在和所有限制已经消失——它是一种完全的撤退，撤退到自我。因为有良心，所以这个人不再受到特殊性的目的约束，以至于良心代表一种崇高的观点……"（PR §136A）如果良心是特殊个体在其特殊的情形下的主观确定性，那么，它如何也可以是"特殊性的诸目的"由此消失的视角？

这两个似乎对立的方面实际上正是反思性平衡的两极——我们必须在我们特殊的判断中采用某些固定的参照点，但是，在反思那些判断并且试图将它们与其他的判断和原则结合成为一个合理的整体时，我们的目标在于证成。在这个整体中，普遍的视角占主导地位。良心就是个体获得一种整体主义证成的视角，那种证成既考虑特殊的判断，又考虑普遍的原则。黑格尔认为良心首要的就是在具体情形中进行伦理判断的一种模式——哪些考量因素辩护这种具体行动呢？但是，他清楚地认为良心符合罗尔斯反思性平衡的第二种证成意义——诸原则（形式权利）的整体如何与具体判断结合在一起呢？黑格尔对良心的批判部分地是对后者反思性平衡的功能的一种批判——良心不可能是总体证成的媒介，而必须认为自身植根于伦理制度的现实体系之内。那种体系的有机特征是对下述这种事实的一种反思，即它与个体自为地判断具体事例的权力一起发展起来的。但是，最终，这个体系通过它动态的、自我纠正的善的实现来辩护自身。

从证成的独立中心到一种合理体系内的依赖性行为者

如果反思性平衡代表了一个个体的理性者的整体主义证成，那么伦理生活的这种有机模型的证成就是在全系统层面上的一种整体主义证成，在这个层面上，个体的理性者们是整体的一个要素。黑格尔非常担忧个体的整体主义证成的这个潜在的破坏性本性。相反，罗尔斯的确没有提出反思可以破坏对重要原则或者判断的依赖。他不担忧，因为他考虑的是无知之幕背后的理想化的个体，这个个体正在为一个基本的结构评估诸原则，在这个结构中，所有的个体都将完全遵从。在黑格尔对"形式良心"的担忧中，我们看到，当我们严格地对待这个个体性问题——而不是遵从时，证成的整体主义自身就是破坏性的。对黑格尔来说，在判断中的反思性平衡不是最终证成的恰当媒介，因为它联系普遍原则和特殊判断的方式仍然是不稳定的。因为这个过程对于反思的主体是内在的，当人们把人们的普遍原则与特殊判断联系起来时，有太多的解释空间。总是有大量的方式致使人们可以在具体的情形中想象发挥作用的这些原则。对伦理的个体而言，原则—判断相平衡的过程是不可或缺的，同时，它并不是万无一失的，一般而言，它是道德审慎的正确模型。但是，在一个社会和政治体系及其法律和制度的证成情形中，如此一种内在的过程是不充分的。

如果没有检测这些原则的一种实际实验的东西，普遍的原则和特殊的情形之间的这些联系很可能都是推测的，或者至少可能被这些应该服从这个辩护体系的行为者们认为是推测的。黑格尔强调良心的内在性，他写道，良心"这个主观性，作为抽象的自我规定和单纯的自身确定性，在自身中将所有权利、义务和定在［*Dasein*］的所有规定性都蒸发掉（evaporate），因为它是一种判断力，它单单从自身出发，确定与特定内容相关的善是什么……"（PR §138）黑格尔使用状态变化的隐喻（在其他地方，他用的词是"消解"）以表达这个方式，以此方式，诸原则必须暂时被搁置，以获得一种总体的判断、对行动的一种总体证成。黑格尔担忧我们可能称之为特殊的良心的东西，一种倾向于偏爱人们自己的善而不是普遍善的主观性形态（黑格尔称偏爱为邪恶），而且也倾向于，因为其他人无法符合人们自己抽象的善观念而对他者进行自以为是的判断。

然而，黑格尔在特殊化的良心中发现了一种要素，它使得反思性良心推动它自己的个体主义界限，通向伦理生活。理解黑格尔过渡的关键在于，他认为良心是一种判断，也是一种行动，这行动表明行为者在内在性和具体理性的特殊性之中。在这个意义上，良心留下的是实践理性中的模糊性踪迹，我们也认为，这既是一个个体的审慎活动，又是遵从那种活动的行动。黑格尔坚持，自由意志的这个概念包括行为者的特殊性，并且那种特殊性给予了善现实性，以之为对立于单纯抽象的普遍性。黑格尔已经在§138中援用了现实性，在那里，在上文关于"蒸发"的段落之后，他写道，这个主观性"同时是归于善以现实性的能力，这个善一开始仅仅被表现以及是一种义务"（PR §138，译文改动）。不同于罗尔斯无知之幕之后的行为者，黑格尔良心的行为者并不把他自己的利益搁置起来，因为良心的行为者目的并不仅获得诸原则，而更是去行动。对黑格尔来说，这并不是一种我们基于利益行动的一种败坏的迹象，因此我们不需要把我们的证成设定在一种我们必须努力（徒劳地）获得的非实在论层面上的证成。这个现实道德行动的观点也给予我们一种方式以思考证成的视角，它包括这位道德行为者，而没有把那种行为者的内在视角作为最终的。一种行动在一种情境中发生，并且既包括在先的意图又包括现实的结果。因此，行动的整体主义包括一种外在的视角以及内在和外在之间的动态关联。[1]

我们面前的这个问题关注的是从个体反思视角转换到伦理生活

85

---

[1] 从判断到行动的转换也是一种从判断到推论（Schluß）的转换，以之为完全合理关系的形式。我在下文探究了这个主题，Dean Moyar, *Hegel's Conscience* (Oxford: Oxford University Press, 2011), Chapter 5。

视角的合理性。一位契约主义者可能会问下述这个问题：在何种意义上，行为者赞同一种社会体系是合理的，在这一社会体系中，他对什么是正确的判断并不具有最终的权威性，并且在其中，他服从政治整体主义的要求（包括，如黑格尔通常提醒我们的，人们为了整体牺牲生命的可能）。黑格尔并没有把这个问题建构成为一种赞同，因为他已经从这个问题转换到一种行动的判断上。他的问题更在于以何种方式，我们应该设想伦理世界是如此，以便符合我们具有特殊性的这些行动也适用于普遍善的行动？在这里，特殊方和普遍方都是灵活的概念，但是，总体的观点是清楚的。对于个体作为证成核心的不充分的解决方案不是要从远离于我的一切利益的事情寻找一种客观真理，而更是定位于行动的制度情境中，在其中，利益和道德价值是和谐的。[1]

在向伦理生活的有机证成的转变中，黑格尔重新思考了普遍—特殊的动态，罗尔斯的目标就是要以普遍原则和特殊判断来把握它。黑格尔认为普遍是一个目的或者目标，而不是一个原则（善是"直接最终的目的"），各种特殊则是普遍在其中得以实现的目的或者目标。因为那些实现都是公共事件，普遍和特殊之间的匹配（或者不匹配）对于公共评价是开放的，而不是限制于内在的平衡中。这不是说，特殊的目的必须以某种简单的方式符合普遍目的。对黑格尔的这套有机转变的说法，本质性的是，特殊的诸目的可能破坏现有的普遍，现有的普遍必须改变自身以作为回应。但是，同样本质性的是，这些特殊的目的的价值依赖于普遍的以及体现这些目的的制度的力量。由于个体的人主要关注的是特殊的目的，黑格尔认为个体自身依赖于整体。我们可以认为这个依赖性是在下述意义上替代了罗尔斯无知之幕，即它的功能是用来取代个体利益的终

[1]围绕着转向伦理生活的模糊不清的部分与他在§141中的思辨逻辑有关。当黑格尔在《精神现象学》"精神"的结尾忏悔与宽恕的著名场景的主体间性术语中做出相同的从反思性证成转向时，这个逻辑基础是更清楚的。

极性。然而，它也保存那些利益，因此，它允许一种现实的和动态的平衡。相反于规定什么算作善的实现的良心，评价诸行为的这些标准是被伦理生活的制度所设定的。最终，对整体的有机证成是以下述方式完成的，即诸政策和法律的实际后果被公开评价，然后根据那种评价改变这些法律和政策。像一个有机体与其环境的相互作用，这个体系产生的新后果最初是外在的，但之后反馈给这个体系，以便立法者、法官以及公务员可能纠正现有的法律和正义，以及更明确地呈现之。

有机证成与市民社会

黑格尔对有机（organic）的典型主张是，如果我们不以"有机"这个术语思考它们，我们就误解了伦理生活或者国家，这听起来像一种论证，即伦理生活或者国家并不需要被辩护，因为它的实存辩护自身。在讲义的笔记介绍的国家中，我们发现这个主张，即我们应该聚焦于"[国家的]理念，这个现实的神"。然后，

> 任何国家，即使我们根据我们自己的诸原则宣称它是坏的，即使我们在其中发现这个或者那个缺陷，总是[immer]在自身内具有其实存的本质性环节（即使它是我们时代更高级的国家之一）。但是，由于发现缺陷肯定比理解更为容易，人们可能容易陷入忽略国家内在有机体的误解中，而偏爱个体的方面。（PR §258A）

就国家的实存而言，国家"总是"具有"本质性的诸环节"，如果我们认为它要求证成或者值得批判，我们就被误导了。证成的诸原则确实不适用，因为现代国家总是它应该所是的东西。

黑格尔的观点中难以理解的部分在于，当他认为国家是一种美德，没有外在于社会有机体的立场对它进行判断，我们倾向于认

为，真正的证成必须能够使得外在标准发挥作用。黑格尔的模型是"内在目的性"，对立于"外在目的性"，外在目的性会通过用于一个不同于其内在关系的目的而辩护某种东西。当我们问，这辆车是不是一辆好车时，我们假设，它具有一个功能整体的所有运转的子系统，但是，我们正在问的是，它是否服务于我们舒适和安全的运输的目的。黑格尔的论点依赖于功能性物品与有机体之间的一种根本性的差异：有机体的目的不是任何外在于自身的东西，而更是它自己的生存以及繁荣。我可以问自己，买机车是否合理，没有它我也可以生活。但是，如果我严格地问自己，为什么要继续活着，显然，某种东西在我的生活中已经出问题了。黑格尔对国家的有机解释是可疑的，因为他似乎认为，如果我们问为什么国家有权利存在，有权利作为一个国家继续存在，那么，国家要么已经不复存在，要么我们完全误解了国家的本性，它"是一种绝对和不动的目的自身［*Selbstzweck*］"（PR §258）。

在我开始同情地（以及选择性地）重构黑格尔对伦理生活和国家的有机解释之前，我应该提到，我的聚焦会有点不同于近期的有机论涉及的问题。因为有机论与功能差异的观念紧密相关，它似乎把黑格尔引向一种非平等主义的方向。鉴于自由主义突出关注的是平等，我们聚焦的大部分都在于，确定黑格尔的有机论是否真正地致力于他实际获得的非平等主义的结论，或者是否我们可以认为他的观点与下述观念相容，即每一个个体应该有机会参与伦理生活的所有层面。[1]当这个问题成为重要问题时，我认为它倾向于掩盖黑格尔有机论的另一个重要的维度，也就是，这个方式，以此，整体的差异化成员实现了伦理价值，并且，对支配子系统和作为一个整体的国家的这些法律和制度机构提供反馈。我认为他解释的这个

---

[1] 参见 Stone, 'Gender, the Family, and the Organic State in Hegel's Political Thought'，既提供这个问题的一般争论的概观，也具体解释了它对黑格尔家庭观点的影响。

方面仍然是富有成果的，即使他关于社会差异的很多具体的建议（例如，他的男人和女人不同角色的观点）不是可辩护的。至少，他的有机模型可以用来纠正对高度的个体化和形式化模型的辩护，这在自由主义民主制中占主导地位。有机模型允许我们看到，社会诸形式如何在现实性而不是在通常政治哲学媒介的政治现象中更为合理以及得到更好辩护。

　　黑格尔明确认为，国家的有机特征是提供稳定性，但是，我们需要的是出于正当理由的一种稳定性观念。社会有机论必须被超越自我保存的某种东西所导向，因为那种东西会相容于一种权威的政治以及基于对革命的恐惧而不是基于相互承认的一种稳定性。黑格尔已经在他对善的解释中为证成社会体系提供了一个基础、一个标准，这个体系必须满足这个标准，才算作繁荣。当他以下述方式阐开"伦理生活"时，他证实了："伦理生活［Sittlichkeit］是作为活的善的自由理念，它在自我意识中具有它的知识和意愿，以及通过自我意识的行动而具有其现实性。"（PR §142）回想下，黑格尔的善是一个包容性的自由概念，它融合了《法哲学原理》到目前为止的一切要素。这个善就是黑格尔在紧急权中解决的诸权利之间冲突的结果，在其中，他支持生命权或者福利权，超过了抽象财产权的主张。这是具有重要意义的，它为限制基于那种自由本身之要求的个体自由提供了动机，因此，它为源自权利内部的实质性道德维度提供了基础。当个体的良心不可能稳定实现善时，伦理生活作为"活的善"（the living good）就能够在一种动态的平衡中设定竞争的考量，在其中，实现个体的自由不以牺牲实现共同善为代价。对黑格尔来说，"合理性一般而言包括普遍性和个体性［Einzelheit］的统一和相互渗透"（PR §258R）。唯有在其中普遍性和个体性被特殊性调和的有机模型能够获得如此合理性。这个有机合理性出于正当的理由传递一种稳定性模型，因为它把整体的力量和稳定性看作源自诸个体自由选择的目的以及看作把这些目的嵌入更普遍的制度目的中。[1]

黑格尔认为，有机生活就是作为一个整体的伦理生活的模型，提供一种包容性的观念，我称之为社会有机论。不同于他的政治有机论，社会有机论尤其处理的是国家中的政治活动。在本节剩下部分，我讨论这个方式，即，以此方式，从表面上看市民社会是单纯的特殊性领域，对黑格尔的社会有机论而言，则是本质性的。市民社会中特殊性的发展即允许个体看到为什么国家对他来说得到辩护，又对证成国家是一种稳定的自我规定的体系有所贡献。黑格尔写道："现代国家的原则具有极大的力量和深度，因为它允许主观性原则在个人的特殊性的自我满足这一端获得实现，同时把它带回到实体性的统一中，因此，在主观性原则的自身中保存这个统一。"（PR §260）因为一个社会要被组织起来或者活着，它必须具有两个要素——为它们的个人特殊性努力奋斗的这些成员与使得特殊的东西与整体保持一致的普遍的东西。

市民社会代表了伦理生活内部的对立或者外在的要素，一种自我破坏的要素，它致使隶属于国家的调和结构的扩大和完善。这一点难以理解，因为黑格尔关于外在性的主张倾向于聚焦在活动中彼此对抗的诸个体。但是，作为一般而言的外在性领域，他认为诸个体的自私的行为就是社会外在于自身的一种方式。我认为这就是，当黑格尔主张市民社会代表了有机体中的"躁动"的环节时，他所获得的东西。躁动是有机体向外运动的驱动力，以及恰当地回应外在刺激的能力。通过把这个外在性建构成为它们内在的结构，现代国家已经找到一条道路，以激发它们自己的自我调节和自我纠正。黑格尔通常写道，古希腊的城邦是脆弱的，因为它们依赖于"原始

---

[1] 这个论证的确在《正义论》第三部分罗尔斯论证正当与善的一致中发现一种回应。按照我的观点，不幸的是，罗尔斯在转向《政治自由主义》时放弃了这个观点。

的自然直观"（PR §185R）。它们真正而言是不稳定的，因为它们没有为特殊的主观性提供空间，这些主观性是以智者学派的形式出现的。[1] 现代国家是稳定的，因为它们已经发展出了制度性的诸结构，以允许特殊性自由统治，并且把它的外在性引导回到共同善的价值和力量上。[2]

尽管市民社会有优点，但是市民社会自身不是一个有机体，并且不能组织自身。市场可能主张能够调节自身，但是黑格尔很清楚，这是一种危险的幻象。要使得市民社会在有机体系中运转，国家需要调节商业活动。这种类型的调节给予实际上通过有机动力学辩护的这些种类的政策更多的界定。黑格尔写道，

> 生产者和消费者的不同利益可能造成彼此之间的冲突，即使，整体上，他们的正确关系会自动地重建自身，但它的调整也需要有意识地被凌驾于双方的机构监管。（PR §236）

黑格尔对市场的自我纠正的特征抱有一些信任，但是，他怀疑试图主张市场的过多的自主性。他写道："这个利益诉求商业和贸易的自由，反对来自上层的监管。但是，它越盲目地沉浸于它自私的目的，它就越要求如此的监管以使它返回到普遍的情况上来。"（PR §236R）

现在，人们可能论证，如此的关注公共的善对任何公共制度的辩护都是有用的。黑格尔的论证则是，在社会契约模型中，人们可以试图辩护如此的干预，但是鉴于个体自由中的出发点，如此的诸

---

[1] 黑格尔将现代国家的这个重要的维度与古代国家进行了比较，在古代国家中，特殊性"还没有被释放以及解放以及带到普遍性中……因此，普遍的东西必须被激发，而且另一方面的主观性必须被发展为一种生动的整体"（PR §260A）。

[2] 在《黑格尔的良心》中，我已经论证，黑格尔认为具有强市民社会的诸现代社会被维持在一起，基本上是因为基督新教的良心的发展。这篇文章论证并主张，伦理生活的有机辩护的确依赖于个体良心的反思性平衡，因此，当黑格尔论证，罗尔斯的反思性平衡仅仅适用于个体的审慎时，对黑格尔来说，个体和制度层面之间的重要关联仍然存在。

论证将难以进行。[1]财产所有者们的个体自由将倾向于胜过对普
遍的各种主张。黑格尔有机模型给予他这些资源（诚然，没有足够
广泛地使用），以辩护国家行动遏制商业利益以及缓和不平等。有
些形式的财产权必须得到尊重，但是它们从属于整体的利益。把这
种国家行动的有机辩护与罗尔斯的促进平等的差异原则的使用对
立，有一个巨大的障碍阻止实现这个原则，也就是说，保证个体自
由的第一原则"字典式的优先性"。第二，作为适用于基本结构的
一个普遍原则，这个差异原则在可以辩护具体的国家干预之前，必
须经历长长的旅程，即使第一个问题可以被克服。作为一个道德原
则，它是无可争议的，但是仍然非常不清楚，如何思考它的现实
性。黑格尔伦理生活的辩护也依赖于保护个体的福利，反对商业利
益的剥削利益，但是黑格尔的解释与检查那种剥削的权力授权紧密
相关联。[2]

　　重新把特殊整合进普遍的叙述的关键部分是，在市民社会自身
内部，存在一些黑格尔称之为"同业公会"的东西。这些在社会和
政治的有机体中是一个关键的规范要素，是使得社会成为一个生动
的整体的关键部分。如果我们可以说，没有这些，这个有机体不会
有序进行，那么，我们就可以论证，我们的社会本身没有类似于同
业公会的东西将是不可辩护的。在黑格尔的表述中，诸个体在市民

---

[1] 社会契约理论家们中，卢梭和费希特非常突出，因为他们试图在他们的神学中
建立一种论证，以反对私人财产权的终极性。他们的理论被极好地描述为一种
整体主义的契约主义，并且我怀疑，最终他们是可靠的。我在下文中已经论证，
他们是不可靠的，参见 Dean Moyar, 'Fichte's Organic Unificatio: Recognition
and the Self-overcoming of Social Contract Theory', in Gabriel Gottlieb (ed.),
Fichte's Foundations of Natural Right: A Critical Guide (Cambridge: Cambridge
University Press, 2016).

[2] 对黑格尔本人来说，这个图景的最大反例是贱民的存在，贫穷、无定形的、无
组织的阶层的存在，他们是现代市民社会必然的副产品。如果一个有机的体系
产生如此一种无机的要素，那似乎危害了它的合理地位，或者至少严重地弱化
了它。

社会中必须具有 "作为私人的又作为实体性的人格的现实性"（PR §264）。没有市民社会的 "同业公会" 要素，这种有机辩护就不会有序进行——"国家必定悬在空中"（PR §265A）。决定什么有资格作为黑格尔意义上的一种同业公会并不是一个简单的任务，但是我的确认为，这种在市民社会内寻找更普遍意义的要求，是我们可以参考的，例如，当我们辩护或者批判我们的现存的制度时。最重要的 "同业公会" 就是商业联合会以及职业组织、机构，它们为财政稳定性提供某种尺度、归属感和自尊。我们可以论证，如果工人们缺少此类的稳定化的机构，我们的伦理生活就得不到辩护。这个辩护不会有序进行，因为工人们对他们特殊职业角色的认同将得不到充分承认，而且他们将缺少政治效力的充分基础。

有机政治和代表利益

对黑格尔国家的诸讨论倾向于聚焦在政治有机体学说之顶峰上的成问题的君主制理论，然而，市民社会的经济问题也是政治学说的中心，在这里，将是我所聚焦的。黑格尔认为国家权力是环环相扣、相辅相成的权力，而不是一种制衡制度。他写道，这样一种相互限制的制度，"按照这个观点，每一种权力对另一种权力的反应是敌意的、恐惧的，就好像对邪恶的反应，并且它们的规定是如此，以至于彼此对立，凭借制衡，产生一种普遍的平衡，而不是一种生动的统一"（PR §272R）。这个平衡力量的观点以权威有可能被滥用为前提。相反，一种生动的统一的理念，在其中，国家的每一个部分（君主、行政以及立法）与其他部分相互交织，并且为其他部分的工作提供信息。政府行动的主题基本上就是在 "市民社会" 内所讨论的经济利益，为社会的生产性要素提供方向和控制。

黑格尔行政理论把市民社会和国家紧密联系起来。事实上，他写道，行政"包括司法和警察的权力"（PR §287）。也正是在这里，他澄清了同业公会的地位："属于市民社会特殊的共同利益……被同业公会所管理（参见 PR §251），代表了共同体、不同的职业［Gewerbe］以及等级，具有它们的权威、监管员以及管理员等。"（PR §288）这些官员相应地必须被"行政公务员"以及更高的咨询机构所领导（PR §289），因为"我们在这里遇到私人利益和共同体的特殊关切之间的冲突，以及那两者的结合与国家的更高的观点和法令之间的冲突"（PR §289R）。如果他们都基于有机模型而行动，如何辩护这些行政行为的呢？黑格尔写道："官方机构的组织相应地面临着形式的但困难的任务，即确保市民的生活应该以一种具体的方式在具体的情形中进行管理，但是，所讨论的商业应该被划分为各种抽象的分支，由不同的机构来处理。"（PR §290）讽刺画中描绘的有机模型是权威被过多地灌注到领袖身上，与此相反，黑格尔在这里的有机论证反对中心化。行政官员必须煞费苦心地看到，诸政策的效果——那些直接受到它们影响的"贱民"的深思熟虑的判断——被用来改进这些政策。

　　当然，选举或者代表政治自然而然地被认为是反馈机制。因此，不难理解，它们应该如何作为相互作用的有机制度的本质部分而起作用。黑格尔写道，这些等级与行政官员的有益关系，基本上与议会对政府的审议以及决定的公开效果相关。他写道，好处"在于这种效果，即很多人对批判的期待，特别是公众批判，迫使这些官员把他们最好的洞见在他们开始之前就应用到他们倾向于提交的计划和它们的功能上，并且仅仅按照最纯粹的动机来付诸实施"（PR §301R）。这种公开性把社会"生动的统一"的动态带向开放，表明何种政策服务于何种利益，以及正在考虑的是何种结果或者何种深思熟虑的判断。

　　在撰写立法权时，黑格尔明显关注的是稳定性，认为这些等级不仅确保人们不会迷失在单纯的聚合中，也确保人们不会变成"与

93

有机国家对立的不稳定的巨大力量"（PR §302）。黑格尔认为，避免如此的方式是，通过政治代表和参与，遵从与市民社会相同的经济组织。黑格尔如下写道：

> 但是国家本质上是一种这样的组织，它的成员们本身就构成了一个圈子，在它内部没有环节似乎是无组织的人群……那些已经呈现在上文指出的圈子中的共同体，一旦它们进入政治领域，可能再次被分裂成为诸个体的一个集合——也就是，最高的具体普遍性的领域——这个观念涉及把市民社会与政治生活彼此分离开来，一般而言，让政治生活悬在空中。因为它的基础仅仅是任意意志和意见的纯然抽象的个体性，因此仅仅奠基于偶然性之上，而不是建立在自在和自为的稳定与合法的基础上。（PR §303R）

重申：黑格尔关于国家依赖于社会的这些要素的主张，在这个社会中，诸个体满足了他们的特殊利益。黑格尔论证，在这些等级中的政治代表必须反映市民社会中的不同的利益。只要人们可能想象，工人们的利益由他们选择的官员代表，以典范的劳动组织的负责任的形式进行，那么，黑格尔在这里提出的建议听起来更为感性。政治组织的基础是经济生活，它形成了作为一个整体的社会中的稳定化要素。

我们的投票权依附于个体的个体权，尤其我们认为选举权作为现代政治的象征性特征，这使得黑格尔的主要论证非常难以理解。然而，正是在这里，而不是在任何其他地方，我们应该把马克思对虚幻个体权利的非常著名的批判铭记于心。我们每隔几年出现在投票箱前的能力是否保证我们的利益以及作为一个整体的政体的利益能否得到满足？黑格尔很明显倾向于不接受这个观念，即一种民主的程序以某种方式自动地辩护一个代表机构的这些决定。黑格尔写道："所有的个体都应该参与国家普遍关切的审议和决定，这个观念……寻求在国家有机体中植入一种缺少理性形式的民主要素，尽

管仅仅由于它的理性形式，国家才是一种有机体。"（PR §308R）

我们可能对黑格尔反对民主参与的论证感到不舒服，但是我们也必须承认他下述主张的真理性，即当政治代表和政治参与被设想为原子式的时候，会发生的事情。黑格尔写道，

> 如果这些议员被认为具有代表性，这个术语不可能在一种有机的和合理的意义上适用于他们，除非他们不是作为一个群体的个别代表，而是社会的本质领域之一的代表，也就是它的主要利益的代表……至于大规模的选举，我们也可以指出，尤其是在大国中，选举不可避免地成为无差异的，这是因为，当数字如此巨大时，事实上一个单一的选票几乎没有什么影响。不管多么重视选举权，那些享有这个权利的人都将无法利用它。（PR §311R）

美国的投票趋势的确证实了黑格尔的主张。我们倾向于责备"投票冷漠"，并且哀叹这个事实，即人们"投票反对它们的利益"，但问题恰恰是，对大多数人来说，都没有直接的方式来看到，他们的投票计数以及他们的利益在选举中得到满足。这并不是说，黑格尔的建议对于像美国这样的差异社会完全说得通，而是指出了一个现实问题，即我们的民主修辞与下述这一方式之间的真正断裂，即，以此方式，民主制无法满足最需要政治权力为他们服务的人们的利益。

黑格尔在这里的反思可以与罗尔斯反思的政治自由的公平价值的问题相比较。罗尔斯承认，形式上的参与权本身是不充分的，必须以维护所有人平等的政治自由的公平价值的措施所补充。[1] 黑格尔在上文的段落中关注的明显是，诸个体能够理解他们投票的价值。两位思想家在这个问题上的对立是非常尖锐的，而不是普遍的。罗尔斯认为，答案是为政党提供公共基金，摒弃政治与经济的关联。黑格尔认为，代表应该直接与经济利益联结起来。一旦这个

---

[1] 参见 Rawls, *A Theory of Justice*, 194–200。

问题根据价值而被表现，我们就容易理解黑格尔观念的基本原理：如果在你的生活中，主要的公共价值就是你的工作的价值，你将发现你的政治代表在一定程度上是有价值的，因为它支持你的工作的诸利益。对这个观点的反对看法是，如此一种政治仅仅复制了市民社会的根深蒂固的不平等。但是，为什么应该如此呢？为什么我们应该认为，断开两者的联系将有助于抵消经济的不平等呢？在任何情况下，黑格尔的观点应该在下述意义上是动态的和进步的，即经济的利益以诸方式被引导成为公共的善，这些方式把"自下而上"的具体性与行政和立法活动的公开性和透明性结合起来。如果人们的关切是市民社会中根深蒂固的权力关系，人们应该要求一个国家把市民社会的权力转化为作为一个整体的国家的普遍目的，以之为它的事务。这个挑战要确保的不仅是寻求利润的所有者的私人利益，而且更是在这些等级中代表的普通工人的利益。黑格尔会辩护工人们"组织"起来的努力，如我们所认为的，因为，这是唯一确保你看到你的代表的价值的方式。

嵌入式哲学家

我以这个问题结束本章：如何思考黑格尔的辩护与反思性平衡关系的最终图景？这个问题的出现是因为，的确似乎一位哲学家在某种意义上总是依赖于他的或者她的深思熟虑的诸判断和普遍的诸原则。黑格尔在解释伦理生活时辩护的有机模型的确涉及很多有关下述问题的主张，即那种模型如何适合源自对社会和国家有机思考的深思熟虑的判断。似乎，有机证成必须最终依赖于哲学家对有机体系的安排或者呈现，因此它总会采取反思性平衡的形式。有两个部分可回答这个挑战。第一个部分说的是，这种有机模型必须在某种程度上依赖于历史记载，依赖于作为诸原则和法则之结果的实际

96

发生的事情。某个系统理论的成功或者失败不应该取决于哲学家的建构，而更应该取决于制定这些法律所产生的实际事件。

这个回应的第二部分是，黑格尔可能承认哲学家反思的作用，并且仍然凭借伦理生活内的哲学家的嵌入性而论证有机东西的优先性。虽然，在黑格尔的体系中，哲学比国家具有更高的地位，他仍然坚持，在行动的领域内，哲学家也是一位依赖于整体的成员。他坚持，哲学家在某种意义上得对国家负责，这是他批判哲学倾向于建构抽象理想的一部分。负责任这个要求导致他出现了某些尴尬的主张。例如，他写道："正是一种好运……哲学化……已经密切地与现实性联系起来。"（PR，前言，19［23-24］）当我们注意到这个易于把学者（尤其是弗里斯［Jakob Friedrich Fries］）出卖给国家时，我们可能在恐惧中退缩，这看起来像是，导致人们违反自由探究和言论自由的诸条件。这似乎加强了恐惧，即有机模型从真正意义上而言是一种隐蔽的方式，当那些成员们越过界限时，整体的权力可以合理地压制成员们的活动。

让人惊奇，哲学家与有机国家的关系的这个问题，类似于道德个体与国家的关系的问题。这个问题就是主张一种特权，即人们可以仅仅通过行动而辩护，此处的行动涉及人们处于倾向使得特权无效的价值语境中。就哲学家的反思性平衡仍然从行动中撤回而言，哲学家的学说是非哲学家们无可非议的。[1] 但是，因为哲学家的声音从专业会议到教室到公共场所，他们辩护的这些术语——根据黑格尔的看法，必须——逐渐地脱离了哲学家的控制。他的观点是，对哲学家来说，就如同对道德主体而言，更好的是不断地从世界获得反馈。唯有如此，哲学家体系的合理性才有机会能够把握以及了解伦理世界的现实性。

---

[1] 在《精神现象学》的"绝对认知"中，黑格尔甚至主张，哲学家接近于我在前文注释中提及的和解场景中他赋予法官的"优美灵魂"。

活在矛盾里：黑格尔《法哲学原理》中的妻子、丈夫与孩子

金伯利·哈钦斯

导论

本章聚焦于黑格尔在《法哲学原理》中对作为现代伦理生活的一个本质性构成要素家庭的讨论。[1]黑格尔对婚姻本质的论证、家庭内部劳动的性别分工、父母与孩子之间的关系，以及家庭在与国家和市民社会关系中的必然地位，已经引发了大范围的富有同情心的以及批判性的回应。很多此类的回应都指出，他论证的一些方面似乎使得家庭的伦理生活不同于黑格尔对现代国家发展中实现自由的更为广泛的叙述。这里，将论证，黑格尔对家庭与市民社会和国家之间关系的陈述削弱了以一种线性的或者等级秩序的方式解读的可能性，以此方式，家庭要么被归入市民社会之中，要么国家令人满意地解决了这两个领域之间的矛盾和张力。在这个方面，黑格尔不仅向我们表明，现代市场国家如何维系，以及如何被某种个体关系和自我认同所维系，而且也揭露了威胁其稳定性的断层思路。

---

[1] 在这一章中，我主要依赖于《法哲学原理》。我也补充使用早期各种版本的《法哲学原理》，如万能曼（Wannenmann）记录的1817—1818年和1818—1819年讲课笔记。两个文本之间有相当多的重叠部分，虽然之前的讲课编排得不同，例如把继承问题的讨论编入"家庭资源"部分，而不是编在"家庭解体"部分。

这些断层思路挑战了时间和空间的区分，根据黑格尔的解释，通过这些区分，现代家庭的特殊性得到保证。它们表明，黑格尔的论证比对家庭如何服务于国家的更高目的的一种功能性解释更加具有威胁性。

本章的论证如下进行。第一，我通过对黑格尔关于家庭的论述的解读，突出黑格尔强调了现代伦理生活中家庭之本质的新颖性。第二，我阐明，黑格尔对这种新型家庭的解释何以被他分析的一系列的张力所困扰以及破坏，这些张力包括他在亲属与家庭（婚姻）、家庭与市民社会（财产）、家庭与国家（教化）之间追溯到的区分与过渡。在所有这些语境中，妻子、丈夫以及孩子挑战了精神实现自身之自由的顺利过程，无论是个体的还是集体的自由。总而言之，我表明，黑格尔对家庭的解释明确地使得现代伦理生活既脆弱又矛盾。家庭不是某种已然获得的东西，而是某种继续通过大量复杂的身份、信仰、实践以及合法化的策略的生活经验而被创造和重新创造，它们中的很多都与它们应该坚持的现代生活理念不一致。

黑格尔在《法哲学原理》中对家庭的讨论非常少，[1] 与其他部分的大量文献相比，它是黑格尔论证中相对而言未被充分研究的方面。尽管如此，所有关于《法哲学原理》的评论都必然要涉及论述家庭的这些段落，并且，有大量的研究把他对家庭的讨论与他的更广泛的哲学联系起来，并以此来证实现代国家中家庭关系之意义的更为一般的主张。[2] 在过去以及近期关于黑格尔对家庭解

[1] PR §§158–180, 199–218; LNR §§73–88.

[2] 例如，David V. Ciavatta, *Spirit, the Family, and the Unconscious* in Hegel's Philosophy (Albany, NY: SUNY Press, 2009); 'The Family and the Bonds of Recognition', *Emotion, Space and Society* 13 (1)(2014): 71–79; Robert Gillespie, 'Progeny and Property', *Women and Politics* 15 (2)(1995): 37–51; Edward C. Halper, 'Hegel's Family Values', *The Review of Metaphysics* 54 (4)(2001): 815–858; Axel Honneth, *Suffering from Indeterminacy: An Attempt at a Reactualization of Hegel's Philosophy*（转下页）

释之意义的论证中，我们发现了，关于如何进入黑格尔的文本这些熟悉的问题，以及反复出现的关于他的意义的实质性分歧。[1] 根据接下来的解读，黑格尔对于家庭的解释以及《法哲学原理》作为一个整体的论证结构，是我解释的核心。我的看法是，《法哲学原理》的整个论证应该被解读为对下述这个问题的回应，即明确地（有自我意识地）体现自由（精神的自我规定）的社会和政治安排如何能够得到清楚表达以及维系。这是一种相当复杂的回应，其

99

（接上页）*of Right*, trans. J. Ben Levi (Amsterdam: Van Gorcum, 2007); Kimberly Hutchings, *Hegel and Feminist Philosophy* (Cambridge: Polity Press, 2003); Douglas E. Jarvis, 'The Family as the Foundation of Political Rule in Western Philosophy: A Comparative Analysis of Aristotle's Politics and Hegel's Philosophy of Right', *Journal of Family History* 36 (4)(2011): 440–463; Toula Nicolacopolous and George Vassilacopolous, *Hegel and the Logical Structure of Love: An Essay on Sexualities, Family and Law* (Aldershot: Ashgate, 1999); Laura Werner, *The Restless Love of Thinking: The Concept of Liebe in G. W. F. Hegel's Philosophy* (Helsinki: Helsinki University Press, 2007)。

[1] 总而言之，对这些问题，黑格尔是否应该被解读为描述了一种特殊的家庭理念，尤其是关于女性的地位，参见，例如，Peter Steinberger, *Logic and Politics: Hegel's Philosophy of Right* (New Haven, CT: Yale University Press, 1988); Harry Brod, *Hegel's Philosophy of Politics: Idealism, Identity & Modernity* (Boulder, CO: Westview Press 1992) 以及 Carole Pateman, 'Hegel, Marriage and the Standpoint of Contract', in Patricia Jagentowicz Mills (ed.), *Feminist Interpretations of G. W. F. Hegel* (University Park, PA: Pennsylvania University Press 1996), 209–233。对于是否我们应该从他的哲学的其他部分演绎出《法哲学原理》的意义，例如他在《精神现象学》中对安提戈涅的处理，参见，例如 Ciavatta, *Spirit, the Family, and the Unconscious in Hegel's Philosophy* 以及 Jagentowicz Mills, 'Hegel's Antigone', in Jagentowicz Mills, *Feminist Interpretations of G. W. F. Hegel*, 59–88。对于他的哲学诸范畴（参见，例如，Halper, 'Hegel's Family Values' 以及 Nicolacopolous and Vassilacopolous, *Hegel and the Logical Structure of Love*）或者他的历史情境（参见，例如，Werner, *The Restless Love of Thinking*; 以及 Seyla Benhabib, 'On Hegel, Women, and Irony', in Jagentowicz Mills, *Feminist Interpretations of G. W. F. Hegel*, 25–43）是否决定他的意义。对于更加广泛的讨论《法哲学原理》中的解释性问题，参见 Kimberly Hutchings, 'Hard Work: Hegel and the Meaning of the State in his Philosophy of Right', in Thom Brooks (ed.), *Hegel's Philosophy of Right* (Oxford: Blackwell, 2012), 126–129。

中，各种不同的身份、信仰和实践，以及各种制度的形式，都被认为是必然的。其中，突出的是，与之前的或者同时期落后的社会和政治组织形式相反，存在着对当代伦理生活的一种内在化的特殊的时间和空间理解。正是在这个方面，对家庭的讨论变得特别有意思。

现代家庭

《法哲学原理》中的家庭是一种新型的家庭。黑格尔反复把它与其他过去的和当下的各种类型的家庭结构区别开来。黑格尔非常频繁地把现代家庭与古代的亲属关系模式，尤其是罗马的家庭模式进行比较。[1]但是，他也把它与其他文化背景中的家庭进行比较，那些文化中的家庭，要么认为婚姻完全是原生家庭的策略性优势的问题，要么由一夫多妻制占主导地位。[2]并且，他强调了现代家庭改变了现代新教内宗教的地位。[3]所有这些不同都吸引了人们关注现代家庭的特征。与古代亲属结构相反，现代家庭并没有给予更广泛的亲属关系以优先地位。成年男人和女人并没有依附于他们的原生家庭，他们建立了新的家庭。与这个新家庭的关联远比与他们的父母或者兄弟姐妹更具有伦理上的意义。在古希腊世界，安提戈涅评估她与其兄弟的关系要高于与她未来丈夫的关系，与之相反，现代家庭给予丈夫与妻子之间的关系以最高的价值。相反于婚姻双方没有任何话语权的世界，现代家庭是两个自由同意的个体为了彼此之间的关系而结合在一起，而不是为了增加他们的财富或者出于家族的因素。它涉及丈夫与妻子之间对等的关系，在这个关系

---

［1］PR §§§172A, 180R; LNR §§84–85.

［2］PR §§162A, 167; LNR §80.

［3］PR §163R; 也参见 HPW, 192–193。

中，各方的权利同等地得到保护，而黑格尔论证的某些东西在一夫多妻制的婚姻中是不可能的。并且，在天主教教义中，单身得到高度评价，而性关系被贬低，只在生育孩子时才被允许，现代家庭是神圣之爱的场所。

现代家庭是自在的伦理生活，并且是把它与市民社会和国家联系起来的更大叙述的伦理生活之部分。与对抽象权利和道德以及市民社会领域进行思考的模式相比较，它是这样一种情境，在其中，诸个体并不把自身理解为自律的以及自我存在的：

> 作为精神的直接实体性的家庭，以爱为其规定，而爱是精神对自身统一的感觉。因此，在家庭中，人们的意念就是意识到自己是在这种统一中，即在自在自为地存在的实质中的个体性，从而使自己在其中不是一个独立的人，而成为一个成员。（PR §158）

爱是家庭伦理本性的关键所在，在其中，自我意识之间的相互联系和相互依赖被自然地和直接地经验到。然而，如他对现代家庭的意义的详细解释，很清楚，黑格尔并不认为它是直接地自然的。丈夫与妻子之间、家庭之主与其他家庭成员之间以及父母与孩子之间的诸关系精神化了最初似乎是性欲和血缘的自然联系。

在他讨论婚姻时，黑格尔批判了把婚姻等同于性关系、契约或者浪漫的爱，[1]这些类型的婚姻都无法把握到婚姻的本质。纳妾关注的仅仅是性冲动的满足，但是，在婚姻中，这些冲动从属于"爱、信任与共享个体实存之整体"（PR §163）。这里，黑格尔坚持婚姻和家庭的宗教特性，它是彼此之间的精神的承诺，并且必须具有他所论证的一种稳定性和长期性，这与激情占主导地位的情形不相容，它"在得到满足之后不可避免地就熄灭了"（PR §163）。黑格尔批判了康德的论证，即婚姻涉及彼此相互利用的一种契约。婚

---

[1] PR §161A.

姻仪式不是两个人之间的一种契约，而是一种伦理纽带的公共构成部分，它超越了一种交换关系或者从属于彼此相互的需求关系。在这个方面，法律的和宗教的形式关系在塑造婚姻之所是中起到了重要的作用。正如黑格尔对康德契约提出的反对意见，因此，他反对施莱格尔（Friedrich Schlegel）的浪漫的爱之仪式，这种仪式不需要婚姻仪式中的外在法律或者宗教的确证。对黑格尔来说，施莱格尔的《卢琴德》(*Lucinde*)把爱还原为感性的倾向以及内在的情感。这种爱剥夺了爱的独特的伦理之特性。[1]

　　把婚姻等同于性关系、契约或者浪漫之爱的不充分性，与下述这种不相容性相关，即以放弃婚姻双方之特殊意志为前提的一种制度与现代偶然意志产物的意义上的固有特殊之情感和行为之间的不相容性。把婚姻还原为性满足、相互获取或者浪漫之爱都会误解婚姻中个体自由的缺失。这是一种自由的缺失，这种自由是伦理生活的更广泛的实在性之构成部分，在这种伦理生活内，自由的个体性被产生以及不断产生。在黑格尔概括现代家庭中劳动的性别分工时，以及之后继续讨论家庭财产和抚养孩子时，这变得更为清楚。

　　如我们已经看到的，黑格尔坚持婚姻与自然的性冲动之满足之间的区分。婚姻的这种伦理性关注的是其个体特殊性的超越性，并且，通过男人与女人体现精神不同方面的独特的和互补的方式，婚姻实现了这个超越性。自然的性别差异，被婚姻自身的关系，塑造成为一种新类型的互补的精神差异：[2]

　　　　因此，一种性别是精神而自身分为自为的个体的独立性和对自由普遍性的知识和意志，也就是说分为思辨的思想的那自我意识和对客体的最终目的的希求。另一种性别是保持在统一

---

[1] PR §164A.
[2] LNR §76, 76R.

性中的认识和希求。在对外关系中，前一种性别是有力的和主 102
动的，后一种是被动的和主观的。（PR §166）

黑格尔继续解释，丈夫在更广阔的世界工作和奋斗中找到他的
实体性生活。实际上，他的生活具有私人的和公共的双重身份，私
人的生活更多从属于以及支持公共生活的要求。相反，妻子的职
业在家庭之内，她的工作就在那里，并且她不适合公共生活的要
求。女人受到的教育是通过情感，而不是通过思考、追求以及获取
知识。与男人相比，女人不能理解普遍的东西。对她们来说，一切
都是根据直接的、偶然的关系来理解，这就使得她们依赖于倾向和
意见，而不是真理，并且这使得她们做任何公共的事务都是靠不
住的。[1]

黑格尔论证，财产在家庭之内具有一种伦理形式。[2]这相反
于抽象权利的个体偶然占有的特征，而且也相反于之前的财产关系
形式，在这些形式中，丈夫与妻子仍然在古代的和封建的法律中受
到直系家庭之外的亲属关系的约束。[3]现代家庭的新颖性再次得
到强调。正是一个集体的人，他的财产被集体地占有并且为了一
个"共同的目的"（PR §170）。丈夫，作为家庭之主，代表着其合
法的人格，他得对获取、管理和分配其财产负责任。就保证丈夫和
妻子都能获取财产资源而言，法律对家庭财产的限制（例如在婚姻
契约中）得到辩护。然而，关键点在于，财产现在本质上与婚姻相
联系，而不是与"它们的血缘关系之更为广阔的圈子"相关（PR
§172A）。

黑格尔继续讨论家庭内部孩子的地位，而财产仍然是一个有意
义的主题，并且，他称之为它的"解体"。我们被告之，婚姻之爱
仍然是主观的和内在的。只有丈夫与妻子统一而为人父母时，他们

---

[1] PR §166, 166R, 166A.

[2] PR §170.

[3] LNR §83.

通过对自己生育的孩子的共同的爱，婚姻之爱才客观地呈现出来。然而，这不是一个永久的统一。在这个部分，黑格尔再次强调了现代家庭的特殊性。古代家庭的组织模式定向于一种亲属关系的存续，在那里，孩子永远都是孩子，与之相反，现代家庭的孩子是一个自由的个体，而且必须被塑造成为能够作为一个自由的个体而生活的个体。[1]在这个方面，黑格尔拒绝了这些教育观点，即通过强调游戏的重要性以及无法指出孩子对自身以及对世界的看法的不充分性而肯定孩子气的价值。父母的义务正是在一种"爱、信任和服从"的情境中为他们的孩子提供情感的稳定性，但仅仅是作为孩子可以发展的基础，而非放纵他们任意为之。[2]

> 惩罚的目的不是为了公正本身，而是带有主观的、道德的性质，就是说，对还在受本性迷乱的自由予以警戒，并把普遍物陶铸到他们的意识和意志中去。（PR §174）

对孩子们的惩罚和约束是现代家庭必然模式的部分，随着孩子们成长为自由的个体以及建立他们自己的家庭，而现代家庭单位解体。[3]然而，解体带来了与家庭财产之间的复杂关系。虽然父母死去使家庭的解体不断地出现，但是，由于他们的孩子们可能已经建立起他们自己的家庭，继承的问题就成为任意和随意的事情，这是在之前的家庭关系模式中不会出现的问题。黑格尔彻底地批判了罗马法中实行的继承方式，而且同样批判了现代个体基于感情或者情义而立遗嘱以及确定他们的继承人。家庭财产应该平等地分配给家庭成员，而不是这种方式，即支持某些成员的分配多于其他成员，例如，通过设定某种信托以支持儿子分配的财产多于女儿，或者分配给长子的要多于其他的孩子。然而，同时，这个可能只在涉及核心家庭时才坚持这点，一旦后代已经建成了他们自己的

---

[1] PR §§175, 175R, 180; LNR §85.

[2] PR §175, 175R; LNR §86.

[3] PR §§178, 178R, 179, 179R, 180, 180R, 180A.

家庭，这些核心家庭的界限就变得不清楚了。黑格尔认为，任何情况下，财产可能都需要通过考虑保护财产而被限制，在某些情形中，特别是通过长子继承权对第一（农业以及土地的）财产的保护。[1]

在论述家庭的这个部分的结尾处，我们已经被告知，现代家庭是一种独特的家庭组织模式，根据个人的和财产的关系，它符合于现代伦理生活的特殊性。正是在伦理生活的领域中，自由通过相互认同为超越任何一位特殊成员的一个整体而被经验到。但是，也正是在这个情境中，现代的、占有财产的个体可以被产生和被维系。它在时间上和空间上都不同于其他社会关系形式的各种不同的成年人依赖性特征的模式，从古代罗马、以色列，到封建的或者天主教的欧洲，再到现代的印度。时间上，它证实了精神的进步，它是发展中的现代国家和市民社会的一个新的出发点。空间上，它在地理上位于北欧的新教日耳曼领域，它也占有一种独特的"家"的空间。除了在与农业生产相联系的落后阶层例子中，现代家庭不再居住在生产劳动的地方。现代家庭是一家之主必须，字面意思上以及比喻意义上，为了参与特有的市民社会之活动而"离开"的某个地方。它的标志就是清楚明白的劳动的性别分工，在这种分工中，男人和女人对于婚姻和抚养子女具有互补的优势。这与其他的家庭以及与市民社会和国家的公共领域截然不同。同时，它必然得到国家通过其三个方面的规则来维系和支持。现代家庭是精神的运作中历史进步的顶峰，在其中，它对于精神根据自我规定来理解自身已经成为可能，他也根据形成和解体的周期性来运转。它承认它自己不断分裂的伦理意义，即它是调和家庭与现代伦理生活的唯一途径，它明确地例证了精神之为自我规定的理念。

[1] PR §§178, 178R, 179, 179R, 180, 180R, 180A.

矛盾

　　黑格尔解释的成功和合理性通过一系列的区分得到保证，不仅保证了家庭的稳定性，也保证了包含市民社会和国家在内的现代伦理生活的更大的稳定性。现代家庭和旧的亲属关系形式之间的区分保证了现代婚姻的观念。现代家庭与市民社会的区分保证了家庭财产的观念，它不可能等同于日常的私人财产。并且，家庭与国家之间的区分保证了，为了自由教育子女的可能性，这一过程不可能在家庭自身之限制内得到完成。如果我们更细致地观察这三个方面的区分，对于黑格尔认为现代伦理生活之为自由的自我意识的运作的论点的潜在的破坏性来源就浮出表面。

　　自由主义、女性主义以及马克思主义的批判家们早已注意到，在黑格尔对现代婚姻的解释中存在的某种奇怪的东西。从自由主义的观点来看，不清楚的是，为什么黑格尔否认女人作为个体的人行事的能力，尤其是考虑到他强调丈夫和妻子都是自由的、自愿的个体。[1]对很多的女性主义评论家而言，黑格尔对女性的处理意味着她们被排除出精神的运作，或者受到严格的限制，并且这与他确定现代性等于精神确定自身是自由的相矛盾。[2]马克思主义者们已经论证，黑格尔低估了市场关系建构私人领域的再生产以及使得它从属于生产和交换领域的彻底性，并且把他对婚姻解释解读为不准确的和浪漫化的。[3]这里，令人迷惑的是，似乎出现了一种不合时宜的东西，尤其是确定女性的地位上，这被认为是一种完全新颖的家庭形式。按照黑格尔自己的说法，困难在于要理解，女人与

［1］Richard D. Winfield, *The Just Family* (Albany, NY: SUNY Press, 1998).

［2］Patricia Jagentowicz Mills, *Woman, Nature, and Psyche* (New Haven, CT: Yale University Press, 1987) 以及 Hutchings, *Hegel and Feminist Philosophy*.

［3］Siegfried Blasche, 'Natural Ethical Life and Civil Society: Hegel's Construction of the Family', in Robert B. Pippin and Otfried Höffe (eds.), *Hegel on Ethics and Politics*, trans. N. Walker (Cambridge: Cambridge University Press, 2004), 183–207.

本质上未改变的早期或者文化上不同的家庭模式之间的联系，如何可能与他坚持的现代家庭与亲属关系之间的区分相协调。

家庭与亲属关系之间的区分被认为是，女性独有的对家庭领域的认同，现在是合理的以及自由意志的：[1]"两种性别的自然规定性鉴于其合理性要求一种理智的和伦理的意义。"（PR §165）然而，尽管他很清楚，家庭不是自然的，而是伦理的，但在黑格尔解释男人和女性起到不同作用时，即使他们在婚姻中地位平等，自然性别差异也仍然存在。男人经验和精神化性别差异为他们与自然和偶然性之间正进行的联系，但最终超越自然和偶然性。而女人把性别差异经验和精神化为对自然和偶然性的确定。安提戈涅在她决定埋葬其兄弟时就是家庭虔诚的典范，并且，她不愿意（或者无能力）承认任何法律，而是承认神法的决定。[2]在现代的妻子照顾丈夫、子女以及家务时；以及在不情愿（或者无能力）承认任何法律，而承认主观的情感以之为进行决定的东西时，她是家庭虔诚的典范。黑格尔在《法哲学原理》中仍然指出了，安提戈涅以其最高的形式通过她与其兄弟的伦理联系而例证了家庭的虔诚，即使在现代的术语中，她的关注更应该是她的未婚夫。他也重申这个观点，即之前在《精神现象学》希腊伦理生活的解体的讨论中讲述的观点，即女人不合适公共地位：一旦她被赋予政治权力，则将颠覆国家的目的。[3]似乎，现代的妻子在某种意义上仍然以下述方式与神法相联系，即其本质上反映的是认同自然的决定而不是精神的决定，并且，她们应该逃避亲密领域的这些限制，这使得她们可能颠覆而不是支持现代伦理生活。妻子和母亲不仅是不合时宜的，她们也是危险的。

以不同方式来解释这个危险是可能的。对于女性主义哲学家例

106

---

[1] LNR §77.

[2] PhG: 274–275; PR §166R.

[3] PhG: 288; PR §166A.

如伊利格瑞（Irigaray）来说，黑格尔对女性造成对国家威胁的解释是承认一个激进的他者、存在与思维的非父权制方式的可能性，根据黑格尔的男性主义哲学，这完全是说不通的。[1]西亚瓦塔（Ciavatta）不太激进，他认为黑格尔在《法哲学原理》中论证的安提戈涅的持续意义在于，表明家庭各种关系的特征与公共领域的这些特征之间深深的张力。在家庭的例子中，具体的他者的特殊利益在情感上被作为家庭内部的每一个成员内在化。不同于作为彼此分离的个体的关系，家庭成员的相互关系已经被联系起来，并且根据具体的身份联系起来（母亲、儿子、女儿等）。因此，女人被解释为对公共领域有威胁，因为她们代表的是一种相互承认的模式，这根本上与个体财产占有者和公民关系中的承认不相容。[2]虽然不同，上文对女人威胁公共领域的意蕴的两种不同解释都以穿越千年的跨历史的术语呈现，把安提戈涅的伦理生活与《法哲学原理》中描述的伦理生活区分开来。在这个方面，它们都赞同这个观点，即在黑格尔的家庭中，女人的地位削弱了这种观念，即精神之为自我规定的实现是一种历史上统一的以及单一的叙述。

根据黑格尔论证的内在逻辑，女性造成的危险在于，要求家庭的一切方面都可能被理解为现代伦理生活的部分，这意味着，通过主观地确定现代市场国家的伦理关系，从买卖关系到公民在战争中牺牲生命，来发展和维持现代市场国家。女人对于作为一个机构的家庭以及这个机构对公共领域的伦理生活给予支持是至关重要的，但是她们要么被呈现为仅仅是模糊地居住在这个已经被定位为她们领域的机构中，要么完全外在于它。她们仅仅是部分地居住在这个现代家庭中，在这个意义上，她们模糊了家庭和亲属关系之间的界限。她们对婚姻和家庭意味着什么的理解和赞同都总是受到限制。

———————

[1] Luce Irigaray, *Speculum of the Other Woman*, trans. G. C. Gill (Ithaca, NY: Cornell University Press, 1985).

[2] Ciavatta, *Spirit, the Family, and the Unconscious in Hegel's Philosophy*, 60.

与儿子不同，女儿在市民社会中不会通过她们的个体存在从一个家庭到另一个家庭。相反，像安提戈涅，或者罗马女人，她们以她们出身的地位来确定她们的命运以及受教育；她们受教育的程度、出身的地位以及根据这个地位，都不允许她们超越具有具体普遍性的身份。但黑格尔认定，女人具有一种自我意识所拥有、但不能发展的原则，即"情感的和主观的实体性的法则"（PR §166R）。这不仅是因为女人在家庭中的地位，以及因此在更广阔的伦理生活内的地位，是模糊的，它是外在的。女人外在于现代伦理生活的历史阶段，其特点在于个体的以及集体的主体有能力确定自身的精神是自我规定的。女人"不具有理想"（PR §166），并且没有能力占有它；在这个方面，女人并不作为个体或者公民参与其中。她们是不合时宜的，并且抵制政府。

　　黑格尔对女人的定位使得他对于亲属关系与现代家庭之间的区分成为问题，进而因此在现代与古代之间的区分也成为问题。他对家庭财产的解释，对他在家庭和市民社会以及在家庭与国家之间的区分带来了诸多问题。黑格尔坚持，家庭是一种具有伦理关系的独特模式的伦理生活，这种模式是爱的或者主观情感的模式。家庭为了使得自身分离于市民社会内得到例证的诸原则成为可能，必须能够以不破坏和不削弱这个区分的方式来支持自身。这不仅意味着，家庭需要资源，也意味着，这些资源不应该被任意地分配，并且应该为了每一个成员的善好而真正地被家庭集体占有。鉴于黑格尔在《法哲学原理》第一个部分中对抽象权利的个体所有权原则的解释，以及他认为生产和交换领域已经从其传统定位的家庭或者亲属关系转换到市民社会，这意味着，家庭财产不可能简单地是个体收入或者资本的积累，它必须是不同种类的东西。[1]

108

---

[1] 参见 Ciavatta, *Spirit, the Family, and the Unconscious in Hegel's Philosophy*，这本书很有趣地解读了黑格尔家庭财产的意义。

如我们在上文中看到的，黑格尔赋予家庭财产的意义需要家庭领域、市民社会与国家之间的一种复杂的互动。家庭财产被集体占有，但是被一家之主个体性控制，这个一家之主也是市民社会领域的参与者。尽管一家之主并不把家庭财产占为己有，但他有可能作为一个个体来处理那种财产，去挥霍或者积累，根据他自己的意志和欲望来分配财产，像市民社会的任何其他成员。[1]出于这个理由，国家可能需要介入进来，规范家庭财产的维护与分配，参与一家之主生前和死后引起的财产分配。这个解释很好地适合于理解黑格尔的国家，他的国家调和着家庭领域与市民社会之间冲突引发的矛盾。然而，如在上文的讨论中，在援引国家的能力以回应市民社会对家庭领域的侵入时，我们所看到的。黑格尔的论证也证明了家庭和市民社会之间的界限的脆弱性，以及证明了在他的现代国家建筑术内亲属原则的持续的意义。在这个情形下，正是男人、丈夫以及父亲的极限地位破坏了现代家庭的意义通过它得到保证的时间和空间区分的稳定性。如果将女人模糊地定位在现代家庭和古代亲属之间，那么，根据黑格尔的解释，男人则被模糊地定位在现代家庭和市民社会之间。家庭之主以及未来的家庭之主自我意识地确定他们自身既屈从于他们家庭成员中的个体性，又具有参与市民社会和特殊性原则以及参与国家中的自由普遍性原则。在黑格尔的讨论中，他们，在字面意思上以及在比喻意义上，游走于私人领域和公共领域之间。

109

　　　　因此，男子的现实的实体性的生活是在国家、科学等领域中，否则就在对外界和对他自己所进行的斗争和劳动中，所以，他只有从他的分裂中争取同自身的独立统一，在家庭中他具有对这个统一的安静的直观，并过着感觉的主观的伦理生活。（PR §166）

_____

[1] PR §170; LNR §83.

因此，对一个男人来说，维持家庭伦理生活的这个独特性是特别困难的，并且容易招致失败。他在家庭内部的独立统一的"安静的直观"，与他在市民社会和国家内部的独立统一的奋斗相矛盾。他知道，一种"情感的和主观的伦理生活"是不够的。并且，在他对家庭财产的积累和控制中，他服从于行事的双重要求，像一个丈夫和父亲行事，以及像一个个体的财产所有者行事。在这些情境中，不用惊奇，黑格尔确定了家庭之主为了私人的目的使用家庭财产的危险。如果女人可以破坏政府的目的，那么，男人可以破坏家庭的目的。但是，女人对政府威胁在某种意义上呈现出永久性，男人对家庭的威胁是现代家庭形式所特有的。这个危险并不存在于生产和交换在家庭和亲属关系的层面上被组织的世界中。然而，出于这个理由，女人对国家造成的威胁的解决方案是要把她们排除出去，男人对家庭造成的威胁的解决是要把国家导入家庭的领域中。

尽管根本上相悖于现代伦理生活的精神，在这种生活中，财产的获取和转让已经被重新纳入市民社会中，但黑格尔论证，国家需要介入进来规范家庭财产，以确保它对于整个家庭是安全的。这是为了保护妻子和孩子的权利。[1] 黑格尔更为困难的事情是理清，如何回应在这样一个世界中的支配遗产的诸原则的改变，在此世界中，家庭作为财产的集体所有者，以一家之主的身份存在于这个世界上，它本质上就是内在冲突的和暂时的。尽管现代家庭被认为解体于父母的死亡（特别是丈夫的死亡[2]）。鉴于这些或者涉及远亲优先于近亲关系的不法行为，或者涉及允许任意的意志对家庭物品的处置的不法行为，黑格尔讨论了，在父母死亡之时和孩子们已经组建了新的家庭之后，家庭中出现的这些困难。[3] 黑格尔也关注下述这些情形，即遵循一个核心家庭孩子们获得平均的份额的原则

110

---

[1] PR §172R.

[2] PR §178.

[3] PR §§179, 179R, 180, 180R.

将会潜在地破坏以及损害家庭资产的价值。他对这些关注的回应包括国家确定长子继承制原则的有效性。在海德堡讲稿以及 1821 年《法哲学原理》中，黑格尔确定了这个不合时宜的原则与农业地产关系的价值。[1] 与作为他们的生存源泉的土地相联系的男人，像女人一样，占有的地位介于传统亲属关系以及现代家庭之间——因此，因此，他们的地位特别地被确定在家庭领域，并且没有能力认识，而不是感觉、理想。[2] 对评论者们，如布拉施（Blasche）而言，这指出了黑格尔分析中的一个根本性的缺陷，这个缺陷就是，他试图以与他转换的历史明显相矛盾的方式来确定家庭的意义。[3] 然而，确实，黑格尔事实上正引起我们注意家庭、市民社会和国家之间这些界线的不稳定性，以及也注意现时之现代家庭与那时之亲属关系之间暂时性界限的不稳定性。家庭、市民社会以及国家之间的这些过渡挑战了暂时性新颖和空间性划分的这个主张，通过它，不仅现代家庭的意义，乃至现代伦理生活作为一个整体的意义在《法哲学原理》中得到把握。

孩子，特别是男孩，既体现了作为一个伦理整体的现代家庭的实例，又体现了它即将解体。儿子和丈夫，都是家庭、市民社会和国家之间过渡的行为者，他们的教育是家庭抚养孩子的核心目的。女孩，则通过一种潜移默化的方式接纳她们的精神命运，她们并不以男孩的方式离开她们的原生家庭，她们将变得像女人，她们的目的不在于家庭伦理生活的冲突中。例如，维尔纳（Werner）注意到，当黑格尔在《哲学科学百科全书》第三部分论精神哲学中通过

---

[1] PR §180R; LNR §84.

[2] PR §§163, 164.

[3] "黑格尔无法看到，资产阶级家庭正是在转变成为小资产阶级家庭形式的过程中，突出地缺乏它自己的财富以及财富曾经提供的保障。这就再次揭露了，黑格尔实际上正在分析的仅仅是一种特殊的历史和过渡形式的家庭生活，并且，因此削弱了他的主张，即现代家庭是一个明确概念化的自给自足的机制，构成了一个伴随社会和国家的它自己的私密领域。"参见 Blasche, 'Natural Ethical Life', 193.

不同阶段来讨论发展时，所考察的正是从男孩到青年，再到男人的过渡。[1]家庭的任务正是为儿子们提供合适的环境以学习如何超越家庭。黑格尔认为，在孩子们的早年，这是母亲的特殊责任。[2]但是，他也坚持认为，父母与孩子们之间爱的关系，对于孩子情感的稳定性至关重要，这总是伴随着对非自然意义的自由的承认："……她们的抚养也具有否定的规定性即把孩子们从自然的直接性中培养出来，在这种自然直接性中，他们最初是人格自由和独立的存在。"（PR §175）

　　孩子的离开是这样的，儿子成为丈夫（一家之主），女儿在新的家庭中成为妻子，但也正是这样的离开，让儿子成为个体的个人和公民。对儿子来说，这就是一种经由教育作为媒介的过渡。黑格尔在《法哲学原理》和早期的讲稿中，都曾不仅在家庭的讨论中，也在其他地方指出了，孩子（儿子）在几个点上的教育。在传统家庭形式中，孩子本质上是父母的财产，父母可以随其喜好来对待孩子，与传统家庭相反，黑格尔清楚，教育最终是国家的问题以及是国家的责任。在海德堡讲稿中，他既注意到父母教育的效果要小于和外在于家庭的教师教育，[3]又注意到，实际上，在现代伦理生活中，"孩子成为国家的孩子"（LNR §158）。但是，按照黑格尔的解释，教育不仅是国家提供学校和培训，也是通过市民社会以及国家中各种不同的社会化境况以及承认关系，被精神运动的经验所完成。精神的教育通过各种不同身份的内在化进行，从个体的财产所有者到特殊个体属于的阶层以及同业公会。正是通过依赖其他人的经验以及与他们合作，诸个体理解一切确定的自身是自我规定的存在者。首先，精神的教育以一种方式导致公民身份的内在化，这种方式即组合并取代家庭和其他准—国家的个体以及同业公会身

[1] Werner, *The Restless Love of Thinking*, 106; PM §396R, 396A.
[2] PR §175A.
[3] LNR §85.

份。[1]公民以明确认同普遍的形式而是成员，这种普遍情况是精神在其现代形式中的所有其他方面之可能性的条件。在家庭内，作为一个整体的家庭之成员的认同是爱，在国家内，对国家之公民之认同是爱国主义。黑格尔论证，爱国主义不是一种主观的情感或者意见，而是客观的确定性，即我的个体利益和目的通过国家的利益和目的而得到"保存和保护"。[2]黑格尔拒绝这个观念，即爱国主义主要是关于个体的自我牺牲或者英雄主义。然而，这是爱国主义的确定性，内化在习惯和习俗中，它支持公民掌握为国家而死的合理性的能力——彻底地放弃了家庭给予生命的角色。[3]在这个方面，儿子的教育通过显露于以及参与公共领域而把他与精神的向前运动联系起来，就民族与文化形式之间的冲突而言，黑格尔以此完成了他的法哲学。这同时把儿子与一般而言的女人区分开来，与农业的或者实体的"天真阶层"区别开来（LNR §103），与同时代落后的以及野蛮的民族区别开来，以及与精神发展的更早的历史阶段区分开来。

为了现代家庭被维系，儿子必须把自身定义为对立于他作为一个原生家庭成员的身份。除此之外，这要求他不与其他原生家庭的成员发生性关系，也要求他选择妻子。这两个要求不可能进一步来自家庭虔诚之典范的安提戈涅，因为她与乱伦关系相关，她与母亲同时是祖母的侄子结婚，并且经验到她与家庭的联系是必然的，而不是偶然的，"使得我们的悲剧如此毫无生气的是，被爱的对象的偶然本性。但是，对安提戈涅，这些事情的发生都是必然的：她是如此坚定地依附于这个原初的家庭纽带"（LNR §87）。现代家庭创建的偶然性在家庭的解体中得到证实，这似乎既是一种过渡的暂时环节，又是市民社会世界和国家中家庭关系的一种永恒吞噬。它把我们带回到一家之主在家庭财产关系上的模糊立场。为了保持私人

[1] PR §187, 187R, 187A.
[2] PR §268, 268R, 268A.
[3] PR §324.

的领域又保持公共的领域，男人必须同时是家庭成员、个体的个人以及公民。他们不断地削弱他们是其领头的这个机构的伦理特殊性，并且他们又需要维系这种伦理特殊性。在讨论旧的家庭解体以及新家庭的建立时，我们在《法哲学原理》中反复看到现代家庭定位于过去，以及农业阶层、女人以及野蛮文化。但是，我们也不断地被提醒当代特殊的角色，它在维系市民社会和国家中起作用，并且被市民社会和国家所维系。黑格尔在一种时间的叙述和一种空间的叙述之间转换。在时间的叙述中，对家庭的描绘成为一个民族的基础；在空间的叙述中，国家包含着家庭的创建和维系，并且使之成为可能。

113

结论

在《法哲学原理》中，黑格尔认为女人是妻子以及女儿，而男人是丈夫以及儿子、个人和公民。尽管地位差异非常大，但在所有情形中，家庭成员的存在和自我意识都破坏了黑格尔的叙述，不仅破坏了家庭伦理生活的分离性，也破坏了最重要的叙述，在这种叙述中，黑格尔的国家例证了明确地确定精神之为自我规定。对黑格尔来说，似乎女人超越了时代，以及因此不可能跨越分离家庭与市场或者国家的空间。男人能够跨越家庭、市场与国家之间的空间，但是他们所通过的各种举动要么让他们莫名其妙地栖居于两个世界以及杂多的时间中，要么表明家庭归入市民社会和国家的空间中。在黑格尔的叙述中，家庭的特殊地位已经以三种不同的方式被解释。第一种方式淡化了明显的反常以及张力，并且集中于与黑格尔的讨论相吻合的更大叙述的这些方面，即本质上把家庭归入市民社会和国家的范畴中，或者论证黑格尔应该已经这么做了，即使他实际上没有这么做。根据这些解释，黑格尔所具体谈论的是向资本主义市场社会过渡时的家庭，并且黑格尔的解释仍然坚定地锚定于现代伦理生活。[1] 第二种方式是要接受家庭的时间和空间的特殊性的观念，淡化家庭所穿越的市民社会和国家以及被其穿越的领域。根据这些解释，家庭自在的动态以及那些关系与公共领域发生冲突的方式，都成为细致审查的焦点，并且黑格尔被认为告诉我们关于人类情感的、心理的以及物理的需要。[2] 第三种方式是要把家庭解读为这种关键点，黑格尔的精神发展之更大的叙述可以通过它来批判。这些解释阐明了女人的地位或者作为一家之主的照顾责任和追求自我利益之间的冲突，黑格尔的观念即精神的意义是自我规定以及其在现代市场国家中的例证在政治和伦理上是不充分的。[3]

　　以上所有这些解释思路都可以以黑格尔的文本为基础而得到支持，并且所有这些思路都告诉我们黑格尔法哲学中家庭意义的有价值的内容。然而，每种思路都无法充分公正地对待黑格尔论证的复杂性，这既不是现代家庭生活的一种描述，也不是一副处方，而更是一种阐述，即阐述它何以可能调节精神之为自我规定的观点与其在生活的经验、身份、信仰以及机制中的具体实现。黑格尔告诉我们，家庭是既内在的又外在的历史，内在和外在的市民社会以及内在和外在的国家。当我们把黑格尔的《法哲学原理》把握为探究现代国家何以可能主观上和客观上都被确定为自由的活动时，我们就

[1] Blasche, 'Natural Ethical Life'; Steinberger, *Logic and Politics*; and Paul Franco, *Hegel's Philosophy of Freedom* (New Haven, CT: Yale University Press, 1999).

[2] Jessica Benjamin, *The Bonds of Love: Psychoanalysis, Feminism and the Problem of Domination* (London: Virago Press, 1988); Honneth, *Suffering from Indeterminacy*; and Ciavatta, *Spirit, the Family, and the Unconscious in Hegel's Philosophy*.

[3] Jagentowicz Mills, 'Hegel's *Antigone*'; Pateman, 'Hegel, Marriage and the Standpoint of Contract'; and Alison Stone, 'Matter and Form: Hegel, Organicism, and the Difference between Women and Men', in Kimberly Hutchings and Tuija Pulkkinen (eds.), *Hegel's Philosophy and Feminist Thought* (New York: Palgrave Macmillan, 2010), 211–232.

可以理解这点。本质上而言，这唯有通过大量的信仰、身份以及实践才有可能，其中的部分尖锐的与线性的时间和空间叙述相矛盾，即精神在 19 世纪欧洲被自我意识地实现为自我规定。粗略地说，黑格尔向我们表明，根据自由来理解的国家，不仅必须有大量的不自由存在，而且必须不断地努力根据自由来使得不自由成为可理解的。这些努力创造的意义永远都与最重要的叙述相冲突，因此对现代国家的运作造成了持续挑战，不管是通过对自我理解的认同是过高还是不足。[1]

　　如黑格尔所描述的，现代国家不是一个安全的结构，不是被家庭和市民社会的坚实、互补的建筑基石所加固的结构，现代国家是软弱的、脆弱的。家庭是这种领域，在那里，这种软弱性和脆弱性最明显地被经验到。国家需要个人、公民，但是，它只有通过大量相互矛盾的信仰和实践确保他们的安全，在其中，家庭既分离于公共领域，又被公共领域殖民化。这些矛盾必须在家庭成员的自我意识的理解和劳动中实现。家庭是一个这样的领域，在其中，女人是平等的和自由的，但是她们不能够承担公共角色。在公共领域，男人需要是父亲以及丈夫，但是得努力在面临工作和公民的要求中实现这些角色。在那里，儿子要求信任和爱的纽带，但是也被迫尽可能地摆脱那些纽带，以及相比对给予他们生命的父母，他们更绝对地认同我们可以愿意为之去死的国家。不管黑格尔对现代家庭本质之规范立场是什么，他对其前提条件和内涵的哲学解释破坏了家庭作为一个独立的、安全的个人德性的伦理领域之表象，家庭奠定了公共领域自由之恰当运作之基础，以及使之得以可能。根据他自己的解释，妻子的生活经验、丈夫以及儿子对自由的运作总是既是必然的又是危险的。

[1] 可以说，对黑格尔来说，问题主要在于对精神的过高认同，即在个体的层面的自我规定，这将导致女人干涉公共领域，而男人忽视他们作为父亲以及丈夫的义务。

"市民社会中的伦理性"：分裂、教化以及黑格尔对社会现代性疑难的超越

安德鲁·布赫瓦尔特

黑格尔《法哲学原理》的一个较为复杂的特征当属它赋予市民社会的规范性地位。在这部著作"伦理生活"（*Sittlichkeit*）这一部分中的市民社会，位于家庭与国家之间——它包含了黑格尔对现代市场社会的解释——也呈现为对伦理性的否定。市民社会多方面被描述为分开、分离、碎片以及分裂（*Entzweiung*）的领域，对黑格尔来说，市民社会被大量破坏个体自律和社会福利的病态的东西所笼罩——市场社会的支持者捍卫的诸特征。在其他东西中，市民社会促进了异化的劳动条件，挥霍性消费、社会下层的出现、殖民主义以及贫富差距的极大分化。在这个方面，黑格尔对市民社会的处理预示着后来的社会批判家的观点，像马克思、霍克海默、阿多诺、阿伦特、福柯以及哈贝马斯，他们以不同方式质疑现代市场社会的合理性以及规范可能性。

另一方面，黑格尔并不主张，市场社会完全没有任何可能的真正自主的或者更广泛的共同体概念。例如，他不会赞同哈贝马斯，对哈贝马斯来说，市场经济意指一种"无规范的"自我监管的领域，被个体利益最大化的策略算计所支配。[1] 相反，黑格尔坚持

---

[1] Jürgen Habermas, *The Theory of Communicative Action, Volume 2: Life World and System: A Critiqueof Functionalist Reason*, trans. by Thomas McCarthy (Boston, MA: Beacon Press, 1987), 185. 也参见 Axel Honneth, 'Labour and Recognition: （转下页）

认为，对道德和伦理的考虑仍然是现代市民社会的解释的核心。而且，他以比某些市场社会的支持者们更强劲辩护的方式进行论证。市民社会不仅实现了"主观性的权利"以及"主观自由的原则"，不仅是《法哲学原理》之前形成的首要的道德观念实现的领域，而且它表达了——尤其在总结同业公会的小节中——对个体与共同体关系的解释，它阐述了伦理生活的现代解释。事实上，市民社会（*bürgerliche Gesellschaft*）这个称呼不仅指个体在其能力上就是自私自利的利益最大化者——与自由主义传统中的资产阶级相同——而且，个体也作为公民（*citoyens*），在公民共和主义传统中，他们关注他们各自的福利以及共同体自身的福祉。在这些方面，市民社会，并不亚于家庭和国家，它构成了对伦理生活的解释。

在本章中，我探究黑格尔对"市民社会中的伦理性"的独特解释（PM §552R，译文有改动）。然而，我这么做，不是通过寻求伦理的诸观念，如某些人所做的，尽管在黑格尔的讨论中，这些观念可能产生各种不同的分歧或者伴随着分歧。我不强调在商业交换过程中呈现的相互承认的诸模式，隐含在现代劳动分工中的团结形式，或者市场关系中先于并巩固社会关系的伦理关系。[1]不管这些路径有什么优点，它们并不足以关注到黑格尔路径的个体化原则如何合理：塑造对市民社会伦理性的解释不是不管其分裂，而是因为其分裂。[2]他不仅在具体回应那些分裂中构成了伦理生活的

（接上页）A Redefinition', in *The I in We: Studies in the Theory of Recognition*, trans. Joseph Ganahl (Cambridge: Polity, 2012), 57–58。

[1]三条路径的要素都得到霍耐特有益的详细叙述，参见 Axel Honneth, *Freedom's Right: The Social Foundations of Democratic Life*, trans. Joseph Ganahl (New York: Columbia University Press, 2014)。至于对霍耐特在本书中对黑格尔的接受的评价，参见我的文章 'The Conceptof Normative Reconstruction: Honneth, Hegel, and the Aims of Critical Social Theory', in *Reconstructing Social Theory, History and Practice: Current Perspectives in Social Theory* 35 (2016): 57–88。

[2]对于黑格尔的市民社会解释赋予分裂积极意义的另一种传统导向的观点，参见 Joachim Ritter, *Hegel and the French Revolution: Essays on the 'Philosophy*（转下页）

观念,更确切地说,伦理性恰当地仅仅存在于整合和清楚表达分裂自身。在这个方面,黑格尔对市民社会疑难的回应支持了他的主张,即思维"既制造伤口,又再次治愈它"(EL §24A3)。它也与他思想的辩证倾向相符合,他的基本的努力就是要解释"它们统一中的诸对立或者……否定中的肯定"(SL, 56)。并且,它与他的哲学批判的内在观念相符合,因为它针对的是它自己的术语中会遇到的事态。

在提出这个解释时,我强调教化(*Bildung*)这个概念,有各种不同的译法,如 education(教育)、cultivation(培养)或者 formation(构形)。在黑格尔的用法中,教化指的是个体和社会培养的相同过程。在这个语境中,它很重要,因为它是市民社会的核心,因为它是市民社会本身的分裂结构的实例化表现。[1]黑格尔对这个概念的利用也具有重大意义,如在他发展对市民社会诸阶段的描述中,它自身经历的发展过程。在从需求的体系通过司法的行政到警察和同业公会的演进中,教化清楚表达了对个体和共同体关

<hr>

（接上页）*of Right'*, trans. Richard Dien Winfield (Cambridge, MA: MIT Press, 1982), 35–123, especially 62–81 and 118–119。在本文中提出的对分裂的理解与维尔默提出的理解相似,参见 Albrecht Wellmer, 'Models of Freedom in the Modern World', in *Endgames: The Irreconcilable Nature of Modernity: Essays and Lectures*, trans. David Midgley (Cambridge, MA: MIT Press, 1998), 337。然而,通过强调分裂与消极自由之间的联系,维尔默呈现一种基于个体和共同体的过度静态关系而对伦理性的解释。相反,这里提供的解读聚焦于主观自由,所形成的一种伦理性观点是通过一种构成性过程获得的,在这个过程中,个体和共同体的诸观念相互转换以及充实。对于黑格尔建立在他赋予分裂构成性地位的社会理论的一种当代运用,参见 Bernd Ladwig, 'Moderne Sittlichkeit. Grundzüge einer "hegelianischen" Gesellschaftstheorie des Politischen', in Hubertus Buchstein and Rainer Schmalz-Bruns (eds.), *Politik der Integration. Symbole, Repräsentation, Institution* (Baden-Baden: Nomos Verlagsgesellschaft, 2006), 111–135。

[1] 在详细叙述《精神现象学》的背景时,吕迪格·布布纳(Rüdiger Bubner)注意到黑格尔在他早期著述中获得的教化和分裂之间的独特关系。参见 'Hegel's Concept of Phenomenology', in *The Innovations of Idealism*, trans. Nicholas Walker (Cambridge: Cambridge University Press, 2003), 123–126。

系的一种解释，逐渐地足以实现适合于现代社会要求的伦理概念。尤其与同业公会一起，这个教化过程（*Bildungsprozess*）促进了"伦理如何返回到市民社会"（PR §249）。

这一点澄明了黑格尔对现代社会疑难的独特的重塑。当黑格尔预见后来的思想家质疑现代市场社会的合理性时，当他论证对社会合理性的解释只有通过改革如此社会的特有社会性模式时，他主张，进行如此改革的这些工具包含在市民社会自身中。在这个方面，他对现代疑难的回应仍然在内在批判的理论范围内，而且以他特殊的理性观念的特有方式。内在的批判不仅是这样的过程，即理论家们以其自己的合理性的诸规范照面有问题的事态的过程。相反，援用这个模型，适合于精神理念，即一个成为主体自身的实体的理念，黑格尔把内在批判解释为一种活动，通过这种活动，一个共同体在解决它所面临的自身弊病时，构成并首次建立了它自己的合理性。[1]

119
我对黑格尔立场的考虑有四个部分。第一部分，重述市民社会学说的一些基本要素，聚焦它表现或者不表现伦理生活的诸方式。第二部分，概述黑格尔重塑现代弊病的一般特征，指出造成伦理缺失的诸分裂如何也能为解释遭遇这种缺失的伦理生活提供工具。这里的焦点是论述教化，这一概念对市民社会理论是很特别的，它自身在理论阐述的过程中经历了一种构形过程。第三部分，考察上述过程在同业公会理论中达到顶峰，在那里，黑格尔以相当的教化观念，借助于原本破坏伦理的分裂结构，提供了对伦理生活的一种解释。第四部分，以考察黑格尔的计划以及从它产生的伦理生活的现代观念而结束。

---

[1] 参见我的著作 *Dialectics, Politics, and the Contemporary Value of Hegel's Practical Philosophy* (New York and London: Routledge, 2011), 9–14。

市民社会及其兴衰

我们开始重述黑格尔对市民社会及其作为伦理性领域的多层地位解释的诸要素。一开始，市民社会包含了他的现代市场社会的观点，似乎意味着明显缺乏伦理性。根据"一个原则"（PR §182），市民社会是指，诸个体被承认为占有特殊需求和利益的私人的社会领域。对于现代性和黑格尔呈现为主观自由的实现，特殊性原则是至关重要的，它支持一种"原子主义［Atomistik］的体系"（PM §523），在其中，诸个体，通常无理由地以及无限制地，唯独聚焦于寻求私人的自私利益。从这个视角来看，市民社会是由利益最大化者们所构成，他们很少表现出对伦理性核心的共同福祉的关切。当家庭与国家以不同方式具体化伦理联合时，市民社会——"差异的阶段"（PR §181）或者"分裂（Entzweiung）的层次"（PR §186）——个体与共同体之间的一种分裂关系被实例化了。

然而，市民社会因此不是霍布斯自然状态意义上的永恒冲突的场所（PR §289R）。如在"第二原则"中所表达的，它也意味着个体与共同体的体系性的相互依赖（PR §182）。援引了与"斯密、萨伊以及李嘉图"相关联的政治经济学理论（PR §189R）。黑格尔，在"需求的体系"中，主张现代工业社会，由商品的交换和渐增的劳动分工形成，他是根据下述这样一种逻辑进行的，即，一个个体的直接需求的满足不可避免地与其他人的需求的满足相互交织。市民社会表现出一种"辩证的运动"（PR §199），在那里，私人对特殊福利的寻求关系到所有人的福祉。这个"和解因素"（das Versöhnende）不只是个体财富最大化者自私自利的行动背后的看不见的手运行的产品（PR §189）。相反，形成市民社会的相互依赖性的体系，还会产生合作和相互的态度、对公共制度的支持、表现个体和共同福祉的规范的道德行动模式；以及"伦理意念"（PR §207），它根植于这种环境中，即诸个体"只有以一种普遍的方式规定自身的知识、意愿和行动，以及使得自身处于连续体链中的一环，才可能实现他们的目的"（PR §187）。在这些方面，市民社会清楚表达了伦理生活自身的诸要素："普遍性的统一自在地与主观的特殊性共在"（PR §229）。

然而，如果市民社会的确意味着"伦理的现象世界"（PR §181），它不可能被认为是对伦理性本身的一种解释。真正的伦理性依赖于理解以及积极地意愿他们共同性的诸个体。但是，市民社会的实在性的典型特征是，恰恰缺少如此明确的知识和意志。市民社会的诸成员可能"以一种普遍的方式"审慎地形成他们的行动，然而，仅仅因为他们赞赏，他们的私人目的凭借诸社会结构以及社会接受的诸实践最好地被实现。因此，他们缺少对普遍东西的承诺，以之为某种内在欲求的东西以及一种赞赏，即他们特殊的福利只有在共同性的关系中才恰当地被塑造。他们可能自身定向于共同的东西，但仅仅适合于给予需求和匮乏（Not）的一种体系：作为必然性（Notwendigkeit）的一个问题。缺乏的东西就是自由的意识，因此，诸个体意愿普遍调和本身的这些条件，并且基于这种理解即后者约束他们的自由和福利而这么做（PR §186）。虽然市民社会作为有差异的阶段，仅仅确实表现了相互依赖性的原则以及特殊性的原则，但它只能容纳这些原则之间的分离关系。它并不促进一种"完全的相互渗透性"（PR §1A），共同体的存在在于共同体成员的明确参与中，正如特殊性仅仅在个体自我意识认同他们的共同性中才完全得以实现。如果市民社会代表了伦理性的显现，它就仅仅是现象（Schein），而不是实在性。

121　　不过，不能将黑格尔的观点简单地理解为，市民社会意味着伦理性的单纯显现。他主张，这也是它的失败所在。在缺少明确地向成员部分地承诺他们共同性的这些条件时，市民社会产生甚至破坏伦理性现象学的大量弊端的东西。因此，黑格尔拒绝了亚当·斯密的观点，对斯密而言，社会的福祉通过市场这只看不见的手以及其所谓的自我监管和自我调节机制是可以实现的。[1]但市场机制可能表明总体的核心是现象，这种实在性是不和谐的。

在他处理市民社会时，黑格尔详细叙述了多种方式，以此方式，市场社会导致伦理性丧失。这些包括使得个体自律从属于现行的命令，即身体上和心理上都使人虚弱的工作安排，趋势就是以机器取代工人。然而，黑格尔对现代市场社会的阵痛的最大范围的陈述呈现在他对贫困的解释上，他争辩，这是市场经济的规范和"无限制的"功能的副产品（PR §243）。在财富最大化的诸个体的行动的推动下，市场社会出现繁荣—衰败的周期循环，生产过剩导致裁员以及就业率低下，从而导致了贫困的下层阶级的出现。下层阶级要求永久的措施，由于穷人被剥夺了经济资源，不再能够从传统社会延伸的家庭经济结构中获得支持，他们很少有机会获得技能以（重新）获得社会经济生活中的一席之地（PR §241）。但是，黑格尔对这种可怜的贱民的理解，如他称呼的下层阶级，主要不是聚焦于物质的剥夺，而是聚焦于耻辱和异化的相关心理。贫穷剥夺了穷人的自尊与自重。工作的丢失不仅剥夺了个体的自力更生的意识，这是现代社会的成员精神的核心；而且穷人也知道，他们缺乏社会的承认，这是基于个体努力的市场能力和绩效的一种秩序的核心。而且，意识到他们缺乏承认，穷人退回到他们自己对社会的承认，不仅通过嫉妒与怨恨，不仅通过对财富的愤怒，而且一般来说，处于与社会的对抗关系中，拒绝工作和成就的原则或者对立于社会秩序本身。

黑格尔分析贫穷的核心，不仅是可怜的贱民的经验，而且也是"富裕的贱民"的经验（PR 1821/1822, §244）。后者包括被无限制占有所吸引的诸个体以及致力于挥霍性消费的诸个体。以与一种

[1] 对于一种延伸的考察，参见 Lisa Herzog, *Inventing the Market: Smith, Hegel, and Political Theory* (Oxford: Oxford University Press, 2013)。

"现象"领域的市民社会相一致的方式，他们专注于个体价值的外在展现。[1]他们被一种贪婪所激发，这种贪婪导致更大的物质不平等和财富的两极分化。他们通过对雇佣工人提供最少的补偿而利用广泛的失业，"相应地，这就使得分化的财富更容易集中到少数人手里"（PR §244）。他们也对穷人展现出一种冷嘲热讽和漠不关心的态度，这进一步导致后者被边缘化和产生贱民心态。[2]

在回应贫困的问题时，黑格尔援引了这种类型的监管制度，这在斯密的现代市场社会中是缺乏的。它就是"警察"或者"公权机构"的功能，它"做出一些规定，以对抗仍然存在于上述体系中的偶然性"（PR §188）。然而，他也承认，如此的监管措施在解决贫困问题时仅仅具有有限的价值，因为它们通常会重复这些成问题的问题（PR §245）。精心设计的公共救济形式可能剥夺了个体的自力更生意识，缺少这一点是穷人缺乏自尊感的一个要素。相似地，通过公共创造的就业机会努力抵消贫困适得其反，因为它们可能导致最初造就的问题即生产过剩。因此，这个主张，即"尽管财富过量，市民社会并不走向富裕——也就是说，它自己独特的资源是不充分的——以防止过度贫困以及贱民的形成"（PR §245）。

但是，即使部分地承认如此措施的价值，黑格尔仍然质疑它们对解释伦理生活有所贡献的能力。事实上，他们重新肯定了导致他们需求的这些需求。从个体之为自我寻求的私人的观点进展，如此的进程可能仅仅缓解而不是消除这些对立的力量——充其量，那些东西包含或者平衡了互竞的利益。[3]它们不可能锻造一个联合，它恰当地和解这些对立，在这个联合中，特殊的个体明确地意愿

---

[1] Erzsébet Rózsa, 'Das Prinzip der Besonderheit in Hegels Wirtschaftsphilosophie', in *Hegels Konzeption praktischer Individualität* (Paderborn: Mentis, 2007), 194.

[2] 对于一种延伸讨论，参见 Frank Ruda, *Hegel's Rabble: An Investigation into Hegel's Philosophy of Right* (London: Continuum, 2011), especially Chapters 5 and 6。

[3] Rózsa, 'Das Prinzip der Besonderheit in Hegels Wirtschaftsphilosophie', 199.

普遍的东西，相应地，普遍的东西通过特殊的东西的认同而得以实现。

分裂、教化以及伦理构形的过程

因此，对伦理性恰当解释的清楚表达迫使注意力从市民社会领域转向国家，"伦理理念的现实性"（PR §257）。政治共同体的恰当场所，国家——或者政体——是公民的领域，而不是资产阶级。如在个体寻求私人利益时，反对偶然获得单纯表面的伦理性，一个政体的恰当伦理性是确定知识和意志的产物——伦理生活不仅是自在的，而且是自为的。当市民社会中的诸个体使得它们共同性的这些条件成为意志的一个对象时，政治领域中的诸个体这么做是为了自身的利益，而不是作为确保私人利益的一种手段（PR §258）。相应地，政治上实现的伦理性意味着自由的客观化，而不是必然性的客观化。它也实现主观自由，甚至自我存在的特殊性的原则，因为诸个体承认，它们特殊的身份最好在共同体以及主体间性的关系中实现（PR §260）。

然而，同时，培育伦理性并不要求拒绝市民社会，而支持国家。这个观点的诸要素可以在黑格尔早期著述中被发现，在那里，他捍卫被经济考虑玷污的公民宗教观念。然而，在《法哲学原理》中，以及事实上在自19世纪早期耶拿时期以来的著述中，黑格尔都坚持认为，市民社会，尽管有疑难，但它自身有助于恰当地解释伦理生活。事实上，他的独特立场是，这个解释只有通过利用市民社会的特有工具才有可能。造成市民社会伦理性丧失的分裂形式也是锻造伦理性现代解释的那些形式。

在这个努力中的一个核心要素是反思这个概念。对于黑格尔，伦理性根据个体与共同体的相互渗透以及彻底和解而被理解。然而，定义那种和解的东西，不仅是和解这个事实，而是反思性实践，通过它们，诸个体有意识地，或许也习惯性地，促进它们的共同性。对黑格尔来说，伦理性就是反思性的伦理性，这种伦理性"在自我意识中有它的知识和意愿，以及通过自由形式的行动而有其现实性"（PR §142）。伦理生活，植根于精神（*Geist*）的概念，这个精神被理解为主体自身的实体，这种伦理生活依赖于诸个体在认知上单独地以及协同地客观化自身的能力——以把它们自身以及它们的关系解释为反思的诸对象。这个能力是市民社会所促进的，作为分裂的领域，在黑格尔的实践哲学中的差异和对立，它也是"反思""反思的关系"（PR §181）以及"反思了的实在性"自身的领域（PR §263）。由于它的分裂，市民社会提供了伦理生活的恰当地差异化解释所要求的反思性客观化和自我客观化的这些模式，这种市民社会由诸个体构成，他们理解他们自己的福利与共同体的福祉之间的关系，并且依此而行动。市民社会内栖居着"国家的伦理根源"，部分是因为它的分裂产生了"内在地反思性的特殊性"，它是"一种认知的和思维的伦理生活"的核心（PR §255, 255A, 译文有改动）。即使他的解读的一些细节可以被质疑，但是阿尔布雷希特·维尔默（Albrecht Wellmer）已经抓住了黑格尔立场的主旨。对维尔默来说，黑格尔对个体主义自然法的接受代表着，"自由的一个基本维度的清楚表达，也就是，一种消极自由，它，通过破坏诸个体之间团结的纽带，同时反思……恢复团结的一种前提条件，这种团结是现代国家唯一的充分条件"。[1]

　　然而，要理解黑格尔对现代市民社会这些分裂的重塑，仅仅参考他的理性、反思、精神或者主体性理论是不够的。同样重要的是，诸对立要如何建设性地通过受影响的诸个体自身的有意行动而被取代。这里的核心是教育、培育或者教化（*Bildung*）概念，它被

---

[1] Wellmer, 'Models of Freedom in the Modern World', 22.

定义为"思想普遍性的培育"（PR §20）。一般而言，正是教化引导市民社会的诸成员改变关于他们与其他人和共同体关系的观点的片面性和"误解"（*Irrtum*）（PR §181A）。正是教化——进一步被描述为"向伦理生活的无限主体性的实体性的过渡"（PR §187R），培育了诸个体的伦理情感，它使得他们能够整合他们自己的自我观念，以理解他们自由和福利的主体间性的诸条件。[1]

然而，黑格尔在诉求教化时，并没有让现代社会照面外在的诸规范和期待。他并不支持《法哲学原理》的前言中禁止的这种做法：引导世界它应该如何。相反，他要求内在于市民社会自身的诸资源。[2]这是合适的，因为他把市民社会描述为"教化的阶段"（PR 1819/1820, 148），又是"差异的阶段"。在这个构想中，教化不同于分裂，基于家庭的培养建立在"仍然没有对立的直接性情感的形式"之上（PR §175）。相反，教化表现出了市民社会典范的分裂诸形式。它从自我存在的人格进展，促进了主观自由，采取了"努力工作"的形式以针对改造自然直接性（PR §187R），存在于特殊与普遍之间的持续的冲突中，肯定在思想中反思的普遍东西，以及实例化注入市民社会的反思之诸二分关系。

黑格尔对市民社会中教化的解释进一步突出了它的动态性质。事实上，教化呈现在这里采取了它自己的一种发展的学习过程。关于这个过程，有两点可以提出来，它们描绘了从需求体系通过司法管辖到警察和同业公会的演进。这两点都把一种社会——文化的学习过程与分裂的现象联系起来。第一，这个过程的推动力在于逐渐努力解决以及纠正困扰市民社会的弊病。第二，它采取了一种演进式方式（重新）校准下述问题的形式，即构成教化的分裂之诸模式

125

---

[1] Rózsa, 'Das Prinzip der Besonderheit in Hegels Wirtschaftsphilosophie', 201.

[2] 对于市民社会解释为一种教化共同体，参见 Klaus Vieweg, *Das Denken der Freiheit. Hegels Grundlinien der Philosophie des Rechts* (Munich: Wilhelm Fink, 2012), 293–296。

如何形成算作教化的东西。教化在第一个阶段赋予了不利于伦理性目的的效用最大化策略；在第二个阶段，支持形式司法的概念，以解决需求体系中遭遇的问题；同时引入一种新的教化，即最后阶段的教化——尤其在同业公会中——实现一种真正解释的伦理生活要求的个体与共同体之间的复杂和解。而且，通过建设性地挪用那些目前为止妨碍伦理生活的分裂工具，而这么做。事实上，在这个阶段的教化清楚表达了精神自身："精神只有通过内在的划分，通过把这个限制和有限性施加于自身……以及，在让自身适应那些限制的过程中 [*sich in sie hineinbildet*]，通过克服它们以及获得它的客观定在，而获得它的现实性。"（PR §187R）本章接下来的部分考察在这个最后的以及"真实的"形式所表现出的教化（PR §187A）。当前这个部分的剩下内容考虑前面两个阶段阐述的教化。

在解释市民社会时，黑格尔描述了诸种方式，以此方式，教化在培育主观性的过程中"努力工作"、清除以及改造被给予的直接性，即现代社会的一个核心原则。在需求的体系中，采取了理论和实践教化的诸形式，它们都是直接地关联于为现代商业社会的有效参与创造条件。理论教化教育抽象的推理技能，它是在复杂的、差异化的以及成长导向的社会中寻求生存所需要的，包括"以一种快速的以及多技能方式"思考的能力，"把握复杂和一般关系的能力等"（PR §197）。实践教化培育掌握技术和社会技能以及行为习惯，这是市场经济中有效表现所需要的。两种教化都清楚表达了教化的一般观念——培育个体理解普遍。然而，在两种情形中，都需要一种工具主义，因为它，普遍的东西基本上被承认为推进需要和目标的一种策略。

司法管辖表达了一种更高的教化形式。在这里，教化也培育普遍的和共同的一种意识，然而不再只是为了实现最大化效用的偏好。相反，培育了的意识假设一种更加反思性的形式，被理解为基于支持和维持有助于现代商业社会运作的法律结构的一种权利意识。[1]这里包括对一种公正、公平和形式上编订的司法体系的支持；也包括一种权利意识，在其中，诸个体承认彼此都是权利的平等承载者——作为同样被尊重的人格，也就是，出于他们的人性，而不是出于特殊地位的考虑。正是通过教化——"以普遍性的形式思考为个体的意识"——"一个人算作人，因为他是一个人，而不是因为他是一个犹太人、天主教徒、新教徒、德国人、意大利人等"（PR §209R）。

而且，培育这种情感的教化不像黑格尔所说的世界主义那样抽象地呼吁普遍人权。注重个人享有平等权利的心态，是社会——历史学习过程的一部分，与一种原则上基于对绩效和成就的精英主义评价的经济秩序相关联。在这个意义上，诸个体把彼此当作人格的反思性能力不是一种具体洞见或者抽象认知的产物，而是在一种文化中的成员资格的功能，在这一文化中，作为日常实践，诸个体倾向于"根据普遍的原则"调节他们的意志（PR §209A）。在现代社会中，一种反思性的权利意识成为一种习俗实践的问题，正如习俗本身，被黑格尔认为——对立于历史法学派——"包含成为思想和被认识的这个环节"，就是由这个反思性所形成。

虽然，黑格尔并不是说，被培育的权利意识仅仅提供支持一种现代法律体系要求的文化资源。他也主张，这个体系仅仅通过如此的意识恰当地获得实在性。被理解为自我意识自由的实现，一种权利的体系依赖于它对对象认识和支持那种体系的能力，那种体系是它与之关联的，并且表现出他们日常生活环境。当现代个体的生活实践被体现在现代法律结构中的普遍原则所形成时，权利的体系，仅当"被那些它适用的人承认、认识和意愿"时，才要求"有效性和客观现实性"（PR §209）。

那么，在多个方面，司法管辖这个部分清楚表达了个体与共同

---

[1] 参见 Vieweg, *Das Denken der Freiheit*, 307–308。

体关系的解释比需求体系中的情形要更为丰富和更加复杂。然而，同时，通过司法的行为，这些可用的资源不可能恰当地容纳伦理性本身。两个相关的问题必须被提到，两者都与这个阶段的教化如何失败于和解普遍和特殊有关。

第一，司法的管辖仅仅为一种抽象的司法概念予以承认，一种指向普遍权利的一般概念以及根据共同的人性对每一个特殊的个体的承认。它无法解决伦理性和市民社会的一个核心关切：针对作为特殊的特殊个体的一般福利。这个失败与现代贫困的现象有关尤其明显，这揭示了市民社会的实际运作如何——反映在市场经济的繁荣—衰败周期中——实际上破坏了所有人作为社会成员形式上被授予的很多基本权利。[1] 贫困引起对"消极"自由权利可用性的质疑。保护个体免于人格和财产侵犯的权利对于穷人和失业的人没有什么意义，由于市场社会的实际运作，他们不仅缺少财富，而且有可能失去人格性本身，因为黑格尔——拒绝康德在人格与物之间的区分（PR §40R）——部分地依赖于财产以及获得财产所需的

[1] 这里，我不可能根据市民社会的成员资格详细地处理个体享有的权利。也许只要注意，在黑格尔对实现自由的解释中，市民社会的成员资格本身就意味着一系列的个体权利，并且是以《法哲学原理》前面没有过的方式。鉴于在复杂的工业社会诸个体只有具有共同社会的成员资格才可以谋生，相应地，那些社会必须确保诸个体有机会这么做。"如果一个人要成为市民社会的一个成员，它在与社会的关系中具有权利和主张……市民社会必须保护它的成员以及维护他们的权利，正如个体对市民社会的权利负有义务一样。"（PR §238A）这些权利不仅包括消极自由的权利和某种层次上的政治参与权利，而且包括积极的社会或者福利权利。构成市民社会的相互依赖性的体系是如此这样的，以至于"诸个体的生活和福利应该得到保证——例如，特殊的福利应该被当作一项权利，以及恰当实现的权利"（PR §230）。然而，黑格尔也坚持认为，典型的在现代社会实现的权利体系仍然只在形式上有意义，定向于正义和平等的普遍原则不能充分谈及物质的不平等以及"无权利"的诸形式，这种"无权利"与财富的巨大差距相关，以及相关于与市场动态相联系的紊乱和不安全感。进一步参见我的文章 'Hegel, Human Rights, and Political Membership', *Hegel Bulletin* 34 (1) (2013): 98–119. 也参见 Klaus Vieweg, *Das Denken der Freiheit*, 309–336.

工作条件（PR §§41, 241）。另外，财产引起人们对"积极"福利权利提供的保护的质疑，由于穷人实际上通常被剥夺了工作、健康、生存以及甚至生命本身（VNS §118）。而且，穷人不可能利用自己的政治权利：没有必要的资本和资源（教育、技能、服饰和健康），他们实际上都被禁止参与集体形成政治生活的论坛。穷人无法证明黑格尔与现代社会文化的成员相关联的权利意识。他们不仅认为自身缺乏形式上被授予的权利，而且认为被剥夺了在文化上被致力于经济自力更生的诸原则所定义的一个社会中成员资格的诸权利。因为他们被承认为一个社会中的正式成员，对于这个社会来说，成员资格与拥有权利相关联，所以他们展现了一种"无权利的感觉"（PR 1821/1822, §244），即被剥夺了社会政治权利的内在化的感觉。

但是——这就是这个阶段教化的第二个问题——甚至，对那些经验它的人而言，这里呈现的权利意识仍然不同于恰当的伦理情感。如此的意识采取了正直的形式，共同体成员认真支持保护权利和追求个体需要满足的诸制度和实践（PR §207）。同样，权利意识仍然与资产阶级私人的关切相关联。它不是伦理的意识本身——这些了解以及据此理解行动的人的心态，即他们的身份和福利被主体间性地以及在共同福祉的条件下被构成。[1]

黑格尔以警察和同业公会的理论回应这些问题，两者都代表了对特殊和普遍关切的更全面的和解。警察意味着这种已经提到的中央公共权威，它负责监管商业，坚持认为诸资源能使得个体在市场社会中起作用，并且对穷人和贫困人口提供援助。同业公会意味着，自我组织的职业和工作相关的协会，致力于促进它们成员的福利。从实现伦理性的视角来看，同业公会是首要的选择，因为它代

[1] 对于正直与伦理情感之间的关系，参见我的文章 'Hegel's Concept of Virtue', in *Dialectics, Politics, and the Contemporary Value of Hegel's Practical Philosophy*, especially 163–166。

表了一种"内在的",而不仅是"外在的"对个体与共同体关切的调和。事实上,同业公会是这样的场所,在那里,"伦理返回到市民社会"(PR §249)。黑格尔的立场反映在这里教化起到的独特作用中,以及后者如何有助于实现回应市民社会急需的伦理概念。

同业公会以及伦理(*sittlicher*)教化的理念

我们首先指出,同业公会的成员资格如何影响特殊个体的福利。一种方式是,通过工人的培训计划以及对那些受到市场社会动态不利影响的人的物质援助。另一种方式是,通过关注被那些受到市场力量不利影响的人经验到的心理弊病——耻辱感以及弱化的自我价值。同业公会机构解决这些弊病,因为它们的组织结构承认以及重视个人的成员资格和独特的技能、才干、能力。如果市民社会中的成员资格可能使得个体感觉像一个"非人"——充其量,一个法人形式上与其他人无别,同业公会承认他或者她是"某人"(PR §253)。

如此的承认形式是一个个体通过同业公会或者"等级"成员资格而具有的"荣誉"(PR §253)。黑格尔断言,当荣誉更平常地与传统社会联系在一起,他对这个术语的使用适合于现代社会以及它们的和解体系(PR 1819/1820, 205)。按照他的观点,一个个体值得被重视或者获得荣誉,不是由于某种内在的特性或者品质,而是因为他被同业公会的正式会员承认。然而,重要的不是承认本身,而是预示它的"表象"(*Vorstellung*)。一位同业公会的成员,在被承认拥有被成员们理解定义成员资格本身的普遍才能和能力时,要求获得荣誉。按照黑格尔的说法,他或者她不被承认是一个个体而是一个普遍的具体体现时,他或者她被授以荣誉(PR 1819/1820, 204–206)。正是通过如此"媒介的表象"——被其他人根据普遍

的规范承认——这个人格以市民社会原本缺失的方式被承认：因为 130
他或者她的独一无二的特殊性（PR 1819/1820 Ringier, 151）。

黑格尔以教化概念来确定同业公会荣誉，即"培养思想的普遍性"。如在其他地方，正是认为个体体现了普遍范畴的这种能力构成了"同业公会精神"以及同业公会共同体的培育意识（PR §289）。但是，重要的是要理解这里的独特之处。黑格尔已经在司法的管辖中提到，教化如何灌输给共同体成员普遍性的意识，这是人格平等权的社会肯定所需要的。然而，因此法律体系解释的普遍性与一个个体的普遍人性相关，同业公会共同体这么做与他或者她的人格特殊性相关。与同业公会荣誉关联的这种"教化的反思性"关注"所有特殊性中的个体性"（PR 1819/1820, 205）。正是在"普遍东西中的特殊东西的这个根源中"（PR §289），同业公会容纳致力于调和普遍与特殊的教化概念。它也有助于实现基于如此调和的伦理性概念。

然而，黑格尔的观点不仅是，同业公会会员资格势必需要一个培育的共同体，它致力于承认特殊个体的价值。他的观点是，同业公会共同体的"目的"在于个体的培养（VRP 3: 710）。作为一个"某人"，仅仅被承认他或者她是谁，一位同业公会成员可能放弃市场社会中典型地毫无限制的这种实践，即通过成功的外在表现寻求承认。相反"一个人的荣誉"展现出一种自主的自我控制，基本上不受到"未培育的"财富和权力切的影响。称之为教化的"最高形式"（VNS §91），黑格尔强调如此心无旁骛的个体的"简单性"（*Einfachheit*）。然而，在这么做时，他并没有以卢梭的方式倡导这一观点，即个体的培养聚焦于孤独地自力更生（PR §153A）。他的论点排除了自主的自我性依赖于被共同体成员提供的承认。它也被市民社会本身所排除，在那里，个体的生存与身份不可避免地与作为一个整体的社会的命运联系在一起。在捍卫简单性时，黑格尔的观点并不是要否认那些纠葛，而是要以新的眼光看待它们。不是以现代市场社会中常见的工具性方式来设想个体与共同体的关系、自我与他者的关系，而是以个体的身份只在那些关系中被充分构成的方式设想个体与共同体的关系。正是在这个承认中，个体的身份的获得不是"原子主义式的"，而是通过共同的关系，真正的人格性被首次建构——"有机地培养的特殊性"（VRP 4: 622）。如此的主体间性的和解关系也解释了培育的诸个体的简单性。

对同业公会的存在如何有助于个体的伦理培养这个问题的理解也必须考虑个体与共同体关系的反思性本性。与一般而言的教化一样，被一个同业公会成员经验的东西采取了关于他或者她与共同的东西的关系的"洞见"或者"知识"的形式（PR 1819/1820, 202）。对反思的依赖源自下述这个事实，即，作为市民社会的诸成员，这些个体首先根据他们的特殊性来理解自身，因此需要把握他们的"私人"与他们的"实体性的"自我之间的关系。另外，如此"真正的意识"（PR 1819/1820, 207）需要纠正困扰大部分市民社会成员们的"误解"，对他们而言，明确地关注他们相互福利的这些条件与他们个人的福利并不相关（PR §181A）。对反思的如此依赖是伦理生活本身要求的，它所意指的个体与共同体的相互渗透必须不仅对于第三人称分析是明显的，而且对于参与者本身也是明显。

但是反思并不因此采用从日常生活的运转中抽象认知具有的形式。培养导致的这种简单性部分是它塑造的更广泛的规范性承诺，是习俗和习惯的问题（PR 1819/1820 Ringier, 152）。一个有教养的人格"呈现在他所做的每一件事中"（PR §107A）。然而，诉求习惯并不否认黑格尔伦理教化解释的核心性思想。他的观点只不过是，在同业公会共同体中，对共同福祉的反思性承诺现在是特殊人格的日常实践的部分。"有机培养的"人格性的一种构成性特征是习惯地理解他或者她自己的目的与共同体的目的相互依赖。

这些考虑与同业公会成员资格的共和主义维度有关。因为一个个体承认，他的身份完全在共同关系中被构成，他支持作为日常实践问题的共同体及其福祉。在承认"他属于一个整体时……他对这个整体的不太自私的目的感兴趣，并且努力促进之"（PR §253）。的确，黑格尔的观点不是，个体只有通过同业公会的成员资格促进共同的福祉。如果不确定，正是被理解为相互依赖的体系的市民社会的一般特征，诸个体可以仅仅通过寻求私人的自私自利而贡献更大的善。虽然，差异在于，在同业公会中，原本是一种"无意识的必然性"的东西成为知识和意志的一种明确的对象（PR §255A）。像一般而言的市民社会的成员，同业公会的成员们聚焦于满足他们的特殊需求。然而，作为同业公会的成员，他们理解，不仅那些需求的满足，而且他们作为人格的特殊性都与支持整体的意识活动相关联。

黑格尔的潜在立场是对伦理行动本身的反思性本质的一种解释。在代表整体时，诸个体不仅指向共同体，而且指向共同体理念本身——作为共同体的这种共同体（VRP 3: 709）。如此的反思性是同业公会成员特殊的伦理意识的恰当形式，它从分裂的事实出发，指向的不是一个前存在的共同体概念，而是共同体的一般条件。但是，对"作为一个普遍目的"的普遍关注（PR §251）也是恰当地培育意识的一个特征：培养被理解为对思想普遍性的承诺。在这里，同业公会意识清楚表达了"真实的教化"，意味着"真实的原创性"。表达一个"自由主观性"的"无限自我规定"的同业公会共同体由这样的诸个体构成，他们使得共同体的理念本身成为知识和意愿的一个对象（PR §187R, 187A）。正是以这个规范性地自我反思性的坚实形式，"教化是绝对的一个内在环节，以及它具有无限的价值"（PR §187R）。

相似地，黑格尔断言，同业公会标示的伦理联合本身是反思性地构成的。算作同业公会共同性的东西不是一系列共有的实体性目的或者价值。这被激发同业公会共同性的分裂所禁止，以及被它所围绕的独立自存的特殊性原则所禁止。相反，黑格尔提倡，有益的东西已经被称为伦理生活的一种形式观念。[1]与黑格尔把它与一种培育的共同体关联的这种反思性一致，伦理生活的实体性统一仅仅是定义以及重新定义他们共同性的这些条件的共同体成员的实践。

同样，伦理生活的这种实在性是反思性地被构成的。伦理性并不清楚表达一种假定的但是存在于建立他们共同性的诸个体活动中的存在秩序。在同业公会中，"伦理统一体……成员自身的共同努力［*Mitwirkung*］所产生"。同业公会团体就是从事团体本身的事务。诚然，如此参与已经被促进伦理行为的现存实践和机制所塑造以及事实上被培育。[2]然而，如果伦理参与依赖于一种现存的伦理秩序，伦理生活本身——自我意识自我的现实性——仅仅在那些致力于他们伦理共同性的这些条件的诸行为中获得实在性。伦理性核心的知识和意愿的这些模式可以在"伦理存在"（*sittliche Sein*）的领域中具有他们的"根基"，但是伦理性本身"通过自我意识的行动获得其现实性［*Wirklichkeit*］"（PR §142）。

而且，各种机制，包括同业公会（PR §263），都反思性地被构成为整体。在黑格尔的特殊理解中，各种机制并不是被附加到行为者行为上的诸结构或者实践。作为自由普遍实现中的诸要素，诸同业公会机制恰当地存在于诸个体的意识活动以及表达他们意指的调和性次级结构中，并且通过它而实存。[3]各种机制，像宪制，复制了宪制的形态，它们都与特定的个人以及"他们朝

［1］Axel Honneth, *The Struggle for Recognition: The Moral Grammar of Social Conflicts*, trans. Joel Anderson (Cambridge, MA: MIT Press, 1995), 173.

［2］Honneth, *Freedom's Right*, Part 1, Section 3: 'Social Freedom and the Doctrine of Ethical Life', 42–62.

［3］对于黑格尔制度理论的相关处理，参见 Elisabeth Weisser-Lohmann, *Rechtsphilosophie als praktische Philosophie. Hegels 'Grundlinien der Philosophie des Rechts' und die Grundlegung der praktischen Philosophie* (Munich: Wilhelm Fink, 2011), 228–231。

向一个普遍目的的活动"的"本质性的自我意识"相关联（PR §264）。黑格尔对国家所谈论的，一般而言，都同样适用于同业公会，即"更小的国家"（VRP 4: 621），"正是诸个体的这种自我意识［*Selbstgefühl*］构成了［它的］现实性"（PR §265A）。

这一切都不表明，黑格尔把同业公会的成员资格视为伦理生活的完全实现。作为最终的表述，它在几个方面都存在缺陷。它仅仅关注特定职业实体中的成员资格，而不关注一般的社会。算作同业公会成员的人主要是行业的专业人员，因此排除了很多受贫困影响的人。并且，它的共同性概念源自诸成员的"内在的相似性"（PR §251），因此无法适用于一个真正整体所要求的社会差异。在这个方面，对伦理性的充分解释需要过渡到黑格尔的国家所代表的政治共同体的确定理论。

然而，对这点的赞赏并不会降低伦理生活体系的诸同业公会的核心地位。如果后者在政治共同体中得到充分表现，那么，政治共同体作为有区分的整体的地位，仍然依赖于同业公会组织。因为一个政体是在普遍和特殊的媒介中被构成的，它依赖于对特殊性以及特殊个体的一种成熟解释，这种解释是市民社会理论的任务，本质上而言，是同业公会的任务。诚然，依赖于同业公会是作为一种机制上差异的整体的政体地位所需要的——"一个清楚表达的整体的各个部分本身形成了特殊的从属领域"（PW, 263）。同样，一个政体依赖于诸同业公会——拥有家庭，"它是公共自由依赖的支柱之一"（PR §265）。

相似的，诸同业公会有助于构成在国家中要求完全阐述的反思性伦理性。经济上构想的同业公会组织培育了一个政体要求的伦理意识——基于对人们私人的福利和共同体福祉之间关系的赞赏。另外，这种同业公会，在黑格尔的制度差异的政体中，实例化了这些中间协会的形式所需要的现代国家的规模、尺度和复杂性上培养政体共同体的伦理情感。事实上，正是由于它们有能力在现代条

件下培育伦理意识，黑格尔称同业公会为"爱国主义的秘密"（PR
§289R）。而且，一个同业公会共同体是这种场所，在其中，诸个体
为了应对市场社会的弊病，首先确立一种反思性构想的伦理意识，
指向他们共有的共同性条件的一种伦理意识。并且，完全多样性的
同业公会共同体培养了对那种共同的认同感的赞赏，这种认同感是
适用于一个存在内在差异的政体的伦理共同体概念的核心所在。

结论：现代伦理生活的概念

在本章中，我已经寻求澄明黑格尔对市民社会中的伦理生活的
理解。澄清他的立场是重要的，因为市民社会，是《法哲学原理》
中对伦理生活一般解释的一个构成部分，同时也是代表伦理性普遍
丧失的领域。聚焦于造成这个丧失的分裂，我的论点是，黑格尔根
据其辩证理论的总体目标，不是不顾及，而是因为它的分裂，而对
市民社会伦理性进行了解释。我已经对教化这个概念予以了特殊的
关注，这个概念不仅是市民社会理论的核心，而且也阐述了它的分
裂。黑格尔对教化的使用是值得注意的，因为这个概念本身就经历
了一种教化过程——从需求的体系，通过司法管辖到同业公会。我
135 强调教化在同业公会中起到的重要作用，因为，正是在这里，黑格
尔不仅提供了对市民社会伦理性的解释，而且通过建设性地运用原
本破坏伦理性的分裂结构而这样做的。在把这个解释呈现为一种内
在教化过程的产物时，我也寻求表明，黑格尔，符合它内在规范性
分析的路径，提出了对现代社会病态的批判和纠正，这些弊端不是
被理解为外在的运行，而是被理解为受影响的诸个体的所作所为。

产生于黑格尔市民社会理论的伦理性概念具有一种明显的现代
特征。不同于那些可能诉诸亚里士多德和古典希腊思想的观念，它
并不奠基于一种哲学的人类学或者对人类本性的一种政治理解。黑

格尔赋予自我维系的特殊性的现代原则以及与之关联的社会分裂以优先性，就阻碍了这点。相反，伦理性的一种现代解释是经由差异和反思性完成的，它的前提是重建现代的个体和共同体概念。一方面，黑格尔提出一种基于个人承认的伦理意识概念，他们承认他们的个人利益最好在共同体中寻求，他们的特殊性在相互的关系中恰当地构成，共同体具有内在的价值以及工具性价值，并且它将作为共同体而得以支持——规范地可取以及经验地实存。另一方面，他提出了一种伦理生活的概念，这个概念回避了诉求一套前存在的价值或者一种假定的存在秩序。为了应对由各种不同处境的集体和个体构成的分裂的社会现实，现代伦理性采取了这样一种共同体的形式，它的"实体"在于成员们澄清、定义以及建立他们共同性条件的活动。相似地，由共同体之成员们对他们相互依赖性的意识塑造的共同体也是这样一种共同体，在其中，诸个体关注彼此的物质福祉以及个体价值的概念，这种价值最低限度地关注原本市民社会"景象"中反映的外在成功的标志。再者，伦理性所标示的一种共同体是在其成员们对他们的相互性和共同性的认知和意愿肯定中得以建立和维系，通过参与各种不同的构成现代政体的次级政治领域而得以促进的某种东西。并且，对在普遍和特殊中形成和维系的一种多样化构成的政体来说，伦理生活依赖于持续的更新和重新效准过程，即在一个共同体使自身服从确定的自我反思的能力中的必然不完备性所进一步决定的某种东西。对黑格尔来说，现代社会培育了一种明显的现代伦理性概念，通过市民社会本身特有的差异和反思性模式而培养和维系的。

关于伦理生活的这个观念，有许多问题可以被提出。一种同业公会中构想的伦理性概念真的反映了内在与现代市场社会的倾向和可能性吗？或者它依赖于与那些社会内在构想的那些重构不一致的假设吗？经济合作组织事实上可以支持足以解决现代社会中有弊端的伦理生活的一种解释吗？当代的社会适应，甚至重构性地适应现

136

代伦理性要求的个体和集体学习的过程吗？黑格尔在他建设性地运用的那些分裂中已经充分地整合了现代分裂的力量吗？同业公会表达的普遍和特殊的联合如何与后来《法哲学原理》中阐述的君主制模式相吻合？一种同业公会构想的伦理性可以解决全球化层面的市场机制的运作相关联的弊端吗？

在这里不可能谈论这些问题。相反，我试图做的是澄清黑格尔关于市民社会伦理性的复杂主张。我已经论证，黑格尔不是提出一种塑造出来反对他如此尖锐描述的分裂病态的伦理性概念，他呈现的是通过分裂的建设性运用而产生的伦理性。因此，我详细叙述了黑格尔的无疑现代的伦理性概念，一种差异的和反思性地中介的伦理性，它利用了形成现代社会的这些对立。我也已经阐述了黑格尔对现代社会提出的这些挑战的独特回应，即致力于"直面否定的一面，并且与之抗争"（PhG, 19）。而且，通过专注于指向培养主观特殊性的教化概念，我已经肯定了他对现代主观性的独特挑战，它涉及的是主观性本身的资源。并且，通过专注于黑格尔诉诸的现代社会本身特有的诸规范和实践，我已经寻求澄清，他超越社会现代性疑难的内在先验特征。所有这一切都是黑格尔批判性地重构现代社会的特征，并且，可以说，所有这一切今天继续向我们诉说。

为什么伦理生活是脆弱的: 黑格尔《法哲学原理》中权利、市场与国家

汉斯–克里托夫·施密特·安布什

在黑格尔主要的社会和政治哲学著作《法哲学原理》中，他宣称的意图要表明的是，欧洲正建立的国家形式实现着他称之为"概念"的东西，因此是"合理的"。展现出这种类型的合理性的国家，无论是在它们的特征上还是在功能上都不仅是完全可理解的，而且也是实体，它们允许公民们在他们日常的和政治的生活中"与自身同在"（ *bei sich selbst* ）（ PR §7A, 也参见 §268 ）。[1] 因此，按照黑格尔的观点，它们能把公民导向一种伦理生活（ *ein sittliches Leben* ）[2]，在这种伦理生活中，自由得以实现，与社会和政治世界的和解得以实现。[3]

---

[1] 例如，参见 Robert Pippin, *Hegel's Practical Philosophy: Rational Agency as Ethical Life* (Cambridge: Cambridge University Press, 2008); Ludwig Siep, *Der Staat als irdischer Gott. Genesis und Relevanz einer Hegelschen Idee* (Tübingen: Mohr Siebeck, 2015); 和 Klaus Vieweg, *Das Denken der Freiheit. Hegels Grundlinien der Philosophie des Rechts* (Munich: Wilhelm Fink, 2012)。

[2] 在本章中，我都使用术语 "ethical life" 翻译 Sittlichkeit。相应地，我使用单词 "ethical" 翻译 sittlich。

[3] 参见 Frederick Neuhouser, *Foundations of Hegel's Social Theory: Actualizing Freedom* (Cambridge, MA: Harvard University Press, 2000) and Michael Hardimon, *Hegel's Social Philosophy: The Project of Reconciliation* (Cambridge: Cambridge University Press, 1994)。

更确切而言，黑格尔明确主张，国家必须具有一种特殊的基本结构，以为了实现这种类型的合理性。[1]这个结构有两个伦理"领域"构成（PR §261），即"家庭"和"市民社会"，在那里，人们具有合法保证的空间以培养和维系私人关系以及追求他们自己自由意志的经济活动。同样，黑格尔把政治国家[2]理解为一种伦理领域，这个领域的功能在于给予公民们可能性以认同作为"一个整体"的政体（PR §253），因此获得一种自由和和解的"意识"（PR §268）。

黑格尔成功地实现了上文概述的哲学计划吗？他能够充分地解释他一生中欧洲出现的社会和政治结构如何把人们导向一种伦理生活吗？这已经不断地被否定了。许多批评者们已经指责黑格尔低估了市民社会产生的和危及伦理生活的这些张力和冲突，以及高估了政治国家可以建立培养伦理生活的制度的这些前景。这个评价很早就被黑格尔的学生们和黑格尔左派们[3]表达了，它促进了马克思、马克思主义以及当代批判理论中发现的另外一些国家和社会理论。

这个批判得到辩护吗？毫无疑问，黑格尔在他的所有研究中都不断地表明，现代国家可以"扬弃"（aufheben）市民社会出现的这些张力和冲突，因此引导人们去过着伦理的生活[4]——这一立场，鉴于19世纪和20世纪的历史发展，难以得到辩护。但是，黑格尔的立场实际上远比那些批评家们假设的要微妙得多。事实上，黑格尔似乎在他的《法哲学原理》中确立了一些观念，以解释为什么

---

[1]认为黑格尔的思想是极权主义的批判者们没有考虑到这一点。例如，参见 Karl Popper, *The Open Society and its Enemies, Volume II, The High Tide of Prophecy: Hegel, Marx, and the Aftermath* (London: Routledge & Kegan Paul, 1945)。

[2]黑格尔在狭义和广义两种意义上使用单词"state"。在狭义上，"state"指的是政府的各个分支机构以及它们的行政部门。在广义上，它指的是作为一个整体的政体，包括家庭和市民社会的诸领域。

[3]参见 Michael Quante and Amir Mohseni (eds.), *Die linken Hegelianer. Studien zum Verhältnis von Religion und Politik im Vormärz* (Paderborn: Wilhelm Fink, 2015)。

[4]仅仅提到一个这样的例子，参见 PR §260。

市民社会在伦理上是矛盾的，以及为什么国家不能够抵消如此社会在伦理上的消极影响。[1]如果这种解读得到辩护，那么《法哲学原理》本身可能就不是一部没有张力的著作。

如我将在下文中表明的，黑格尔可以被认为是指出了现代伦理生活脆弱性的一位理论家。为了确立这个视角，我首先准确地解释，根据黑格尔，市民社会成员们的伦理意念所包含的东西，以及为什么私人权利（Privatrecht）构成的市场在伦理上是矛盾的。因为黑格尔相信，市场对于在制度上保证市民社会的伦理意念是必然的，这就提出了这种问题，是否现代国家可以减轻市场在道德上的腐蚀性影响或者培养对所有公民都开放的一种独立形式的伦理生活。如果人们紧密追踪黑格尔对这个主题的评论，似乎这两种可能性都未向国家敞开。因此，黑格尔的反思产生了这种结论，即现代世界的伦理生活不可避免地是脆弱的。

139

市民社会成员的伦理意念

黑格尔相信，在欧洲，在他的一生中，一种新类型的社会正在形成："市民社会"（bürgerliche Gesellschaft）。市民社会的起源把他导向 18 世纪晚期和 19 世纪早期的政治和经济剧变，著名的是，法国大革命和英格兰工业化的传播。如黑格尔在《法哲学原理》中强调的，市民社会与其他类型的社会的不同不仅在于制度层面上，而且也因为它们的成员们具有与其他社会成员们不同的"伦理意念"（sittliche Gesinnung）：

---

[1] 斯洛莫·阿维纳瑞（Shlomo Avineri）正确地强调了，黑格尔对"财产的问题""没有解决方案"。参见他在著作中的启发性讨论，*Hegel's Theory of the Modern State* (Cambridge: Cambridge University Press, 1972), 147–154. 如我们应该看到的，我们寻求解决的伦理矛盾不仅仅影响着穷人，而且也影响了现代社会的其他成员。

> 伦理意念……因此是……每一个体通过自我规定的过程，使得自己通过他的活动、勤奋和技能成为市民社会诸环节之一的一名成员，并且以这个能力养活自己。只有通过与普遍的这个中介，他才同时照料自己，并且获得对别人的承认以及别人对自己的承认。(PR §207)[1]

应该如何理解这个论证呢？关于个体各种表现的意义，接下来必须首先得到确立：当黑格尔谈论一个男人[2]使得自己成为"诸市民社会环节之一的一名成员"，某人"照料自己……仅仅通过与普遍的这个中介"，他的意思是，讨论中的这个人通过其他社会成员都可以使用的制造的物品或者提供的服务而确保他的生活，所有这些物品或者服务都存在于社会劳动分工架构的范围内。但是，为什么黑格尔认为，在一个市民社会内的这个个体具有学习和从事一种职业的一种"伦理意念"，以及通过帮助确保其他人的生活来确保自己的生活的"伦理意念"呢？为什么个体因此"赢得了他对别人的承认和别人对他的承认"呢？[3]如我愿意表明的，市民社会

---

[1] 为了清晰和一致性，我偶尔改变了尼斯贝特（H. B. Nisbet）翻译的黑格尔《法哲学原理》。没有注明译文改动。

[2] 与他那个时代的精神保持一致，黑格尔假设，只有市民社会的男性成员们参与到上文描述的劳动分工（参见 PR §238 对这点的论述）。当引用和解释黑格尔时，这个用法有时在这里得到保留，应该牢记黑格尔对男人和女人论证的适用性。

[3] 最近有很多作者讨论了黑格尔的承认理论。然而，据我所知，很少有人关注了上文引用的《法哲学原理》的这段话。关于黑格尔的承认理论，例如，参见 Axel Honneth, *The Struggle for Recognition: The Moral Grammar of Social Conflicts*, trans Joel Anderson (Cambridge, MA: MIT Press, 1995); Axel Honneth, *Freedom's Right: The Social Foundations of Democratic Life*, trans. Joseph Ganahl (New York: Columbia University Press 2014); Heikki Ikäheimo, *Anerkennung* (Berlin and Boston, MA: de Gruyter, 2014); Michael Quante, *Die Wirklichkeit des Geistes. Studien zu Hegel* (Berlin: Suhrkamp, 2011); Ludwig Siep, *Anerkennung als Prinzip der praktischen Philosophie. Untersuchungen zu Hegels Jenaer Philosophie des Geistes*, 2nd edn (Hamburg: Felix Meiner, 2014); 和 Andreas Wildt, *Autonomie und Anerkennung: Hegels Moralitätskritik im Lichte seiner Fichte-Rezeption* (Stuttgart: Klett-Cotta, 1982)。

诸成员的伦理意念可以被描述为建立在六个要素的基础上。这些要素可以如下描述：

E-1：对于任何一位特定的市民社会成员 A，重要的是，他通过自己的自我规定学习和从事一门职业，并且他因此不仅确保了他自己的生活，也帮助确保其他人的生活。

或者稍微形式化：对于任何一位特定的市民社会成员 A，重要的是做 X 事情。

E-2：A 具有这种信念，做 X 事情也对于其他社会成员 B、C 等是重要的。

E-3：A、B、C 等，采取这种观点，它们每个人尽管尽可能的做 X 事情。

E-4：当 A 做 X 事情时，对 A 来说，重要的是因为做这件事情，被 B、C 承认。

E-5：当 B、C 等做 X 事情时，因为做这件事情，A 愿意承认他们。

E-6：A、B、C 等采取这个观念，当他们每一个人做 X 事情时，他们每个人都应该被其他人承认。

对 A 来说，做 X 事情是描述他的美好生活观念的一种活动。如果 A 不能做 X 事情，他会认为，他的生活是不完整的。但是，为什么是这个样子呢？A 生活在这样的一种社会中，在那里，劳动分工是如此这般，以致没有任何人可以独立生产他们需要的生活必需品。相反，A 需要的几乎所有物品都被其他社会成员所生产。在这个情境中，对 A 来说，重要的是，在交换他生产的物品以及会帮助其他社会成员确保他们的生活时，获得他的生活必需品。现在，这个活动能使得 A 做对他来说重要的事情，它就是 X 事情。这就是为什么 A 认为做 X 事情是他希望过的这种生活的一个本质性要素。

因此，A 的确不仅有一份职业以赚钱供自己使用。对他也重要的是，要参与到这样一种活动中，即帮助其他社会成员们满足他们的需求以及确保他们的生活。出于这个理由，A 不会认为来自其他人或者国家的礼物或者馈赠等同于通过在社会劳动分工架构范围内的工作赚取的钱。

如这些考虑表明的，A 具有一种评估性的和意愿实践的帮助他构成他自己生活的态度。例如，这个态度允许他评估他可能有的这些愿望，接受或者拒绝这些愿望，以及根据做 X 事情的要求来判断可能的诸行动是否合适的。这个态度对于 A 的自我理解和实践身份具有重大影响。

在市民社会中，对于 A 不仅重要的是做 X 事情，A 也假设，做 X 事情对于其他社会成员也是重要的。如果他发现 B 或者 C 对做 X 事情完全没有兴趣，他会惊讶，甚至惊愕。而且，A——以及 B 和 C——认为，规范上看，正确的是，他们中的每个人都可能履行 X 事情。A——伴随着 B 和 C——因此配备了一个标准，这个标准允许他把他自己的行为和其他人的行为分类为好的或者坏的，分类为值得赞赏的或者应该谴责的——这都取决于它是否满足或者降低了所讨论的这个规范。这里，值得注意的是，这个规范宣称，每一个社会成员，只要有可能做 X 事情，就应该做 X 事情。那些不可能做 X 事情的人（例如，残疾的结果），如果不做 X 事情，不会降低这个规范。

如上文提到的，市民社会的成员们准备因为做 X 事情而彼此相互承认，并且，他们认为，做 X 事情的人因为做这个事情而被承认，是恰当的或者规范上正确的。而且，对于他们而言，重要的是，如果他们做了 X 事情，那么就要被承认。被市民社会的成员们拥有的这个态度的这些要素（E-4, E-5 和 E-6）必须与仅仅通过意义重大的努力才实现的活动相关联。例如，如果做 X 事情仅仅在于每天早上的同事们的问候中，它不可能——至少在正常情况下——是承认的一个适合基础。更确切地说，做 X 事情涉及学习和实践一门职业，通过帮助确保其他人的生活来确保人们自己的生活。做 X 事情因此在于一种延伸的和复杂的活动，它的成功要求努力和决心。同样，做 X 事情构成了承认的一种合适基础，一种承认可以奠基于讨论的活动的各个不同方面（例如，履行它所需要的技术性技能或者对其他社会成员的特殊用处）。[1]

总之，当黑格尔谈论市民社会成员们的"伦理意念"时，他所指的是一种可以被上文提及的这些要素所描述的态度。如他的解释，如此态度包含评价性的、规范性的和意愿实践的诸方面，以及与这些要素（在自身和其他人中的）的存在相关联的确信。如从上文的方式来看，很明显，如此态度对人们的自我理解、他们的生活方式以及他们彼此具有的相互社会关系产生相当大的影响。

鉴于我们寻求的目标，我们需要考虑，对于一个个体，当他成为并保持为市民社会的职业部门或者一个"环节"的一位成员时，参与"自我规定的过程"意味着什么。除了上文分析的黑格尔论述，《法哲学原理》另一段话澄清了这个问题。在市民社会中，

> 最终的和本质性的决定因素是主观意见和特殊的任意意志，它们在这个领域具有他们的权利、功绩和荣誉。因此，在这个领域中，通过内在必然性发生的事情同时是经由任意的意志为中介，并且，对主观的意识而言，它具有它自己意志的产物的形式。（PR §206）

一个人 A 必须具备什么才可以通过"自我规定的过程"而成为以及保持为市民社会的一个"环节"的一名成员呢？首先，必须具有作出决定的环境——主流的社会环境不可能是这样一种，谁做什么工作由像背景或者种族之类的因素决定。它也不可能是这种情形，另一个人或者机构决定 A 必须做什么工作，或者迫使他赞同

---

[1] 关于这点，参见我的讨论 *'Anerkennung' als Prinzip der Kritischen Theorie* (Berlin and New York: de Gruyter, 2011)。

从事某种工作。实际上，A 必须有权成为市民社会的各种不同的和独特的"诸环节"中的任一环节的一位成员——如果没有法律或者习俗禁止 A 追求特殊的职业活动，这一规定就得到满足。而且，A 必须有权根据他的"意见"和偏好做出特殊的职业选择——黑格尔称之为"特殊的任意意志"——以及没有义务提供他的诸理由以支持或者反对揭露、讨论或者审查一种职业活动。[1] 只有当这些条件都得到满足时，A 和他的同伴公民们才可能确信，A 成为和维持自身是市民社会一个"环节"的一名成员的这种特殊职业活动是"[他]自己意志的产物"（PR §206）。只有如此，他们才会确信，对任何个体 A 来说，相关的活动是他"通过自我规定的过程"践行的活动。

为什么市场在伦理上是矛盾的

在黑格尔看来，各种伦理意念是各种制度实践的构成部分。它们具有一些要素，这些要素只有通过社会或者国家制度才得到保证。作为心理现象，它们只有在一种合适的制度情境中才能持续存在。这就是为什么黑格尔认为制度的安排是伦理意念的"真正基础"（PR §268R）。

市民社会的成员们拥有的伦理意念的制度要求是什么呢？这些要求可以得到满足吗？如何可以，如何满足？在讨论这些问题的过程中，黑格尔首先考察了，相关的这些意念可以适当地被市场确保。他在这个语境中提出的这些反思具有相当大的启发性，因此在本节中会重构之。为了这么做，首先澄清黑格尔使用"市场"这个术语时所意指的社会现实的类型是必要的（PR 1821/22, §235）。

---

[1] 当然，这并不妨碍 A 选择揭露他的诸理由。

黑格尔《法哲学原理》和笔记以及与论及这个素材的讲义相关的副本，对这个主题的洞见提供了合适的解释基础。而且，作为理论的连贯性问题，值得注意的是，贯穿这些素材，在某些点上，黑格尔似乎含蓄地借鉴了他在耶拿时期已经确立的一些思想。因此，我们可以把他对于市场的"成熟"理解做如下描述：

（1）市场是这样的地方，在那里，无法自己提供给自己的人（参见 PR §183）交换各种不同的物品——例如，消费性的物品、生产性的物品、劳动或者金钱（参见 PR §80）。

（2）在市场中，这些物品的提供"与其说是针对特定的个体，不如说是针对普遍意义上的个体，也就是，公众"（PR §236）。因此，市场不是面对面关系运作的场所。

（3）在市场中交换的人"承认"彼此是"财产的所有者以及具有人格"（PR §71）。由于这种类型的承认，他们认为彼此有权作为"个体"做出决定（Werke 7: 109），也就是说，彼此相互独立，他们是否以及在什么条件下愿意出售属于他们私人财产的物或者服务，以及他们是否以及在什么条件下愿意购买属于其他市场参与者们的物或者服务。

（4）市场参与者们作为人格和财产所有者具有的法律"权力"（PR §38）和义务，通过被黑格尔称为"抽象权利"的复杂机制（以及包括立法、执法和司法机构）而得到规定和确保。

（5）市场上交换的物品的价格是由市场参与者们决定的，而不是由政府。

（6）市场上交换的物品价格取决于物品的整体需求和物品的整体供应（参见 PR §236）。价格产生于市场参与者作出的决定——至少原则上——他们彼此相互独立，也就是说，按照一定的价格提供或者需求特定的物品。在这个意义上，市场上的物品价格的形成是"原子式地"（SEL, 168）。

（7）市场上交换的物品价格具有一种信息的功能：它们

表明，市场参与者在生产特定物品时的成本（在相关的那段时间），以及销售这些物品可以产生的收益（在相关的那段时间）。因此，他们可以了解到，"如此盈余的产生是否［等同于（SaB）］可能满足需求的整体，是否一个人可以依靠它生存"（SEL, 168）。

（8）通过一种价格机制，市场倾向于"整体上""重建"物品供应和需求之间的"正确关系"（PR §236）。当一种特定类型的物品（A）存在过剩时，这类物品的价格将最终变得如此之低，以致不是所有的生产者能够生存下来。在这样一种情形下，部分生产者将停止生产这个类型的物品，这个情况将继续下去，直到在这个生意中仍然存在的那些人"可以依靠它生活"（SEL, 169）。同样地，当对一种特定类型的物品（B）有很多需求时，所有这类物品的价格都如此高，以致其他的市场参与者们将开始生产这个类型的物品。在如此一种情形中，每一个物品 B 的价格将下降，并且，这个情形将继续下去，直到生意中的这些人可以简单地通过这个活动谋生。以此方式，"通过无意识的必然性过程"（PR §236R），市场倾向于供需之间的一种"平衡"。

因此，当黑格尔使用"市场"这个术语时，他所意指的是一种由民法构成的市场经济，在这种经济中，每一种物品的价格取决于所有其他物品的价格。如他自己注意到的，他对市场的理解是一种现代的理解："它受到现代起源的作为它们根基［Boden］的这些科学之一的影响"：古典经济学，如它存在于"斯密、萨伊［以及］李嘉图"的著述中。[1]

---

[1] 关于黑格尔的经济理论以及它与古典经济学的关系，参见 Sven Ellmers, *Freiheit und Wirtschaft. Theorie der bürgerlichen Gesellschaft nach Hegel* (Bielefeld: Transcript 2015); Lisa Herzog, *Inventing the Market: Smith, Hegel, and Political Theory* (Oxford: Oxford University Press, 2013); Birger Priddat, *Hegel als Ökonom* (Berlin: (转下页)

　　如此这样的一种市场体系能够满足描述市民社会成员特征的伦理意念的制度要求吗？黑格尔对这个问题没有任何肯定的回答。如我们应该看到的，他相信，如此这样的一种体系在伦理角度上是矛盾的。照黑格尔的观点，市场具有促进市民社会成员持有的伦理意念的构形或者维系的一些性质，但是它同时具有一些属性，这些属性危及那些意念的构形或者维系。黑格尔相信，这个矛盾的性质根源于市场的法律架构，以及根源于市场典型地起作用的方式。我们将在这个章节的剩余部分处理他的理论的这些要素。

　　一方面，对成员的承认在市场中有效地发生着。[1]作为一位市场参与者，一个个体被其他参与者以及社会机构承认为一个人格和财产所有者（参见 PR §71）。这个可以从上文第（3）和（4）点中发展出来。

　　在市场上进行交换的人们，关于他们是否以及在什么条件下希望购买或者售卖他们占有的物，认为彼此有权独立于对方而做出决定。关于他们是否以及在什么条件下希望提供给其他市场参与者们服务或者需要其他市场参与者们的服务，他们也认为彼此有权独立于对方做出决定。而且，他们不认为自己有义务揭露他们各自决定的这些理由。正因为如此，当参与方想要交换发生时，市场上的物品或者服务的交换才发生。仅当他们达成一致时，如此这样的一种交换才会真正发生。因此，如此这样的一种事件伴随着被契约另一方承认为一个人格和一位财产所有者的经验。

　　同时，在市场上与其他人进行交换的人们得到机构的承认。"抽象权利"的机构给予市场参与者们彼此认可的"权力"一种法

146

　　（接上页）Duncker & Humblot, 1990); 和 Norbert Waszek, *The Scottish Enlightenment and Hegel's Account of 'Civil Society'* (Dordrecht: Kluwer, 1988)。当安德鲁（Andrew Buchwalter）编辑的书《黑格尔与资本主义》（*Hegel and Capitalism*, Albany, NY: SUNY Press, 2015）出版时，本章正在撰写中。因此在这里没有考虑那本书。
[1]一项术语说明：当我们谈及市场或者诸市场时，我们的意思是上文描述的这种类型的市场经济，也就是，民法构成的市场经济。

律形式，给予相应的"禁止"以法律形式（PR §38）。[1] 这些机构通过法律手段解决市场参与者们之间的分歧，并且确保契约的同意得以遵守。通过践行这些任务，"抽象权利"的这些机构确保，市场参与者，作为人格和财产所有者，具有"有效的现实性"（PR §208）。这就是为什么在市场上进行交换的人可以被认为得到国家和社会机构的承认。[2]

因此，市场坚定了公民伦理意念的一个要素：追求职业活动的"自我规定"。也就是说，作为市场参与者，人们知道，他们有权是市民社会的职业部门或者不同"环节"的成员，以及他们可以根据他们自己的"[诸]意见"和偏好（"特殊的任意意志"）来处理特定的职业选择事宜，而不必揭露他们各自决定的理由。[3] 在这个意义上，市场是这样的机构，它们可以对市民社会成员的伦理意念特征的构形或者维系有积极的贡献。

另一方面，黑格尔认为，上文描述的这种类型的市场经济也具有一些危及公民伦理意念的构形和维系的属性。这个主张也许让一些读者吃惊。因为，如我们已经看到的，如此一种市场体系赋予个体一些信号（通过交易物品和服务的价格），哪种职业活动让他有可能对其他市场参与者需求的满足有所贡献，以及同时确保他自己的生活。而且，它为他参与这些活动提供法律的自由。出于这个理由，市场经济似乎是一种复杂机制，它能够使市民社会的成员们做他们认为重要的事情以及他们也相信他们应该做的事情——也就是，"通过自我规定的过程"，使得自身"共同[他们的]活动、勤奋和技能成为市民社会环节之一的一个成员，并且以这个能

147

---

[1] 因此，黑格尔很好地意识到法律规范禁止的行为和法律规范授予的权力之间的这个区分，这个被哈特（H. L. A. Hart）所强调。参见 Hart, *The Concept of Law*, 2nd edn (Oxford: Oxford University Press, 1997), 27–42。

[2] 对于深度分析黑格尔的抽象权利理论，参见 Amir Mohseni, *Abstrakte Freiheit. Zum Begriff des Eigentums bei Hegel* (Hamburg: Felix Meiner, 2014)。

[3] 没有这些授权，上文描述的价格机制就不可能是适当的。参见上文第（8）点。

力养活自己"。按照黑格尔，关于市场经济的有利本质的印象是错误的、误导性的吗？黑格尔的《法哲学原理》以及相关联的讲义和笔记，含蓄地借鉴了他早期的耶拿著述，它们表明了下述的五个理由：

（1）市场经济体系不可能确保，每一个人实际上可以"通过他的活动、勤奋和技能使自己成为市民社会环节之一的一名成员，并且以这个能力养活自己"。对黑格尔来说，缺乏这个担保根源于几种可能性：市场参与者们可能单纯缺少以及不能够获得特殊的专业职业必要资格（PR §236）。并且，技术创新可能引起特殊部门就业水平的长期下降（PR §243）。另外，黑格尔相信，长期来看，市场经济体系利于垄断的出现，例如，上文概述的不受竞争性经济的价格形成机制影响的行业。如此的垄断有权力根据他们自己的利益减少物品的供应和工作。像这样的"环境"（PR §241）可以使得市民社会的成员们不可能践行一种特定的职业活动以及根据他们的伦理意念生活。

（2）市场经济关系不可能确保，追求职业活动的人因此可以赚取确保他们生活的收入。对黑格尔来说，这个评价直接地来自他对价格形成过程的反思。事实上，市场"通过无意识的必然性过程"倾向于物品的供应与需求的一种"平衡"，这意味着有一段时期，如此这样的一种"平衡"不存在。这势必造成，物品的生产者们不可能总是能够通过职业活动确保他们的生活。在当前的语境中，这些可能性是有意义的，因为市民社会成员的伦理意念特征要求，个体"只有通过与普遍的中介……才可以养活自身"，也就是，通过他的职业活动。如果黑格尔的思辨是正确的，那么，即使人们就着业，市场也不可能总是满足这个要求。

（3）市场经济不可能确保，职业活动本身占有这种类型的性质，它们使得市民社会成员们之间相关的伦理意念成为可能，并且维系之。当然，产生市场价格的大量工作只可以被一些具有特殊职业资格和判断力（"技能"）的人们所从事。然而，也有一些有偿工作对内容没有什么要求，不要求雇用工人作出什么决定。黑格尔自己在他处理的"工厂工作"中澄清了这点（SEL, 246–247），这包括持续不断地执行简单的手动动作。按照他的判断，如此工作不能简单地给予下述意识以一个基础，即他正在通过"他自己的活动"和"技能"使得自己成为市民社会的一名成员。相反，如此这样一种工作样式的"局限"（PR §243）鼓励的自我认知在评价性和规范性的意义上都是消极的。按照黑格尔的观点，在如此这样的雇用中的人们倾向于认为自身是从属的和依赖性的，甚至，在某些情况下，开始养成一种无能的习惯，"无能感受以及享有更广泛的自由，特别是市民社会的精神优势"（PR §243）。

（4）市场经济不可能确保，一名职业人士可以有意地"使得自己通过他自己的活动、勤奋和技能成为市民社会诸环节之一的一名成员"，他也不可能有意地"以这个能力养活自己"。如上文提到的，当市民社会的一名成员基于他决定获得经济上的相关资格以及在一种职业的活动情境中应用这些资格而行动时，他根据他的意念生活（参见上文"市民社会成员的伦理意念"部分）。但是如果即使不远的将来，人们不能简单的预见这些资格会是有意义的呢？在那种情形下，严格来说，一个人不可能通过获得特定的一些资格，以"使得自身通过他自己的活动、勤奋以及技能成为市民社会诸环节之一的一名成员"，并且"以这个能力养活自己"。假使他可以决定获得特殊的技能，并且如果证明这些资格成为社会上过剩的，他总是可以试图获得其他与工作相关的技能。但是，在这些环境下，他不能够形成长期的职业生涯规划，这与一个特定职业获得背景范围内的获得以及践行资格相关。他的职业生活因此会冒着碎片化的风险[1]，以致无法满足市民社会成员们之间相关伦理意念的要求。

按照黑格尔的观点，市场可以以如此这样的一种方式发展，即它使得职业人士成为几乎不可预测的价格发展的一种玩物。但是，如果，当人们决定获得职业技能时，他们发现自己处于"一个赌徒［Spieler］的位置"上，他们不能认为他们可能具有的任何职业的成功是值得的，更确切地说，仅仅是一种单纯的"巧合"（PR 1821/22，§253）。然而，在那种情形下，他们将不可能实现市民社会成员拥有的伦理意念特征的承认结构（参见上文要素 E-4、E-5 以及 E-6）。出于这个理由，市场可以创造这些环境，在其中，职业人士不可以——不管他们挣多少钱——根据显著的伦理意念生活。

（5）一种市场体系无法阻止权力地位的形成，它们相应地以破坏上文分析的伦理意念的方式影响其功能性的和法律的架构。正如已经指出的，黑格尔认为，长期来看，如此一种体系鼓励垄断的出现。此类的垄断构成一种危险，市场参与者们在法律面前的平等将不再是一种给予的东西。这会对一般而言的伦理意念造成严重的影响。在他 1821 年和 1822 年的法哲学讲义中，黑格尔使用了戏剧性的话语："贱民［Pöbel］不需要仅仅站在穷人一边，如通常所认为的那样，而也可以站在富人一边，富人也可以像暴徒一样。有一种富人贱民。因为财富是一种权力，财富的这个权力很容易成为法律之上的权力——富人可以逃避大量会给其他人带来羞耻的事情……人们可以称之为堕落，富人把每一件事都当成可允许的"（PR

[1] 众所周知，森内特（Richard Sennett）称这种环境下的人为流浪者：从一个工作到另一个工作，从就业到就业，从来没有任何连贯的职业或者生活历史。参见 Sennett, *The Corrosion of Character* (New York: W. W. Norton, 1998)。

1821/22, §244)。[1]

　　黑格尔从这些反思中获得下述结论：迟早，在任何民法构成的市场经济中，将发生这样的发展，这使得很多公民都不可能根据他们的伦理意念生活。甚至有些人将完全失去这些意念。在这种情况下，社会面临的是些没有就业前景的人，他们不能从他们的工作谋生，他们从事着单调乏味的劳动，并且他们没有机会铸就职业生涯，相反，从一种工作转换到另一种工作。这些人不会认为自己生活在这样一种社会中，即诸个体可以使得自身通过他们自己的"活动、勤奋和技能"而成为那种社会的"诸环节之一的一名成员"，并且"以这个能力养活［自身］"。相反，如此的人可能相信，工作和收入的分配归结为纯然的巧合或者任意的决定。那么，这个就使得人们以他们的工作"赢得其他人的承认以及承认其他人"（PR §207）确保他们的生活。因此，他们将发展一种态度，它不同于市民社会成员特征的意念，并且，如黑格尔所怀疑的，可能延伸到"内在地反抗富人、反抗社会、政府等"（PR §244A）。

两种选择

　　那种市场在伦理意义上是矛盾的，这对黑格尔来说是巨大的社会和哲学后果的一种发现。如果人们想要理解这为什么如此，人们必须回想下黑格尔在《法哲学原理》中坚持的下述两个论点。

　　（Th-1）人们追求职业工作的自我规定是现代社会成员伦理意念的一种本质构成部分。

---

[1] 关于黑格尔的贱民理论，参见下述作品，Louis Carré, 'Populace, multitude, populus. Figures du peuple dans la *Philosophie du droit* de Hegel', *Tumultes* 40 (2013): 89–107 and Frank Ruda, *Hegel's Rabble: An Investigation into Hegel's Philosophy of Right* (London: Bloomsbury, 2011).

（Th-2）追求职业工作的自我规定，在制度层面上，只有通过民法构成的市场经济得到保证。

出于当前的目的，足以表明，黑格尔改变了这两个论点。[1]鉴于在"市民社会成员的伦理意念"这个部分的讨论，不用吃惊，认为市民社会是现代的黑格尔坚持论点 Th-1，并且宣称"一个个体不管想要在市民社会从事什么工作，不管他希望以什么方式造福社会，他必须具有一种依赖于他的主观自由的形式"（PR 1821/22, §237）。而且，黑格尔认为，人们追求他们工作的自我规定只能在制度上通过市民社会构成的市场经济得到保证（Th-2）。在《法哲学原理》第一部分，他分析了"抽象权利"，他论述道，"理性使得人类应该进入契约关系中——给予、交换、贸易等——如他们应该占有财产一样必要"（PR §71R）。在接下来他的"市民社会"理论的发展中，他以下述评论来批判国家控制经济这种观念，即"被［一个人的］特殊任意意志和特殊利益中介的工作"将会得到"贸易和商业自由"的保证（PR §236R）。我相信，这些陈述澄清了黑格尔坚持的尚未展现的这些论点。

论点 Th-1 和 Th-2 解释了，为什么上文重构的市场的伦理矛盾对于黑格尔如此意义重大：他遭遇到这个问题，即一个现代政体是否可以奠基对所有公民都可通达的稳定的伦理生活形式。鉴于市场在伦理上成问题的影响，似乎，如此一种伦理生活形式可以实现，仅当下述两个选项中的任何一项可用于现代国家：

（O-1）现代国家可以建立一种强有力的伦理实践，并且在这种实践内，甚至那些远离市民社会成员伦理意念特征的人

---

[1] 要更多地了解这些问题，参见我的文章 'Personal Respect, Private Property, and Market Economy: What Critical Theory can Learn from Hegel', *Ethical Theory and Moral Practice* 11(5)(2008): 573–586 和 'Personal Freedom without Private Property? Hegel, Marx, and the Frankfurt School', *International Critical Thought* 5(4)(2015): 473–485。

都有可能参与其中（例如，由于他们已经具有的作为市场参与者的经验）。

（O-2）现代国家可以建立一些制度，它们确保，在伦理意义上，市场没有明显的腐蚀作用，因此不会危及市民社会成员伦理意念的构形和维系。

如果每一种选项都是有用的，那么似乎现代国家不可能简单就对所有公民是一个伦理领域。更确切地说，那将是一个脆弱伦理生活的场所：人们根据他们的伦理意念以及这些意念自身的生活能力就会依赖于政治上不可能被控制的市场的发展。

秩序良好国家的成员的伦理意念

第一个选项（O-1）有用吗？现代国家可以建立一种强有力的伦理实践吗？在这种实践内，甚至远离市民社会成员伦理意念特征的人都有可能参与其中吗？紧随《法哲学原理》，现代国家，只要秩序良好，就奠基一种特定的伦理实践。这个实践与其公民（*Staatbürger*）的伦理意念紧密相连，黑格尔有时称之为"政治意念"或者"一般而言的爱国主义"（PR §268）。这个实践是否具有第一个可用的改善选项的相关属性？如此一种实践是否是强有力的以及对所有人敞开的？甚至对下述那些人敞开，即他们不能或者不接受市民社会成员伦理意念特征。一个答案可以从《法哲学原理》的下述段落中找到。黑格尔写道，现代国家具有它的"原则"（PR §260），它的"本质"（PR §260A）以及它的"力量……在它的普遍和最终目的与诸个体的特殊利益的统一中，在这个事实中，即他们对国家具有他们也具有的权利相同程度上的义务"（PR §261）。黑格尔补充道：

在履行义务的过程中，个体必须以某种方式获得他自己的利益以及满足或者解决他自己的问题，并且从他在国家中的处境，必须获得一项权利，从而使得普遍的原因［Sache］变成为他自己的特殊原因。特殊的利益的确不应该被搁置一旁，更不要说被压制了。相反，他们应该与普遍的东西相和谐，以致他们自己以及普遍的东西都得以保护。个体……发现，在作为国家的一名成员履行他的义务时，他获得了对他的人格的财产的保护，顾及他的特殊福利，满足他的实体性本质，以及意识和自我意识自己是一个整体的一名成员。通过履行代表国家承担的服务和任务的义务，国家本身得到了保护和保障。（PR §261R）

因此，黑格尔认为"政治意念、一般而言的爱国主义"是"信任（可以转化为或多或少的受教育的洞见），或者这种意识，即我的实体性的和特殊的利益得到保护，并且包含在另一个人的目的和利益中（在这个情形中，即国家），以及在后者与作为一个个体的我的关系中"（PR §268）。

我们现在可以看到，一个秩序良好的国家的成员们的伦理意念涉及什么。[1]在不声称提供一项详尽的解释的情形下，我们可以认为，这个意念包含着下述的诸要素：

　　（E-7）对于一个秩序良好的现代国家的一名成员 A，重要的是，他实际上被社会和国家机构承认（"保护"）为一个"人格"和"财产"所有者。

　　（E-8）对于 A，重要的是，他的"特殊福利"被社会和国家机构考虑到了。

　　（E-9）对于 A，重要的是，他对成为"作为一个整体的国家的一名成员"有"意识和自我意识"。

153

[1] 另一个术语说明：我使用了这些表述，例如，"member of a state" 或者 "member of the state" 来翻译这个单词 Staatsbürger (citoyen)。同样，我使用一些表达，例如 "member of civil society" 翻译这个单词 Bürger (bourgeois)。

如果采用黑格尔的术语，那么要素 E-7 和 E-8 代表了 A 的"特殊利益"，同时要素 E-9 代表了他的"实体利益"。

而且，从本节引用的这些段落中可以推断出，A 的"意念"具有下述因素：

（E-10）A 相信自己具有一个规范地辩护的主张（"一项权利"），即社会和国家机构是如此，以致他的"特殊利益"和他的"实体利益"得到满足或者可以被他实现。

（E-11）A 相信，社会和国家机构是如此，以致他的"特殊利益"和他的"实体利益"得到满足或者可以被他实现。（用黑格尔的话说，A 相信，他的"利益得到保护，并且包含在作为一个整体的国家的利益和目的中"。）

（E-12）A 相信，他作为国家的一名成员具有的法律"义务"是合法的。

（E-13）A 愿意履行他作为国家的一名成员具有的法律"义务"。

根据黑格尔，讨论的这个伦理意念是一种制度化实践的部分，通过它，A 在履行公民义务时，不仅有意识地有助于国家的"保护"（*Erhalt*），而且也认为他的"特殊"和"实体"利益得到满足。出于这个理由，黑格尔主张，在一个秩序良好的社会，"普遍目的"——也就是说，国家在其制度结构上的持续存在——以及"个体的［诸］利益"形成一种"统一"。

国家成员们的伦理意念与市民社会成员们的伦理意念之间的概念关系是什么呢？自身与这个意念疏远的人们可以——例如，作为他们在市场上已经具有的诸经验的一个结果——确立或者维系一个秩序良好国家诸成员伦理意念特征吗？这有可能吗？

黑格尔对这个问题的回答是明确的。它阐明了，当人们完全实现了在一个现代国家中的一名成员的"特殊福利"涉及的东西时，如果人们遵循黑格尔自己的解释（参见 PR §§260–268），那么，我们上文已经分析的如"做X事情"，就形成了这种类型的福利的一种本质性的构成部分。换句话说，对作为市民社会成员的人重要的是，他们相信他们由于是如此的成员应该做的，也是这样的某种东西，它是他们作为国家成员的"福利"的一种内在部分。在这个发现的基础上，我们可以从E-8，E-10以及E-11推出国家成员之间伦理意念的下述成分：

（E-8′）对于A来说，重要的是做X事情。

（E-10′）A相信自己在规范意义上具有一项主张，社会和国家制度应该是如此，以致他可以做X事情。

（E-11′）A相信，社会和国家制度是如此，他可以做X事情。

从这些考虑来看，可以获得两个结论：

（1）远离市民社会成员伦理意念特征的人们不可能确立或者维系一个秩序良好国家的诸成员具有的伦理意念特征。从他们的视角来看，他们根本就不觉得对于具有国家成员伦理意念的人相对重要的某事的重要性：做X事情，或者再次引用黑格尔的话，"通过自我规定的过程"，使得自己通过"活动、勤奋和技能"成为市民社会的一个环节的一名成员，并且以这个能力养活他们自己。[1]作为在市场中他们经验的一个结果，那些人拒绝在市民社会成员中发现的伦理意念，因此，他们不可能参与到现代国家的伦理实践中，因为他们缺少它伴随的意念。

（2）具有秩序良好的国家成员们的伦理意念特征的任何人都相信，社会和政治制度都是如此，以致他可以做X事情

---

[1] 或者，不同的表达，E-1 = E-8′。并且：自身远离（完全的）市民社会成员的伦理意念的任何人都拒绝E-1/E-8′，共有秩序良好国家的成员的伦理意念的任何人都坚持E-1/E-8′。因此，自身已经远离市民社会成员伦理意念的那些人不可能享有良好秩序国家成员的伦理意念。

（E-11′）。撇开欺骗的例子不谈，这个信任可以存在，仅当社会和国家制度现实地具有所要求的形态时。现在，这个条件，如上文解释的，仅仅非常不充分地被民法构成的市场所满足。如果伦理意念要向所有公民敞开，因此，有必要通过更多的制度来稳定市场，以致它们不具有任何伦理上的有问题的影响。只有这样，国家铸就的伦理实践和与之伴随的伦理意念才是强有力的，并且抵御危机。

黑格尔自己完全意识到这些考虑。按照他的观点，一个现代国家不可以阻止不能够继续做 X 事情的公民们形成一种拒绝和愤怒的态度——可以根据要素 E-10′ 中包含主张的挫败感而可以被解释的某种东西。相应地，正是在那些"制度"内，能使公民们确保他们的"特殊利益"或者"特殊福利"，黑格尔认为这是"国家和个体对它意念和信任的坚固基础"（PR §265）。如果这个基础失去了，国家将可能失败：

> 最重要的是……我的特殊目的应该变得与普遍的东西相同一。否则，国家必定悬在空中……或者可以说，国家的目的就是其公民们的幸福。这的确是正确的，因为如果他们的福利不足，如果他们的主观目的得不到满足，以及如果他们没有发现国家本身是这个满足的手段，国家本身就站在不安全的根基上。（PR §265A）

这就对这一节一开始提出的问题提供了一种回答。如果人们遵从黑格尔的思想，那么第一个选项（O-1）对现代国家就是不可用的，因为它提倡的伦理实践并不向远离市民社会成员们伦理意念特征的公民们敞开。黑格尔的讨论因此提出了我们已经遭遇到的一个问题：选项 O-2 对于现代国家是有用的吗？只有这样，国家才能够稳定，以之为市民社会和国家成员的公民伦理实践和意念。只有这样，它才能指望他们的同意，并且避免"站立在一种不安全的根基上"或者"悬在空中"。

市场、同业公会和警察

现代国家可以建立各种制度，以确保市场没有明显有害的伦理影响吗？根据《法哲学原理》中的评论，人们可以看到，黑格尔对这个问题给予了微妙的回应。一方面，他采取的立场是，国家有能力根据公民伦理意念的要求影响市场经济的发展。另一方面，他也相信，国家没有能力解决出自市场的伦理问题。黑格尔采取这个立场的理由应该在本节剩下的部分被考察。

现代国家可以影响市场发展的机制，按照黑格尔，就是"警察"和"同业公会"。应该强调的是，对黑格尔来说，警察不仅负责调查和挫败犯罪，而且具有经济作用："调节"（PR §236）市场关系。[1]相反，同业公会是一个基于公司或者企业的具有一种特定组织形式的机构。如黑格尔不断澄清的，当他使用术语"警察"和"同业公会"时，他指的并不是具体的历史现象——例如，中世纪或者现代早期几个欧洲国家形成的警察和同业公会机构。[2]那么，当他指出警察或者同业公会的时候，黑格尔的意思是什么呢？[3]

黑格尔写道，同业公会是这样的机构，"在国家的公共权威的监督下"，它行使这项权利，即"根据他们技能的客观资格和正直以及由普遍境况决定的人数接纳成员，保护其成员以应对特殊的突发事件的影响，教育其他人以使得他们有资格具有成员资格"（PR §252）。同业公会因此确保，"生活"和实现它的"能力"得到

156

---

[1]对警察任务的这种理解源自于重商主义，法国大革命之前几个世纪中欧主流的经济思想之一。关于黑格尔时代对警察思考的改变，例如，参见 Naoko Matsumoto, *Polizeibegriff im Umbruch. Staatszwecklehre und Gewaltenteilungspraxis in der Reichs- und Rheinbundpublizistik* (Frankfurt am Main: Klostermann, 1999)。

[2]参见 PR §236A，§255A 以及 §290A。

[3]关于这个主题，也参见 Thomas Klikauer, *Hegel's Moral Corporation* (Basingstoke: Palgrave Macmillan, 2015)。

"保证"以及"承认",以致一个同业公会的成员不需要证明他的能力和固定的收入和支持的手段——例如,他是某人这个事实——不需要通过任何进一步外在的证据。以此方式,人们也承认,他属于一个整体,一般而言,这个整体本身也是社会的一个成员,并且,他有兴趣的以及努力促进的不是这个整体的自私的目的(PR §253)。

因此,一个同业公会是一个这样的机构,它基于普遍和透明的("客观的")标准,根据他们的"技能"或者"能力"招募它的成员。它运行一套保险体系,提供给成员们财经支持以对抗"突发事件",例如疾病或者意外或者与年龄有关的残疾,并且它为其成员进一步保障职业培训和发展("使得有资格成为成员",以及能使他们保持如此)。对所有与此有关的必要法律权力都被"公共权威"所创建,也就是国家。

如果人们遵循黑格尔的思想线索,那么,就可以理解,为什么一个同业公会引导它的"成员们"过一种伦理生活。作为一个同业公会构成的一个公司让成员们做对他们重要的事情(参见要素 E-1 和 E-8′),并且他们相信他们应该做的事情(E-3)。而且,在运用它的公开招募标准时,同业公会使得成员们不仅在同业公会内做的事情被承认,而且也被外在于同业公会的社会成员们承认。以此方式,它不仅仅支持了它的成员作为公民具有的一项主张(E-10′),以及使得他们有可能支持相应的信念(E-11′),而且加强了它的成员们对同业公会的"兴趣",以及给予他们接受对国家的态度的诸理由,这包括要素 E-12 以及 E-13。一个同业公会,似乎满足了上文分析的伦理意念的所有要求,因此能够给予国家一种"坚实的基础"(PR §265)。

然而,同业公会存在于一种市场环境中。当在上文的引用中黑格尔指出一个同业公会发现自身的"普遍境况"时,他自己强调了这个事实。这意味着,一个同业公会不可以决定它买和卖的价格。

它占有物品的价格和它生产物品的价格将取决于物品的整体需求和物品的整体供应（参见上文"为什么市场在伦理上是矛盾的"这个部分，第 6 点）。因此，一个同业公会的运行是在它控制不了的环境中进行的，在那里，它的存在面临着各种不同的事件和发展的风险（例如，需求的变化，技术的创新使得有资格的劳动过剩，或者来自非同业公会形式的组织企业的竞争）。换句话说，作为一个公司，能够引导它的"成员"过一种伦理生活，而同业公会不能保障它自己的幸存。这就提出了这个问题，是否国家可以建立执行这个职能的机构。

正是在这里，黑格尔对警察的讨论出现了。在经济政策方面，警察具有这种任务，通过"调节"（PR §236）市场关系，有助于人们能够引导一种伦理生活。或者，如黑格尔所说的"警察监督和规定的目标是要调和个体与普遍的可能性［*allgemeines Vermögen*］，这对于实现个体的目的是有用的"（PR §236A）。 158

按照黑格尔的观点，警察应该具有什么权力呢？一方面，黑格尔相信，警察可以执行他们上述的任务，仅当他们授权采取措施以改善基础结构（PR §236A），为企业搬迁提供税收优惠（PR §252R），采取预防措施以保护消费者（PR 1821/22, 235），并且对预防疾病和学校教育做出规定（PR §239A）。另一方面，黑格尔澄明，他认为，对于警察应该具有什么权力的问题，不可能给予明确的回答："更加准确的规定将取决于习俗、宪法其他部分的精神、现行的状况、当前的突发事件等。"（PR §234）

警察能否调节同业公会周围的市场环境，以确保它们的持续存在呢？如果人们紧密跟随黑格尔，很明显，情形并非如此。市场存在的地方，也存在经济发展将发生的警察甚至不能粗略预测的结构性可能性（参见"为什么市场在伦理上是矛盾的"，第 6 点）。所以，黑格尔指出，警察履行的"监督"必然是不完整的。出于这个理由，他们单独的"规定"——也就是说，警察设法避免或者减轻有问题的经济发展——将总是冒着无效的风险。因为他们有限的知识——当前的经济环境以及他们自己行动的影响——因此，警察只能以"必定总是不完整的"（PR §237）方式确保人们的伦理生活。而且，如果他们想要使用这种类型的确保性"更完整"，警察就不得不采取在伦理上本身就成问题的一些措施——例如，限制人们上述的一些权限（参见"市民社会成员的伦理意念"），让他们不再意识到，他们从事的工作源自于他们自己的"自我规定"，以及他们充分地被保护为"人格和财产所有者"（参见上文，要素 E-7）。出于这些理由，警察可以很好地贡献于同业公会的持续存在。但是，永久确保同业公会的存在远远超出了警察的权力。

159　　　　所有这些都表明，按照黑格尔的观点，现代政体的成员们的伦理生活是脆弱的。即使他没有明确地表达这个观点，从我们这里已经重构的这些考虑可以直接推导出。如我们已经看到的，黑格尔相信，国家和市民社会成员们的伦理意念的要求只有通过民法构成的市场才可以得到保证，同时他也相信，市场具有一些伦理上成问题的影响，而现代国家只能以一些非常有限的方式避免或者减轻它。从黑格尔的观点来看，现代世界因此不可能是一个制度稳定或者伦理完美的地方。只要市场是一种伦理要求，它们将不断地让我们遭遇寻找制度安排的任务——尽可能地——避免有害的发展以及——尽可能地——让我们过上美好的生活。[1]

---

[1] 特别感谢马克斯·切勒姆（Max Cherem）、戴维·詹姆斯（David James）和米歇尔·匡特（Michael Quante）帮助评论了我的这篇文章的早期版本，以及特别感谢阿德里安·威尔丁（Adrian Wilding）把他的德语手稿翻译成英文。

塑造自身：黑格尔、贱民与后果

弗兰克·鲁达

> 你享有活着的名声，但你已经死了。

——《启示录》(3:1)

一枚黑格尔炸弹

在《法哲学原理》的 §244，黑格尔介绍了他所指的"贱民"（*Pöbel*）。正是这个独特的、表面上的以及所谓的黑格尔思想的边缘"主题"，最终可以表明为什么黑格尔早期的一种表述适用于（晚期）黑格尔。在黑格尔 33 岁到 36 岁之间，他在所谓的流水账式的著述中写道："原创的、十分精彩的教化作品像一枚炸弹，落在一座懒散的城市，在这个城市中，每一个人都坐在啤酒杯前，都非常的聪明，都没有感觉到正是他们平淡的幸福引起了惊雷的粉碎。"（*Werke* 2: 550）在下文中，我将论证，黑格尔的《法哲学原理》就像这样的一枚炸弹：这一枚炸弹的爆炸特性源自，至少部分地源自贱民的问题。这如何可能？这已经得到多梅尼科·洛苏尔多（Domenico Losurdo）[1] 以相似的方式论证，他主张，黑格尔的

---

[1] Domenico Losurdo, *Zwischen Hegel und Bismarck. Die achtundvierziger Revolution und die Krise der deutschen Kultur* (Berlin: Akademie Verlag, 1993), 157–234.

同业公会理论使得《法哲学原理》在出版后马上被认为包含某种高度爆炸性的材料。这个理论，如洛苏尔多重构的，意味着组织模型的雏形，以及在工人阶级形成的历史环节上工人阶级政治工具的观念，一种原始贸易工会的雏形，这个工会会使得工人阶级远离中世纪行会制度的僵化结构以及影响经济因素，例如工作时间、工资以及进一步的与工人利益相关联的普遍要素。

161　　　　这已经足以——考虑到 19 世纪 30 年代普鲁士的状态——辩护把《法哲学原理》解读为一枚隐喻的炸弹。例如，它导致鲁道夫·海姆（Rudolf Haym）在他的《黑格尔与他的时代》(1857)[1]中因为黑格尔是普鲁士国家的一位辩护者而表达了他的著名批判观点。然而，重要的评论是，海姆是自由主义资产阶级阵营的一位支持者，这个阵营首先强调个体在市场领域中实现自由以及它的领域是经济竞争。完全是黑格尔对该解释的自由之实践结果的描述才使得黑格尔文本的爆炸性与贱民问题相关联。黑格尔阐明了个体主义和自由主义对自由的诠释在资产阶级市场动态的世界（即市民社会）中实现时所产生的矛盾和自我破坏性的结果。他在下述论点中概括了这个自由观念的矛盾本质：这些社会也就是现代社会，必然产生贫困，完全是因为上述造成的这些社会现代的诸原则之间的关系。在这些社会中，在所有主体的自由内在的自我规定（历史上的宗教改革带来的观念[2]）以及为主观自我规定提供客观条件的普遍

---

[1] Rudolf Haym, *Hegel und seine Zeit. Vorlesungen über Entstehung und Entwicklung, Wesen und Wertder Hegelschen Philosophie* (Leipzig: Heims, 1973)。这个批判也被恩斯特·图根特哈特采用——以一种类似的不能令人信服的方式，参见 Ernst Tugendhat, *Self-Consciousness and Self-Determination*, trans. Paul Stern (Cambridge, MA: MIT Press, 1989)。甚至也被阿多诺采用，他认为《法哲学原理》是"笨拙的意识形态"。参见 Theodor W. Adorno, *Hegel: Tree Studies*, trans. Shierry Weber Nicholsen (Cambridge, MA: MIT Press, 1993), 131。

[2] 参见 Joachim Ritter, 'Hegel und die Reformation', in *Metaphysik und Politik. Studien zu Aristotelesund Hegel* (Frankfurt am Main: Suhrkamp, 2003), 310–320。

法律平等（这一观念的历史起源在于法国大革命[1]）之间存在着一种必然的联系。贫困，如黑格尔所表明的，是一种现象，因此，它与遇到贫困的这些社会一样，具有一种独特的现代性质。它尤其与关于现代性的什么是现代相关联，也就是，这种可能性，即法律上保证每个人以一种自我规定的方式实现他的或者她自己的自由——至少，在市民社会领域通过人们自己的劳动以最低限度地谋取生计的形式实现，这种"全方位的相互依赖性的体系"（PR §183），也就是市场。

如黑格尔在他的哲学史部分讲演录中所陈述的：在路德之前，"贫困被认为要高于来自人们自己亲自劳动的生活，但是，现在[宗教改革之后以及也在法国版本的现代性中]，众所周知，贫困是一个目的，它并不比劳动更伦理。更确切地说，人们靠自己的劳动生活以及为带给自己的东西感到高兴更加伦理"（*Werke* 20: 49）。这就是为什么可以说，"如何解决贫困这个重要的问题，特别困扰和折磨现代社会"（PR §244A）。贫困困扰和折磨着现代人，并且它激怒了所有不想要倾听和接受它的人——这是《法哲学原理》产生爆炸性效果的一个方面。它激怒了下面这些人，他们相信，如黑格尔曾经沾沾自喜地说，"处理贫困的最直接手段"就是"让穷人听天由命以及引导他们向公众乞讨"（PR §245R）。把这个立场归于黑格尔时代的自由主义资产阶级不是太难，他们当时正在形成过程中。但是，不同于这个自由主义资产阶级，黑格尔并不回避直面现代社会和现代性的矛盾本质。他甚至明确地阐明，现代市民社会源自其自身经济的向前发展的一个确定的历史时刻，它不能够坚持自己的原则而又不产生矛盾。

尽管市民社会坚持，每一个成员都应该通过投入他或者她自

162

---

[1] 参见论黑格尔与法国大革命的最好著作，Rebecca Comay, *Mourning Sickness: Hegel and the French Revolution* (Stanford, CA: Stanford University Press, 2010)。

己的劳动力量获得他的或者她的生计——这就是市民社会的一个原则——黑格尔的概念诊断表明，市民社会产生了这个矛盾，即所有人应该以此方式生存，同时，它也使得所有人不可能实际上以此方式生存。[1]因为市民社会产生贫困，黑格尔把它定义为一种状态，在这种状态中，所有的市民社会优势都失去，但是被它产生的所有欲望还存在。尽管黑格尔讨论了一系列解决贫困问题的方案，[2]他很清楚地指出，没有一种方案真的能够克服这个问题。更确切地说，一个甚至更大的问题产生了，这个问题对黑格尔来说就是称为"贱民"的问题。因此，人们可以看到，黑格尔概念式阐明的市民社会本质的爆炸性特性直接关联于现代性（贫困）以及其后果的一个功能性问题的解释，也就是贱民。[3]

163 独特的贱民

当人们考虑了黑格尔处理这个问题的选项之一，也就是，让穷人听天由命以及"引导他们向公众乞讨"（PR §245R）时，贫穷以及其后果的问题多么让人苦恼就变得可理解。他立即注意到，曾经乞讨过的任何人不久就会失去工作的习惯，并且也开始相信他有权不工作而生活着。正是完全以这个方式，贫穷的人会成为贱民的一

---

[1] 以另一种非常世俗的方式来形容就是说，市民社会必然产生失业——不管它当前的和历史的比率如何，它都是一种系统性的影响。

[2] 他讨论了财富的重新分配、殖民化、公开行乞、市民社会对穷人的照料、紧急权（Notrecht）、同业公会以及警察。我将回到其中的一部分上。

[3] 黑格尔并没有因此——如斯洛莫·阿维纳瑞已经论证的——不解决贫困问题。更确切地说，他表明，现代市民社会不能对贫困问题提供解决方案，这就是为什么它是一个真正的令人苦恼的问题。参见 Shlomo Avineri, *Hegel's Theory of the Modern State* (Cambridge: Cambridge University Press, 1972)。对于黑格尔贱民主题的延伸探究，参见 Frank Ruda, *Hegel's Rabble: An Investigation into Hegel's Philosophy of Right* (London: Continuum, 2011)。

部分。这个贱民因此就是首先失去的不仅是财产意义上的穷人，也就是，失去通过他自己的劳动对劳动的必然性和自己谋生的荣誉的洞见。但是，属于贱民的个体也失去了对这个市民社会原则的合法性和功能的信念（如他或者她看到，它不是一致性地起作用，而是产生了矛盾，并且看到，人们也许能够依靠公开行乞而生活）。贫困，作为市民社会经济动态的一个必然产物，因此提供了贱民出现之持续可能给予的条件，以及一种没有荣誉的社会生存的持续给予的条件。尽管黑格尔把贱民描述为除了贫困的物质损失之外的一些损失——贱民是羞于工作的，没有羞耻感和荣誉的，以及懒散的——贱民同时不是贫困的一个必然后果。这里，爱德华·甘斯（Eduard Gans）在黑格尔讲义的附加笔记中赋予贱民一个明确的特征，这需要绝对认真对待，因为它是以真正黑格尔的精神补充的，即贱民"塑造自身"（PR §244A）[1]——它完全是通过一种另外的损失塑造自身的，这就在（本体—）逻辑上把贱民部分的个体与贫困的人区分开来。贫困是现代市民社会历史性地自我指明和自我分化的运动的一个必然产物——因此不是建立在个体的错误或者违法的基础上，尽管一个个体的命运的特殊例子可能是这样。因为现代社会所起的作用，贫困必然存在。[2]弗里德里克·詹姆森（Fredric Jameson）已经表明，马克思已经沿着这些思路论证，资本主义的问题因此是失业，[3]这在这个情境中恰恰就是黑格尔描述为贫困的另一个名称。对马克思而言，在资本主义生产模式下组织起来的任何社会都存在一个问题，它产生于这个事实，即资本主义不能够确

164

[1] 我在这里已经修改了这个误导性的翻译，贱民"自动确定他们自己……"（PR §244A）。这段话解读如下："最低生存水平，即贱民的生存水平是自动确定的，但这一最低水平在不同的人群之间存在很大差异。"

[2] 这就是一种后果，这种理解的国家——市民社会——不可避免。这种黑格尔式洞见显然至今仍然有效。

[3] Fredric Jameson, *Representing Capital: A Reading of Volume One* (London and New York: Verso, 2010).

保所有成员通过劳动而谋取生计，尽管它公开宣称做得到，但是，实际上，这正助长了它产生的矛盾。并且，如人们可以看到的，这已经就是黑格尔的洞察了。市民社会仅仅通过与它自己的原则矛盾起作用，这就是贫困的原因。

这就是为什么人们应该强调，尽管贫困是社会的一个必然产物，成为贱民是自我导致的，独特的。也就是说，贱民并不必然出现（尽管它的可能性社会条件是必然的），而是偶然出现的。这也意味着，穷人和贱民是不同的——这一区分不断地在一般而言的工人阶级和马克思的无产阶级之间的区分中找到（这一区分如在黑格尔那里那样通常都没有得到注意）。仅当一个偶然的态度补充必然的条件，贱民才出现，也就是，当通过附加一种主观的态度，导致进一步的损失（荣誉等），贱民才在贫困的条件的基础上塑造自身。因为"贫困本身并不会让人沦为一个贱民，一个贱民的产生仅仅通过与贫困关联的意念，通过反抗富人、反抗社会、政府等的内在愤怒［*Empörung*］"（PR §244A，译文有改动）。因此，贱民的意念被"愤怒"这个名称所标示。为什么是愤怒？——黑格尔也把这一态度或者信念描述为一种"没有权利的信念"（VPR3: 703）？人们可以通过重述黑格尔观点来回答这个问题。如果贫困是市民社会的一个必然产物，并且不取决于个体的违法，那么市民社会的任何成员都是潜在的穷人。如果任何人都可以成为穷人，市民社会的每一个人都是潜在的穷人。[1] 如果贱民偶然地通过确立一种意念以补充贫困这个事实塑造自身，人们可以推断，任何穷人都可以转变成为

---

[1] 黑格尔论点的现实性可以被认为在让-克劳德·米尔纳（Jean-Claude Milner）提供的当下诊断中起作用，他的诊断是，今天的资产阶级最终只不过是"领薪资产阶级"。这就意味着，现代市场动态甚至克服了客观的——以及可以社会性描述的——沉积阶级。显现为资产阶级的成员们，可以是银行家、经纪人等——即使现在相对富有——可以很容易就失去他们的地位，只要他们失去他们的工作。这就是由于这个事实，如米尔纳论证的，任何人以某种方式实际上都可以做好他们的工作。参见 Jean-Claude Milner, *Clartés de tout* (Paris: Verdier, 2011)。

贱民部分。这就意味着，市民社会的每一个人潜在的都是穷人，因此都是潜在的贱民。或者，更准确地说，每一个人将潜在的就是贱民。为什么会有这个特殊的时间性呢？这里，人们需要在前面的未来，因为对存在这个双重类型的潜在性的这个事实的逻辑洞察是贱民出现的一种影响。但是，贱民是什么呢？人们可以通过查看它的意念（*Gesinnung*），也就是，它的愤怒，来更准确地描述它。

现实世界的愤怒（以及堕落）

黑格尔通过指出贱民剥夺了国家和所有国家制度的合法性，进一步定义了贱民的愤怒的内容。因此，贱民贬低了事物现存状态的合理性，并且否认他们存在的权利。如此一种贬低和否定可以采取两种不同形式，但是黑格尔仅仅根据愤怒指出了其中一种。贬低现存机构的两种形式之间的区分也允许黑格尔区分两种不同类型的贱民。他们是什么呢？第一是，如上文所说的，贫困的一种可能后果，它的特征就是它的愤怒，我将返回到它。以迂回地方式介绍第二种类型的贱民将被证明是有意义的。对于黑格尔，市民社会被组织成为不同的等级，并且参与到等级中对于每一个成员都是必然的。如果人们外在于这些等级，则不能以充分的方式生存——每一个人需要具有一份工作，一般而言，任何站在等级之外的人，对黑格尔来说，仅仅是"一个私人"（PR §207A）。私人因此可以被区分为两类：自愿的私人和非自愿的私人。简而言之，存在着穷人和黑格尔所称的赌徒（PR 1821/22, 230）。

任何人都可以非自愿地成为穷人，然而，人们只有自愿地和任意地决定单单基于他们自己而不是同业公会中的他人来满足自己的利益时，人们才可以成为一个赌徒。赌徒认为，他或者她独自——甚至没有一份工作，因此没有恰当的资格——仍然会谋生，他或者她赌的是现存经济的偶然运动。如此这样的决定依赖于这个希望，即因为运气好，人们会偶然地——比如说，通过股市上赢得收益——保证他的生存。但是，这是相当特殊形式的推理，因为一位赌徒他或者她自身需要些赌本以开始——如果它不是通过投入他或者她自己的劳动，那么它一开始就是一种偶然的和特殊（化）的条件。如果在这种经济游戏中，如此这样的成功得以实现，赌徒立刻和必然采取一种黑格尔称为"堕落"的态度（PR 1821/22, 223），这不仅取决于客观的偶然事件（以及因此是客观的而不是主观的偶然），也使得他或者她成为第二种类型贱民的代表（不是自我塑造的），我称之为奢侈的贱民。

奢侈品是一种特殊占有（而不是财产）的一个名称，也就是说，富有贱民成员享有的任何占有形式，前面的赌徒，现在的幸运赢家。奢侈贱民也剥夺了几乎所有现存制度的正当性与合法性，但是，他们基本上不贬低它们，也就是说，它自己的实存依赖于它们，也就是，市场的任意动态。奢侈的贱民因此基本上是被下述几个要素决定的：（1）可以投入一种类型的赌博中的确定赌本的任意存在；（2）任意决定赌博以及站在等级之外；（3）赌博行动本身的任意逻辑；以及，因此（4）借助这个行动的任意成功。这一系列相关的任意事件不断地重复着，仅仅因为任何实际的收益总有一天会花光，这个奢侈的贱民没有一份工作，而只能重复回到赌博上，并且希望重构自身为一位奢侈的贱民。[1]富有的贱民被任意性和特殊性所腐化。[2]然而，这并不适用于贫穷的贱民。

贫穷的坚韧是愤怒的，并且，它的愤怒指向它自己可能性的

---

[1] 对奢侈贱民的更多解释——我主要关注它的任意性的两个方面——可以在鲁达那里发现，参见 Ruda, *Hegel's Rabble*, 49–74。

[2] 如黑格尔陈述的，"人们可以称这种堕落为，富人认为自己可以自由地做任何事情"（PR 1821/22, 223）。与这个情形相关的是这个主张，"世界上已经腐化的任何东西，都有其腐化的理由"（EL §121A）。

诸条件。也就是说，正是贫穷的存在让人们愤怒，因为贫困标志了
它自己的生存条件。由此推出，并不阻止这个生存条件出现的一个
伦理政治共同体因此本身最终是自我寻求的利益的非法积累，而没
有任何合理的和现实的普遍性。贫穷的贱民看到随处可见的富有
贱民。对它而言，整个社会都认为，富有贱民的形式，一种腐化
存在的形式仅仅是任何掩饰的实存，而没有普遍性。这就解释了
贱民的"反抗富人、反抗社会、政府等的内在愤怒"。贱民愤怒，
因为它认为自身处于"一种缺少权利［*Rechtlosigkeit*］的状态中"
（PR 1821/22, 222），这错误地把自己呈现为以及似乎是一种权利
的状态。贱民是愤怒的，因为它认为它自己的生活条件证明了市民
社会是一场巨大的伪装。一个社会宣称它自己的普遍性而在其内没
有任何现实的普遍性存在，就会被贱民对它的判定所披露。贱民披
露市民社会的伪装，不仅因为它是市民社会的"牺牲品"，更是因
为贱民指向了一个潜在地包括每一个人的维度，因此就有可能思考
一种非排他性的，也就是，现实的普遍性，它与黑格尔在国家内的
伦理生活领域一样普遍（如任何人都是潜在的穷人，以及任何穷人
都是潜在的贱民）。但是，这里重要的是要说明，这个主张在黑格
尔文本中不可能找到，尽管可以从它推演出来。

　　这个主张在黑格尔《法哲学原理》中为什么找不到呢？这里，
黑格尔的《法哲学原理》的读者有三种选择。选择 1 是，黑格尔根
本就没有看到他自己的概念挖掘出的东西，因此，人们可以以及应
该以一种完全黑格尔的精神确认这个后果——这会意味着试图比黑
格尔更加黑格尔式地关注贱民。选择 2 是，人们可以论证，对于他
呈现的国家概念，贱民根本不是问题，并且黑格尔因此完全不从它
的生存的任何东西推理而辩护。最后，选择 3 是，人们可以论证，
人们可以以及应该发展黑格尔没有发展的贱民概念的诸后果，但是
人们同时应该强调，这些后果，尽管它们阐明了黑格尔呈现的国家
概念的一种内在限制，但最终证明是一种黑格尔的观点：也就是，

167

它们为下述问题提供了一个理由，即为什么黑格尔描述的国家将在某个时刻灭亡和衰败，正如所有个体，所有个体的状态都有开启、发展和结束的一生。贱民可以被认为是对下述问题的一种（也许不是唯一的）概念解释，即黑格尔的国家在概念上已经或者必然失去活力。

贱民的第一种解读：黑格尔反对黑格尔

对贱民的第一种解读可以强调下述观点：黑格尔明确地指出市民社会被驱使陷入产生贫困的矛盾中，但是他不能（或者出于某种理由仅仅无法）理解它的矛盾本性的让人苦恼的影响，如他根据他自己的辩证方法已经做的。换句话说，因为黑格尔并不从贱民概念隐含的东西中推出他应该推出的东西，矛盾的是，在黑格尔那里以及对他而言，贱民本身完全推出他自己推不出的东西。因此，贱民的思想必然意味着，人们应该（以及不得不）比黑格尔更加黑格尔。对市民社会矛盾本性的解读为我们提供了这样一个基础，即市民社会的矛盾性不会在国家及其内部和外部伦理机制中被处理和扬弃。作为黑格尔主义者，人们可以反对黑格尔自己，支持贱民的判断，即如果贫困的产生不可避免，这就使得它存在于其中的社会政治体系的整体成为一种不正义的体系。尽管黑格尔明确地注意到，贫困是一个条件，这个条件下，人们缺少实现自己自由的可能性，并且他也阐明，这个缺失、这个不能性（实现自己自由的）[1]是不可避免的，例如，必然的以及人为产生的，他的概念就无法把这个缺失理解为一种不正义。因为，如果他得出这个结论，市民社会，

---

[1] 黑格尔很早就已经把贫困定义为"不可能把某东西带到自己面前"[*etwas vor sich ze bringen*]（JR, 232）。

在其整体上的"伦理现象的世界"（PR §181）就会被证明是一系列相互关联的极度不正义，这就不可能不断地产生普遍有效（例如，对一切）的市民依赖的原则。贱民，一方面，并不踌躇于获得这个结论，它对事物的现存状态上的愤怒就是这个结论的表达。这就合法化了贱民的主张即不劳动的谋生权利，由于它实际上不能通过劳动谋生。但是，要主张一项权利只能向黑格尔显现出不合理，由于他把权利的概念与自由意志的概念联系在一起，当它通过劳动活动实现自身时（这完全就是贱民无法践行的），这只能是它之所是，也就是，自由的。对黑格尔来说，要求不劳动而谋生的权利意味着人们假设一项权利既没有也不能够具有权利概念中发现的普遍性或者客观有效性。这就是，为什么他必然把贱民描述为一种特殊性，它自身脱离了权利和义务的一切关系，因此坚持单纯的特殊性。[1]然而，贱民，因为每一个人都是潜在的穷人和潜在的贱民这个理由，不单单是一种特殊性。这就意味着，贱民主张的权利不仅是一种特殊的权利。更确切地说，它体现了某种类似于具体的普遍性的东西，因为它具有一种潜在的普遍维度。在它的表现中——在它愤怒中——它指向了一种超越现存秩序的自由和平等的组织——黑格尔不可能看到的一种组织，尽管它会代表一种真正的黑格尔式洞见。黑格尔不能接受如此一种观念，因为他基本上寻求描绘一种稳定的国家式组织的合理性，这一组织能够处理内在的矛盾。因此，他需要批判贱民的主张，批判该主张是一种单纯特殊的主张，没有任何真实的现实意义。与黑格尔不同，因此，第一种解读坚持与黑格尔一同站在黑格尔自己呈现的概念展开的另一端。

169

---

[1] 黑格尔："如果一个人使得自己没有权利以及也使得自己不受义务束缚……那么这就是贱民。"（PR 1821/22, 222）人们可以在这里看到，为什么甘斯补充贱民塑造自身是以完全黑格尔式的精神，仅仅因为它似乎被黑格尔自己在贱民的几次语境中使用了。

贱民的第二种解读：国家反对贱民

对贱民的第二种解读会寻求在两点上反对第一种解读。它强调，贱民对于黑格尔不是一个问题，仅仅因为他的整体观点是，贱民可以出现的领域（也即市民社会）是矛盾的（矛盾隐含在它的概念中），因此，贱民只是完全阐明以及体现了黑格尔想要呈现的矛盾。因此，黑格尔并不回避市民社会的这些矛盾（这些矛盾最根本地体现在贱民中）。更确切地说，它们完全就是他想要描述的，以表明他所考虑的市民社会本身所固有的（概念的）不可持续性。这些矛盾使得人们可以理解，为什么黑格尔可以主张市民社会被驱使超越它自己的限度（PR §246），这就是说（通过其概念中的矛盾），他超越了自身，进入国家的概念领域。市民社会面临的内在困境和障碍的呈现应该要表明的，最终只不过是国家的必然性。因此，这正是黑格尔可以从这些困境中获得的国家概念。贱民对黑格尔来说不是问题，因为它只是属于市民社会领域，随着国家克服和扬弃这些不一致性，贱民问题在相同的运动中得以克服。贱民是一个必要问题的名称，但并不是针对黑格尔的，而是针对市民社会。他甚至可以颂扬它的存在，因为，由于它，他可以推出从市民社会向国家的运动。

这里，一个问题出现了：第二种解读完全适用于贫困在黑格尔市民社会观念中的作用。他并没有关于市民社会矛盾的一个概念问题，并且人们可以论证，这就是为什么国家是必然的。但是，即使国家可以概念上源自市民社会矛盾，如果国家自身不能够解决贫困的问题，并且贫困成为愤怒形式的某种主观的东西（这就是贱民碰到的事情），贱民表达的这个主张的可能性甚至不断地存在于国家内。因此，国家并不解决贱民的问题。在国家内仍然存在一种矛盾的这个主张——也就是如它在市民社会中的现象——并没有消除掉，因此贱民的问题本质仍然存在。因此，人们可以看到，存在一种双重的逻辑运动：第一个是，从市民社会开始，穿过作为其矛盾机制体现的贫困，终结于国家。另一个是，从市民社会开始，通过贫困，终结于国家。这就是说，贱民和国家出现在相同的逻辑层面上，因此前者不单单是一个市民社会的问题。因为它在概念上和逻辑上精确地出现在国家出现的地方，因此应该在相同层面上被讨论。贱民因此不只是——有时很少是——市民社会矛盾的一个体现。这就是为什么，完全就如同国家所做的，它指出了解决市民社会矛盾的可能性，因此，扬弃贱民的这个矛盾就处于与国家的直接关系中（或者，也许在概念上与之竞争）。

那么，这里第二种解读的支持者坚持认为，这个回应本身依赖于成问题的假设，即贱民之可能性的条件并没有随国家的出现而消除掉。然而，这就是黑格尔寻求阐明的东西，由于随着国家的出现（对黑格尔来说，"逻辑上"来自开端，但是我必须放下这个问题），各种机构的出现处理以及克服贱民可能性的这些条件，因此，解决问题。黑格尔在这个过渡中定位的两种机构就是警察和同业公会。因此它们的情形是怎样的呢？同业公会产生共同财产，让那些已经陷入贫困的成员们得到抚养。然而，关于同业公会的问题是第二代穷人的问题，可以说，由于加入同业公会意味着人们掌握了职业或者行业，因此那些没有它的人们仍然外在于同业公会。不断缺少就业以及他们的孩子们缺少教育［Bildung］和就业的那些人不会以及概念上不能得到任何同业公会的资助。

警察——一个复杂的概念，引起了黑格尔时代所谓的"警察学"的整个领域的共鸣[1]——也不提供一种严格的手段以防止贫困的出现。为什么不呢？首先，因为它根据决定以及基于市民社会的动态运行，因此只是寻求驾驭和限制其矛盾的影响。其次，这一

---

[1] 对于这个概念，参见 Mark Neocleous, *The Fabrication of Social Order: A Critical Theory of Power* (London: Pluto Press, 2000)。

机构不仅被市场的任意性内在地决定，而且也被实际警察们的判断的任意性所决定。简言之，这两种国家机构都不可以做第二种解读声称他们能够做的事情。

最终，第二种解读的支持者通过下述强调寻求最终解决方案，即，即使黑格尔的国家机构不提供解决贫困和贱民问题的恰当方式，也存在紧急权（*Notrecht*），即 *ius necessitas*。那么，如此这样的一种解释就会强调，黑格尔在《法哲学原理》§127 介绍紧急权的地方，也含蓄地阐明，一位贱民个体以及遭遇不公正的个体实际上有主张他的或者她的权利的一项权利，并且，如果拒绝他或者她，他或者她有权由此获得某些实践的结论。因此，紧急权就变成为具有诸权利的一项权利，[1]成为一项革命权，他的主体是所有被排除出他们得到的承诺之外的那些人（也就是说，他们可以凭借他们自己的劳动能力谋生）。紧急权因此就是根本上改变当前状态成为一种新的和更好状态的一项权利：在被列为国家的国家内改革国家的一项权利。并且，黑格尔的确主张，紧急权应该保护个体，以免成为现存权利体系的牺牲品（一种洞见与他对罗马法的批判相关联）。紧急权无疑是这样的权利，即如果一个人出于必然性而犯错误，那么他不违背现存的权利。然而，紧急权是出现在国家宪法内的一项肯定的权利，并且它本质上意味着，如果一个人出于必然性而违反了现存的权利体系（因为，可以说，一个人会死于饥饿），那他并不必定受到惩罚。[2]但是，也很显然，黑格尔概念上把这个权利的应用关联于现存权利体系内的特殊例子，也就是说，关联于法庭，它决定某人因为原本会成为罪犯的某物而免受惩罚。

---

[1] 对此，参见 Werner Hamacher, 'The Right to Have Rights (Four-and-a-Half-Remarks)', *The South Atlantic Quarterly*, 103 (2/3)(2004): 343–356。

[2] 这也是多梅尼科·洛苏尔多作出的论证，参见 Domenico Losurdo, *Hegel and the Freedom of the Moderns*, trans. Marella and Jon Morris (Durham, NC: Duke University Press, 2004), 170–171。

　　紧急权是一项肯定的权利，它取决于权利以及其司法的存在。　172
这就是为什么紧急权不是一项国家革命的权利，它在某个历史环节
上是国家肯定构成的一部分。紧急权的确是一项这样的权利，它是
现代权利观念的特征，然而，在我看来，它不是以及不能是，一项
废除或者根本上改变所有调和的权利。第二种解读批判第一种解
读，就因为它没有考虑到黑格尔提出的处理贱民问题的这些手段。
然而，对贱民的第二种解读没有提供任何足以使得第一种解读根本
上无效的令人信服的论证。因此，需要第三种解读。

对贱民的第三种解读

　　第三种解读可以开始于下述观点：贱民的愤怒不单单表达了现
存事态以及国家事务的挫折。它也不单单是失去自尊的标志，因此
不是忧郁症的表现。更确切地说，它的愤怒需要积极的自我主张。
愤怒因此可以被解读为自尊的一种表现。贱民部分的某些人应该属
于的这个社会，否认他或者她的生存权，贱民肯定在世界中生存的
权利，以及反对不应该生存于其中的一个世界。它主张的这项权利
正确地被齐泽克描述为"拥有权利的一项普遍权利，能够作为自由
自主的主体而行动。不靠劳动养活自己的要求因此是一种更加基本
的现象形式（可能还是表面上的），并且绝不是'不合理的'要求
给予一次机会以作为一个自主的自由主体而行动，这包含在普遍的
自由和义务中"[1]。

　　贱民对社会经济运动的过渡的、违背人性的和反常的影响感到
愤怒，因为在这些影响中以及通过这些影响，变得很明显的是，法

---

[1] Slavoj Žižek, 'The Politics of Negativity', in Frank Ruda, *Hegel's Rabble: An Investigation into Hegel's Philosophy of Right* (London: Continuum, 2011), xvi.

律主张的所有个体的生存只有在不断地剥夺大量穷人的权利条件下才可以得以维持——随着贱民的出现，某些事物变成是回溯式可见的。维持所有人的生存权利的可能性意味着，在社会范围内，同时不可能保证所有人的生存权利。对社会扭曲的、违背人性的本质的洞见就是产生贱民以及其愤怒之所在。因此，愤怒就是对愤怒的愤怒，对愤怒可能性的条件的愤怒。它并不指向这个世界的具体对象，而更是指向这个世界本身。愤怒指向的是存在愤怒的一个世界。愤怒可以被解读为一种方式，即一种不公正被主观化，这一不公正因为产生于世界的构成而不被承认的一种。

考虑到它的偶然起源，这个愤怒可以根据阿多诺所说的"附加物"（*das Hinzutretende*）来理解。[1] 这个范畴描述了偶然补充一种情境的主观态度，在这种情境中，一个主体遭遇一种不可能性（在贱民的情形中，不可能带给自身某东西，也就是，在一些特定的条件下不可能实现自己的自由）以及在实践上处理它。阿多诺指出，"这个主体的决定在因果链条中不是滚动式的，而是震动式的"。[2] 因此，主体的决定取决于一种附加物，附加的愤怒。愤怒也产生于

---

[1] 参见 Theodor W. Adorno, *Negative Dialectics*, trans. E. B. Ashton (London: Continuum, 1973)。

[2] Adorno, *Negative Dialectics*, 226–227. 在不同语境中，阿多诺给出了这种"震动"（Ruck）的一个例子。他叙述如下："我返回德国之后的头几个月……在海外，我有机会认识《7月20日》的少数关键演员之一，并能够与之谈话。'好的，你知道阴谋成功的机会非常渺茫，你必须知道，如果你们被抓捕，你不得不期待比死亡更可怕的命运……尽管如此，是什么让你有可能采取行动呢？'——于是他对我说……'但是有些情形是如此无法忍受的，以致人们不能继续忍受他们，不管发生什么以及不管在试图改变他们的过程中发生什么。'他说这个时没有任何伤感——我想补充一点，不诉诸任何理论……——事实是，有些事情可能是如此无法容忍的，以致你感到被迫试图改变它们，不管对你有什么后果，以及在你可能也预计到对其他产生的可能后果的情形下——正是在这个点上，不合理性，或者更好地说，道德行为的不合理方面要被寻求，这个点可能是它要定位的。" Theodor W. Adorno, *Problems of Moral Philosophy*, trans. Rodney Livingstone (Stanford, CA: Stanford University Press, 2001), 8。

一种震动，因此它是一种偶然态度的必要内容和必然形式，这针对的是它自己可能性的条件。并且，正是这个必然可能的愤怒的相互作用，也就是说，这个态度的偶然产生和贫困保证了它的普遍性。愤怒是，至少潜在的，每一个人的愤怒。在贱民这个术语的意义上，愤怒的他因此是整个人类的代表。因此，愤怒可以成为政治活动的一个可能范畴，贱民是潜在的——还不活跃的政治的——主题。愤怒不单单是消极的，由于它具有一种积极的核心，也就是不劳动的生存权（没有权利）的表达。这个权利因此也有一种潜在的普遍维度，尽管从一种特殊的立场表达，这个维度也包括它所言及的每一个人。在下述这个意义上，它具有一种反思性的结构，即它的消极维度指向它自己可能性的条件（例如，指向允许愤怒存在的世界）。

这里，重要的是补充，黑格尔以双重方式使用"愤怒"（*Empörung*）这个单词。他使用它不仅意指贱民态度的情感决定，也在（词源上错误的）叛乱、反抗、动荡、起义的意义上。这就是为什么他可以写道："一场叛乱……在战争中征服的省份……不同于秩序良好的国家中的一起反抗［*Empörung*］。"（PR §281A）后者是名副其实的"政治犯罪"（PR §281A）：这是违背社会纽带的异质性的犯罪——权利和义务——这种纽带使得国家成为国家，例如，对世界本来面貌的攻击。人们可以把这里愤怒的两种使用联系起来，并且主张，贱民处于对国家的情感上愤怒的状态中，并且愤怒于现存的秩序，这就导致它主张一项不劳动的生存权，这标志着绝对脱离权利的概念和领域，脱离社会纽带等的一个环节。这就导致下述事实，即人们可以主张，这里的人从愤怒的可能性条件转向繁殖和延续它。关于世界的愤怒就提升——类似于臭名昭著的蒙奇豪森爵士著名的从沼泽中自我解放——到反对世界的愤怒，把世界推向一种动荡的状态中。

愤怒指向的是国家、秩序、世界的本来面貌。因此，对黑格尔来说，愤怒是一种反国家式的力量，因为它字面上就是一种非社会的主观态度。它是可能的政治直观化的一种态度。它不是表明已经实际存在的政治主观性的一种态度——因此，在其中呈现的唯一的维度是一种潜在普遍的维度（或者，换句话说，贱民是无组织的）。但是，它表明了（另一种）政治的位置，因为这一种政治活动的形式开始于破坏社会纽带以及减少（事情的）现状的证据。关于贱民，人们可以说，它的真实的反抗是愤怒脱离（所谓的）世界本来面貌的必然性。贱民断言、强调以及愤怒地阐明一种政治的可能性，这种政治从国家的视角来看似乎必定是不可能的。这就是因为愤怒表达了概念和现实之间的矛盾，也就是说，权利的概念和权利的现实之间的矛盾，并且隐性地剥夺了穷人的权利，在自由意志的概念及其实现的现实之间。在黑格尔早期的《实在哲学》中，他已经把内在的愤怒描述为"意志的最高内在动荡"，这是由"富有与贫穷的不平等"造成的（JR, 232–233）。这里，愤怒不仅表明了类似贱民的穷人对富人的主观思考。更确切地说，它指向的是贫困与富有之间的分裂的可能性。愤怒因此不是穷人针对富人的仇恨，而是当穷人和富人之间的这个分裂成为构成世界的一个原则时所产生的，穷人对它的仇恨。贱民在其潜在普遍的维度上的愤怒表明社会纽带已经被打破。

这就是为什么黑格尔把愤怒描述为最高的动荡（*höchste Zerrissenheit*）——作为社会的破裂，同时对一种根本的和普遍的维度的洞见，不再奠基在社会之上，而是在其不可能性上（这就是标志可能政治活动的地方）。因此，人们对此该怎么办呢？人们可以通过再次引用爱德华·甘斯来回答这个问题。他曾经讲了黑格尔的法哲学原理，并且当阐述国家的概念时（在黑格尔那里），评论道，"国家是生命稍微长点的个体，但是最终也会衰亡，在世界历史的斗争中被摧毁。它们是大量涌入历史海洋的一些河流……"。[1]这

---

[1] Eduard Gans, *Naturrecht und Universalgeschichte. Vorlesungen nach G. W. F. Hegel* (Tübingen: Mohr Siebeck, 2005), 204.

个意识就是，当它们变得内部固步自封、僵化以及过于乐观时，国家也将终结。然而，人们也可以把这个与印刻在贱民概念中的含义联系起来。罗伯特·皮平正确地评论道，黑格尔在《法哲学原理》的声名狼藉的前言中所讲的东西应该被严肃认真地对待。也就是说，"当哲学以灰色描绘它的灰色时，生命的形态已经变老，它不可能被灰色哲学的灰色所复兴，而只能被它所承认。密涅瓦的猫头鹰只到黄昏才会起飞"（PR，前言，23［28］）。哲学开始于一种生命形态不可避免的衰落，当它已经变老以及濒临死亡之时。这就意味着，黑格尔描述的国家概念本来面貌（不是如它应该之所是）是一个已经变老的概念——以及将不可避免地在某个时刻死去。这不仅意味着，如皮平正确地论证的，［1］黑格尔对一个国家或者一种市民社会应该像什么没有呈现任何规范的解释，而更是描述当代社会的现状，因为它是"变老的一种生命形态"，并且因此已经接近尾声。［2］哲学，尤其是黑格尔的哲学，描述的是什么，从来不描述应该是什么，因此它可能从来不需要歉疚的。它描述的是衰落状态中的东西，以及它可能仅仅描述这个，因为它本身就在衰落中。因此，终结不仅是接近，而总是已经在这里了。如果存在哲学，终结总是已经发生了。他的《法哲学原理》因此很明显不是一部充满歉意的书，而更是强调，他内在合理地呈现的国家还不在这里。如果国家和贱民都以相同的逻辑点出现，那么人们是否可以不以完全黑格尔的精神提出假设，贱民——以及它指出的其他种类的政治——可能是黑格尔描述的国家衰亡的诸理由之一？

176

---

［1］参见 Robert Pippin, 'Back to Hegel?', *Mediations* 26 (12), at www.mediationsjournal.org/articles/back-to-hegel。

［2］在某种意义上，不仅所有的国家都具有一部历史，它们在其中出现和消失，也意味着在任何国家的概念上，国家都将在某个点上呈现一种失败的状态。

实践必然性与市民社会的"逻辑"

戴维·詹姆斯

在《法哲学原理》的前言中，黑格尔提供了关于这个文本与他的《逻辑学》之间关系的陈述，在这个陈述中，他开始寻求阐明支配理性思想本身和在纯粹思想层面上形成哲学知识对象的基本逻辑规定。陈述如下：

> 由于我已经在我的《逻辑学》中发展了思辨知识的本性，我在当前的纲要中只偶尔补充对进展和方法的解释性评论。鉴于主题是具体的以及内在如此多样的性质，我当然已经省略了在每一个细节上阐明和表达逻辑。但是，一方面，鉴于这个事实，即我已经预先假定了对科学方法的熟悉，这可能被认为是多余的。另一方面，将很容易注意到，这部著作作为一个整体，像它的各部分的构造，建立在逻辑精神的基础上。我会希望这个册子也主要从这个观点来理解和判断。因为它处理的是科学，在科学中，内容本质上与形式不可分离。(PR, 前言 10, [12–13])

从这个陈述来看，似乎《法哲学原理》的内容，也就是法的概念，被认为是不可分离于它所呈现的科学形式。内容与形式的这个同一性与内容展现一种逻辑必然的结构的方式有关。尽管这个同一性并不总是完全明显的，法的概念及其变化的规定将在某种程度上展现形成内容或者思辨逻辑对象的相同逻辑结构。由于黑格尔在

《法哲学原理》中遴选出了一些描述的逻辑进展，人们会期待，尤其在这部著作中进行的某些关键过渡的思辨逻辑中，找到被阐明和描述的逻辑必然性的任何依据。如此过渡的必然性，因此最终必须根据逻辑必然性的观念来解释。

主张熟悉黑格尔思辨逻辑的任何人都能承认，甚至提供解释一种特殊过渡的逻辑进展，这引起了许多问题。首先，这些问题是，如果法的概念是必须提供的逻辑形式，以便解释从法概念的一个环节过渡到另一个环节，那么这部著作的内容，即法的概念如何被归类为与其形式"不可分离的"。换句话说，在《法哲学原理》中，法的概念所经历的发展将不是纯粹内在于黑格尔所称的"法的科学"（*Rechtwissenschaft*）（PR §31），即使他自己谈到了"假设从逻辑上很熟悉"（PR §31）的"它自己规定的产物和一种内在进展"。如果法的概念经历的发展不是一种纯粹的内在的发展，因此就不会充分地例证黑格尔的科学方法，我们就难以理解，法的科学何以成为完全黑格尔意义上的一门"科学"。更确切地说，法的概念经历的这种发展仅仅在下述意义上才是一种真正内在的发展，即它的发展可以在黑格尔作为一个整体的哲学体系内被解释。

如果法的科学内的任何一种主要过渡不能被认为是纯粹内在于这个特殊科学的，那么对想要以伦理的、社会的和政治术语来理解和辩护这个科学的任何人来说，为了避免对黑格尔思辨逻辑的任何诉求，一个明显的困难就出现了，理由在于，它本身是相当成问题的，因此不适合起到黑格尔希望赋予它的功能作用。[1] 因为，可以说，黑格尔的《法哲学原理》只有参照他的思辨形而上学发展的逻辑基础和合法性，才可以得到充分理解，并且，出于这个理由，对他的实践哲学的任何反形而上学或者后形而上学的解释都直接相

---

[1] 参见 Allen W. Wood, *Hegel's Ethical Thought* (Cambridge: Cambridge University Press, 1990), 4–6。

悖于他自己的意图，最终必定都无法理解他的现代形式的伦理生活理论的实际内容。[1]

接下来，我关注黑格尔伦理生活理论中关键过渡之一的方式，也就是说，从市民社会过渡到国家，尽管如此，这个过渡最好根据实践必然性而不是逻辑必然性来解释。这个过渡是特别重要的一个过渡，因为它标志着从部分但不充分地得到辩护的方式的过渡，以此方式，个体构想他们与他们是其成员的更大的整体之间的关系，对黑格尔来说，当涉及公民与国家关系时，这种关系是唯一真实恰当的关系模式。尽管根据实践必然性的观念解释讨论的这个过渡有助于提供对这个过渡的一种内在解读，它最终无法以完全符合黑格尔自己理解的个体与国家之间真正伦理关系的方式解释这个过渡必然性。如果黑格尔要成功地解释从市民社会到国家的过渡的必然性，那我应该一开始就确定黑格尔必须处理的一个问题。这个问题已经出现在《法哲学原理》的导论中，在那里，黑格尔的确明显诉求一种逻辑进展，他认为他已经在其他地方凭借他的思辨逻辑证明了其必然性。

意志概念

在《法哲学原理》的导论中（PR §§5-7），黑格尔根据三个环节描述意志概念。意志的概念是前两个环节的统一，即普遍性和特殊性，并且这个统一本身等同于个体性的环节（PR §7）。黑格尔把意志的第一个环节描述为"绝对抽象的无限永恒或者普遍性，对自身的纯思"（PR §5）。它包括这样一种行动，这个"我"对自身

---

[1] 参见 Klaus Vieweg, *Das Denken der Freiheit. Hegels Grundlinien der Philosophie des Rechts* (Munich: Wilhelm Fink, 2012)。

采取一种反思性的态度。因此，"我"确立的与自身的这个反思性关系使得它认为自身不受任何特定的特征所规定，并且在这个方面独立于任何特定的特征，这些特征恰好使得它成为规定的、特殊的"我"。通过从任一特定内容的反思性抽象，这个"我"成为纯粹普遍的，在某种意义上，它只不过把自身表现为意志的任何可能内容的场所。

在这个无规定性的环节中，任何内容仍然是意愿的一个单纯可能对象，尽管如此，这个环节必须被超越，因为意愿的行为本质上要求对某物的意愿。意愿某物的这个行为就是意志"设定自身为某种规定的东西"（PR §6）。例如，这里，在对那些最初遇到作为被给予的某物的欲望采取一种反思关系之后，一位行为者意愿基于欲望 X 而不是欲望 Y 或者 Z 而行动。由于意志的两个环节对于任何意愿行为都同样是本质性的，意志这个概念必须最终被理解为这两个环节的统一。然而，如果意志是自由的，那么这个统一还要求，这个意愿行为者能够以下述方式确定自身就是它所意愿的东西，这种方式，即它在其意愿的行动中仍然"与自身同在"（bei sich）。这是因为，对一种真正自我规定的行为的意愿行为而言，它不可能被某种外在的力量或者行为者所决定。更确切地说，意愿行为者意愿的某物是它可以承认在某种意义上是它自己的，即它的来源完全在自身内。

黑格尔根据逻辑概念的这些环节来解释意志的结构，即普遍性、特殊性和个体性（或者单一性）（EL §163）。普遍性和特殊性的这个统一定义了个体性环节，这构成了黑格尔意志理论的思辨环节。他把这个逻辑描述为关于其形式的三个本质性环节（EL §79）。首先，存在一个被知性践行的抽象环节，据此，一种思想的规定（在这个情形中，普遍性或者特殊性）被固定，在这个意义上，它被理解为持有一种独有的特征或者结构，这使得它独立于思想的对立规定（EL §80）。在意志概念的情形中，这个非同一性的环节等同于对意志的普遍性和特殊性本质上独立于它们彼此之间的关系给予一种解释，如黑格尔自己在《法哲学原理》导论中所做的（PR §§5–6）。接下来，存在一个辩证的环节，在这个环节中，固定的本性和思想对立规定的独立性被破坏，因为每一种思想规定表明与其他的思想规定联系在一起，而没有必然关系的基础存在于思想自身理解的思想之对立规定之间（EL §81）。例如，普遍性和特殊性本质上是相联系的，尽管它们在最小意义上是对立的，一方是另一方的对立面，以致，我们通过认识普遍性是什么，就知道特殊性不是什么，反之亦然。最后，存在着一个思辨的环节，在这个环节，必然的关系存在于思想的对立规定之间，它凭借它们在更高的思想规定中的统一得到充分的理解，而它们的对立没有被否定（EL §82）。这就是个体性环节。

黑格尔根据思辨逻辑的这些环节解释意志概念的方式，并不必然表示，他倾向于根据逻辑意义上更为根本的东西来解释意志，只要它构成了他的"法的科学"的对象。因为可能是这样，他能够表明，所讨论的逻辑结构在意愿的现象中充分地证明自身。事实上，这似乎就是黑格尔在《法哲学原理》导论中的路径（PR §§11–21）。这里，黑格尔对意志提供了一种解释，这种解释试图表明，意志如何以一种逐渐充分的方式展现相关的逻辑结构。

他开始于他所称的"直接的和自然的意志"（PR §11）。鉴于其照面的内容是某种自然给予的东西（例如，饿了时吃东西的自然欲望或者累了时睡觉的自然欲望），这里可以被认为是自我规定的意志的唯一意义在于，内容是它自己的，以致，在被这个自然内容规定时，意志不完全被自身之外的其他东西规定。尽管如此，与直接被给予的东西之间的反思性关系描述了意志的第一个环节的特征，它是不存在的，并且，在这个方面，难以理解意志的第一个环节如何在自然意志中存在。这个环节在下一个意愿形式中变得更加明显。这就是决定的意志，它包括选择一事物而不是另一事物的行动，因此意味着某种程度反思的存在，尽管是最低程度的。第二个意志环节也明显存在，由于选择一事物而不是另一事物的行动代表这样一种行动，通过这个行动，意志获得规定性，以作为意愿行动的一个结果。同时，黑格尔把这个决定的行为描述为"纯粹形式的"，以及描述为一种这样的行为，在其中，意志的内容还不是"内容以及其自由的产物"（PR §13）。很明显，他认为，真正的决定不仅包括意愿某种确定的东西，也意愿正确类型的内容。换句话说，它不单单是人们如何意愿的问题，也是一个人意愿什么的问题。

意志的纯粹形式本性在任性的意志（*Willkür*）中变得更加明确。这里，这种"自我反思的无限的'我'与自身同在……凌驾在其内容之上"，并且，这个内容因此成为一种单纯可能的内容，这个反思的"我"认为它是"外在于"自身的（PR §14）。当任性的意志例证了意志的第一个环节，规定决定采取一种意愿对象而不是另一个意愿对象的意志行为的诸理由的问题就出现了，以此方式，意志的第二个环节就起作用。黑格尔指出，事实是这样，这些理由必定被认为本质上是偶然性的理由，因为没有任何原则支配如此自由选择的行为（PR §17）。这种类型的原则是被幸福概念提供的，然而，黑格尔所说的幸福不是短暂的快乐或者暂时的幸福感。更确切地说，对于"幸福"这个术语，他的意思是一种更加持久的境况，在这种境况下，各种不同的欲望和驱动凭借一种反思性过程彼此之间相互和谐，这一过程包括了形成对什么使得一个人长远来看是幸福的一个总体观念。然后，这个观念被用来规定人们实际上应该意愿什么。这个总体观念起到了"形式普遍性"的作用，因为它是我们的特殊驱动和欲望必须从属的某种东西，以及它们必须被塑造成为与之和谐的东西（PR §20）。简而言之，幸福的观念为组织一些特定的欲望和驱动提供了一个高阶的原则，为了满足其他人的幸福，其中某些欲望和驱动的满足必须被延迟或者完全放弃，而其他人所持有的满足相对于一个个体形成的总体幸福观念更加具有整体价值或者重要性。然而，这个总的行为指导原则在清除意志的偶然性内容上只到此为止。这是因为（1）剥夺这个内容的偶然性会要求让幸福概念本身从属于一个更高的原则，因为没有理由选择寻求一个幸福概念而不是另一个幸福概念，以及（2）幸福内容本身出于这个理由被证明最终是被特定的欲望和驱动所规定，一个个体的满足恰好在一个特定的时间点比其他人的满足更加重要，但是在未来可以不太重要。

作为一个行为指导原则的幸福观念的这些局限更清楚地体现在黑格尔讲义的部分学生笔记中。在他的讲义中，黑格尔把幸福的内容描述为总是"特殊的、主观的和偶然的"某种东西，并且他主张，幸福的原则因此与更高阶的自由原则相矛盾，因为一个个体单单根据这个原则行动，它就会发现他或者她自己"一般而言处于一个依赖性的圈子中，处于一种容易变化的境况中，变化来自外部"（VPR 4: 138）。换句话，诸个体最终仍然被一些不是他们自己意愿的产物的因素所决定，出于这个理由，他们不可能被认为是完全自我规定的。相反，一个真正的自我规定的意志，是这样的意志，它具有自身，以之为它的内容或者对象，而不是把它的内容或者对象还原为一种偶然的和特殊的意志，如最终在幸福的例子中发生的。因此，如此这样的一种自我规定的意志的内容或者对象必须在某种意义上是必然的和普遍的。

黑格尔把这个类型的意志内容与"权利、道德和伦理的原则"提供的普遍有效内容等同起来（PR §21R），也就是说，等同于在发展他的法的科学过程中寻求描述和辩护的这种类型的原则。这个类型的原则在每一个相关的道德、社会和政治行为者的意志关联的无条件有效的意义上是必然的和普遍的。由于它的必然性和普遍性，这个内容符合于理性本身的本性，因此符合于个体的作为一个理性存在者的本质性本性，这一本性是他或者她与所有其他如此这样的存在者共有的。

从幸福例证的意志阶段过渡到与理性自律关联的意志阶段的必然性，因此，预先假定某些规范的无条件有效性以及如此理性自律本身的可能性。换句话说，由于意志内容或者应该或者可以不仅是一种偶然的和特殊的内容，这不是自明的，从幸福到理性自律的过渡即预先假定一种自由行为的有效性和实在性，这种自由行为的形式具有《法哲学原理》导论中（PR §§5-7）确定的逻辑结构类型。这里，似乎黑格尔的推理思路如下：为了让意志充分地自我规定，它必须意愿一种无条件的和普遍有效类型的内容，因为只有这种类型的内容无论如何都会外在于一个理性行为的意志，因此必须存在一种满足这个要求的意愿形式（既在规范的意义上，又在生存论的意义上）。然而，黑格尔并不试图改变这个理性行为自身的概念，并且试图在他的"法的科学"内解释它的可能性。更确切地说，他在导论中的关于理性行为的解释只是预先假定《哲学科学百科全书》第三部分主观精神哲学中提供的意志解释的有效性（PM §§469-480）。然而，甚至还存在一些更为根本性的先决条件，因为黑格尔对于意志概念有关的逻辑术语的使用表明，这个概念只有参照他的逻辑学，尤其是概念理论或者学说，才可以得到充分理解。因此，这个概念经历的发展充其量可以被归类为一种体系内在的发展。

如果某种类型的逻辑结构最终解释了意愿一个与理性自律概念相容的对象的要求，意愿如此一个对象的失败以及这个失败带来的伦理、社会或者实践后果会不得不被视为一种判断的失败。[1] 人们也不得不认为，如果人类意志被归类为一种充分理性的和自我规定的行为形式，人类意志应该展现的逻辑结构与理性思想展现的逻辑结构相同。以此方式，黑格尔的逻辑学会被认为具有规范性的

184

---

[1] 参见 Vieweg, *Das Denken der Freiheit*, 95。

意蕴。那么，我们可以期望在黑格的法的科学中发现一种过渡，例如，从市民社会到国家的过渡，它建立在以某种方式具有规范意义的一种实践必然性的基础上。我应该表明，尽管如此，黑格尔试图根据实践必然性而不是逻辑必然性解释这个特殊的过渡，以致任何诉诸后者来解释这个过渡的必然性都必定显现出任意性。而且，黑格尔提出了某些主张，以表明他自己认为这个过渡真正内在于他的法的科学，如当他主张，"直接的伦理生活通过市民社会的分裂以及到国家的发展……是国家概念的科学证据，这一证据只有这个类型的发展才可以提供"（PR §256R）。因此，在逻辑术语上揭示这个过渡的必然性之前，我们的关注首先应该指向黑格尔根据实践必然性解释这个过渡的企图。

实践必然性以及从市民社会到国家的过渡

市民社会被两个原则所规定：普遍性原则和特殊性原则。这里，我们想想逻辑概念和意志概念的两个环节。如我们应该看到的，第三种即思辨的个体性环节仅仅在黑格尔解释的市民社会的结尾才获得，甚至，在这里它的获得是不完美的。特殊性的原则关联于"具体的人格，作为一个特殊的人格，作为需求的整体以及自然必然性和任意性的一种混合，这就是他自己的目的"（PR §182）。简而言之，个体被认为是自私自利的经济和社会行为者，他们具有各种不同的自然和人为需求，他们能够决定和意愿满足这些需求的手段。普遍性的原则关联于可以被称为社会合作与和平共存的基本术语。这些术语可以隐性地在非正式的社会规范或者规则的形式中得到遵守，这些形式被无意识地遵守的，或者他们可以被明确地承认或者遵守，如在接下来明确被规定的、众所周知的制度规则和进程的例子中。在市民社会中，普遍的东西被黑格尔描述为，最初是

185

通过个体在相互依赖的境况中凭借生产和交换的行为寻求满足他们的需求而自发产生的。

尽管黑格尔采用的呈现模式表明，我们开始于个别性的经济和社会行为者，他们孤立于其他行为者而存在，很明显，这仅仅是一个呈现的问题，并且，普遍性和特殊性的这些原则实际上在概念上从一开始就彼此相联系，即使他们之间存在的这种本质关系还没有变得明显。认为这些原则是彼此独立存在的这个倾向部分地根据推理理解的局限而被解释的。黑格尔把市民社会描述为"差异的阶段"（PR §181），因此，暗示了他的逻辑学的本质论，在本质论中，两个概念被设定为作为思想本身同时处于彼此的一种本质性关系中——以反思性理解的形式——无法把它们理解为一个单一概念整体的本质性环节。以此方式，这种反思性理解"假设这个区分是独立的，并且同时设定他们的关系性"（EL §114R）。

在"市民社会"这个章节，当黑格尔讲道，在市民社会，"理念给予其诸环节一种独特的存在"（PR §184）时，他诉求了一种逻辑进展的观念。这个"理念"是黑格尔用来标示思辨统一性的最高形式的术语。这个统一包括了概念和客观性的统一（EL §213）。在黑格尔的法的科学的情形中，他所讨论的法的概念是通过在一系列伦理意念、制度和实践中逐渐充分地客观化、逐步实现的。市民社会中的普遍性和特殊性之间的对立，以及这个对立的最终克服，都被认为表明，"单单栖居于那种统一中的真正无限力量，允许理性内这种对立发展它的全部力量，并且克服它，以便在它之内保存自身，以及在自身之内完全包含它"（PR §185R）。

尽管暗示了他的思辨逻辑学，黑格尔对普遍和特殊性对立的克服的解释以及它们在市民社会的统一，更多地诉诸实践必然性概念，而不是逻辑必然性概念。通过实践必然性，我的意思是这种方式，即社会行为者们的这些意志可以被限制于下述意义，这些行动者们被迫以某种方式行动，以实现他们所拥有的某些目的，而不仅仅是必须以某种方式行动以避免人们认为是某种不可欲求的东西。当黑格尔采用"看不见的手"这个解释模式时，它涉及这个主张，即我不可以寻求我自己的利益和福利，而不是无意地增进其他人的利益和福利，黑格尔明确地诉诸实践必然性概念，或者，如他自己所说的：

> 在这个依赖性和劳动的互惠性以及需求的满足上，主观的自私转变成为贡献于每一个其他人需求的满足。通过一种辩证运动，特殊经由普遍的媒介，使得每一个个体依靠自己赚钱、生产以及享乐，从而为其他人的享乐赚钱和生产。（PR §199）

这个过程涉及的远远超过了直接关注人的存活或者功能的基本条件的自然需求的满足或者人为需求的满足，尽管这种人为需求是人类社会的产物，但它们已经在人类感到需要满足它们的意义上假设了一种主观的必然性。通过这个过程，普遍性原则和特殊性原则在一种实践的意义上变成彼此相互联系。更确切地说，通过经济和社会相互作用，诸个体也发展了某些能力和他们自己的观念，以及他们与其他人之间的关系，这决定了他们如何思考以及如何行事。我们所具有的东西实际上是一种形成的过程，因此，作为"特殊的"主观性被教化成一种更普遍的观点（PR §187）。

诸个体发展的这些相关的能力分为两大类。第一类包括凭借黑格尔所称的"实践教化"（*pracktische Bildung*）发展的诸能力。这种类型的教化培养了积极主动的习惯，调整自己的活动以适应人类劳动或者手头任务的诸对象的性质，以及遵照人们与其他个体的物质关系产生的诸规范而行事。这个实践教化也包括个体技能通过重复的生产，它可以应用于各种不同的对象以及被公开承认为属于一种确定的普遍类型的活动（PR §197）。第二类能力关注的是践行自我限制的能力，这个能力是如遵从社会习俗的行为模式以及基于与其他人合作的必然性而自发出现的其他规范所要求的，从而满足人们的需求和有效地寻求人们的其他利益（PR §187）。

187

因此，个体被实践必然性限制以采取一种更加普遍主义的立场，这个过程对黑格尔来说是这样的过程，通过它，在人们愿意服从的人类思想和活动的诸产物的意义上，他们，以纯粹自然的依赖性的形式以及以根据自我强加的诸规范和诸实践来决定他们活动的能力形式，实现自由。如当人们选择进入一个特殊的行业或者职业。黑格尔相应地主张，"教化 [Bildung] 在其绝对的规定性上是……自由以及朝着更高的自由而努力。它是向伦理生活的无限主观实体性的绝对过渡，这不再是直接的和自然的，而是精神的，以及同时提高到普遍性的形态上"（PR §187R）。然而，黑格尔澄明，由于教化的形式是一个实践必然性的问题，特殊性和普遍性的这种统一以此方式得以实现，即这个统一"不是呈现为自由，而是作为必然性，从而特殊必须上升到普遍性的形式，并且寻求和发现它在这个形式中的存在"（PR §186）。这个判断已经指出了一个更高阶段的法的方向，在这个阶段，诸个体不仅被实践必然性限制以根据普遍的东西思考和行事。更确切地说，他们有意识的和自由地采取普遍东西本身，以作为他们的目的，而不是意愿它仅仅作为一个目的的手段，并且以这个方式，限制他们意志的东西就成为他们可以同时完全认同的某东西。自由发展的这个进一步的极端有助于解释黑格尔的下述主张，即，尽管上文描述的这种类型的教化代表了一种自由形式，它也仅仅是朝向"更高阶的"自由的道路上的一个阶段。

个体与普遍关系的这个观念传递的信息是，黑格尔对国家本质上如何不同于市民社会的理解。国家不同于市民社会的一个本质性方式是，它超越了个体的特殊利益，因此，它的存在不仅是确保和保护这些利益。更确切地说，诸个体使得（或者应该使得）他们是其成员的政治整体的共同善（或者共同利益）成为他们意愿的直接对象，并且，在这么做时，他们赋予这个目的一种内在的价值。如黑格尔所说，"如此统一本身 [Die Vereiningung als solche] 就是真正的内容和目的,诸个体被规定[*Bestimmung*]过一种普遍的生活[*ein allgemeines Leben*]"(PR §258R)。这里的共同善或者共同利益被认为是一种普遍的东西,它既不是诸个体的活动的无意产物,也不是只作为一个目的之手段而被意愿的某种东西。

188

对人们是其成员的政治整体的直接认同就代表了解释构成黑格尔称为"个体性"思辨环节的特殊性和普遍性统一的一种方式,因为,在使得普遍的东西成为他们意愿的直接对象时,特殊的个体,通过他们自己的意愿,确定与国家目的的同一,这一目的本质上就是普遍的。然而,这个结合的形式如何可能建立在描述黑格尔市民社会特征的特殊性和普遍性之间的关系的基础上呢?如果黑格尔要阐明,遵照他的真正科学进展的概念,从市民社会向国家的过渡是内在于他的法的科学的一种必然的过渡。为了澄清阐明这个过渡的必然性意味着什么,我应该开始于黑格尔解释市民社会的某些特征,他自己承认,无法解释所讨论的这种类型的同一性。

黑格尔认为市民社会是伦理生活的领域,在这个领域中,特殊性以很多方式得到满足,最为著名的就是,通过法律保护个人自由以及满足特殊需求和利益。相应地,他们特殊性的满足引导个体自身更紧密地认同国家,从而有助于巩固国家本身:"现代国家的这个原则具有强大的力量和深度,因为它允许主观性原则在自足的个体特殊性这一极上得以实现,又把它带回实体性的统一上,因此在主观性原则自身中保存统一性。"(PR §260)即使市民社会允许人们满足他们的需求以及有效地追求他们的特殊利益,从而提供给他们充分的理由,以认同国家,不仅意愿它的存在,而且意愿它繁荣兴盛。下述绝不是不言而喻的,即这个观念本身充分地解释了这种"实体性的统一",它必须被假设涉及对国家的强烈认同形式,这个国家就导致了普遍性原则和特殊性原则的绝对统一。更确切地说,这里的实现的统一本身可以被认为是工具性关系的一个例子,黑格

189 尔把它关联于他所称的"必然性的国家",[1] 因为诸个体继续认为国家就是用来确保个人自由和财产的权利,以及保证有效追求合法利益的社会条件。因此,"个体的利益本身就成为他们得以统一[vereinigt]的最终目的"(PR §258R)。仅此陈述就表明,我们这里具有的仅仅是认同国家的一种间接的模式,这一模式不可以简单地等同于黑格尔说的联合本身成为一个个体目的的这种联合。

黑格尔承认,上文描述的个体与国家之间这种类型的关系不可以充分地解释一种认同国家模式的存在,这个国家代表了构成个体性思辨环节的特殊性和普遍性统一的一种实践表现,他对警察的描述就有所示意,警察被广义地理解为一个机构,承载着确保社会秩序和市民社会规则,被理解为"为保护和确保大众在该普遍中有其生存的特殊目的和利益的一种外在秩序和安排"(PR §249)。构成市民社会这个阶段上的普遍东西的法律和机构安排与个体的特殊意志之间的关系在下述意义上是外在的,即诸个体承认以及意愿普遍的东西是一个目的的手段,并且,因此,如果他们发现实现他们目的的另外的手段,可能他们不会在国家的形式中承认和意愿普遍的东西。[2] 因此,个体与国家之间的这种关系最终是偶然的关系,或者,至少可以被认识是如此。即使国家在一种普遍的意义上被认为是市民社会的必然基础,这一普遍防止市民社会摧毁自身,以作为它自己产生的以及它自己不可能解决的张力的一个结果,[3] 个体与普遍之间的这种关系仍然会是一种外在的关系。这是因为这些限

---

[1] 个体与国家之间的这个工具性关系尤其在黑格尔的讲义中被澄明。参见 PR 1821/22, §187。

[2] 参见 David James, *Rousseau and German Idealism: Freedom, Dependence and Necessity* (Cambridge: Cambridge University Press, 2013), 169–171。

[3] 对于市民社会与国家关系的这个类型解释的一个例子,参见 Rolf-Peter Horstmann, 'The Role of Civil Society in Hegel's Political Philosophy', in Robert B. Pippin and Otfried Höffe (eds.), *Hegel on Ethics and Politics*, trans. N. Walker (Cambridge: Cambridge University Press, 2004), 208–238。

制还是个人可以解释的一些限制，以作为必然的，同时除了与一种纯粹工具性态度关联的认同形式外，缺少任何其他认同感。

黑格尔对从市民社会到国家的过渡的本质评述有点含糊，如他主张，"在独立地发展自身到整体的行动时，特殊性的原则进入普遍性［*geht…in die* Allgemeinheit *über*］"（PR §186）。"进入"的观念重新出现在市民社会章节的最后一段，黑格尔主张"市民社会的领域因此进入国家［*geht…in den* Staat *über*］"（PR §256）。市民社会"进入"国家的这个过渡的观念意味着一种自发的过程，因此它符合黑格尔对市民社会的解释，他把它解释为普遍的东西基本上非故意地和无意识地产生的人类活动领域。尽管"个体的个体性以及其特殊性的利益"的充分发展后来被说成"自行转向［*übergehen*］普遍的利益"，黑格尔也讲道，诸个体"故意地以及乐意地承认这个普遍的利益甚至就是他们自己的实体性精神，并且积极地追求它，以之为他们最终的目的"（PR §260）。这里，普遍的东西被有意地和直接地意愿当成个体自己根本性目的之一，而不仅当作达到如此目的的诸手段。因此，国家不再仅仅是"一种外在的必然性"，而且，相反，它已经成为一个"内在的目的"（PR §261）。换句话说，在个体的意志和普遍的东西之间的这个关系中剩下的任何外在性的要素都被克服，从而，特殊与普遍的一种完全的同一性被确立。这就是公民的普遍性与特殊性特征的统一，因此，正是在论国家的这一章节中，我们照面了如此之类的主张。

现在，我应该参照亚当·斯密《道德情操论》的一段话表明，为什么黑格尔会试图以如此一种实践必然性的解释方式而不是逻辑必然性的方式把市民社会说成自发地进入国家，预示着在国家层面上发现的特殊和普遍东西的统一性或者同一性如何得以建立。他所讨论的这段话如下：

　　　性情好的人之间，相互适应的必要性或者便利性，非常频繁地产生的一种友谊与那些在同一个家庭出身的人之间产生的友谊没有什么不同。办公室同事，商业伙伴，称另一个人为兄弟，以及频繁地对彼此有感觉，好像他们真的是如此。他们的好的同意对一切都有利。并且，如果他们是可容忍的通情达理的人，他们自然而然地就倾向于赞同……罗马人通过 *necessitudo* 这个单词来表达这种依恋，从词源学上看，这个单词似乎标示，它是被境况的必然性所强加的。[1]

191 　　在这个段落中，斯密描述了一个被实践必然性驱动的过程，从而个体们最终有意识地追求体现在结合形式中的共同善。这个结合形式以及与之关联的伦理意念最初被认为是追求自我利益的无意的结果。而且，讨论的这个结合形式符合于商业协会或者职业协会，黑格尔称之为同业公会，这一机构在他的《法哲学原理》中意味着在市民社会和国家之间起到了一种本质性的媒介作用。在上文提及的段落中，可以确定这个过程的三个阶段，它们引导了一个更大的以及更直接地对普遍的或者人们是其成员的整体的认同。

　　第一个阶段包括对普遍的部分地以及间接地认同，因为它关注这种方式，即一个这样的机构，一旦他们已经意识到，对这些目的和利益的有效追求要求与其他人具有的现实目的和利益联合起来的力量，它就通过个体寻求增进他们自己的目的和利益而存在。这里，诸个体接受同业公会基于开明的自我利益而对他们的行为施加的限制，从而，重点是坚定地放在了实践必然性的观念上。这就符合于特殊与普遍之间的这种类型的关系，它是黑格尔称为"必然性国家"的特征。

　　第二个阶段包括对被下述事实要求的普遍东西的更全面的认同，即，如果人们是其成员的协会的最初目的要被实现，体现在一种协会的生活形式中的共同利益必定是有意识地意愿的。例如，一

---

[1] Adam Smith, *The Theory of Moral Sentiments*, ed. D. D. Raphael and A. L. Macfie (Oxford: Clarendon Press, 1976), 223–224.

个协会的成员必须展现承诺的意义之类的品质，以及意愿为了作为一个整体的协会的利益和目的而牺牲他们某些特殊目的和利益。因此，我们具有一种协会的形式，他们的个体成员们，通过承认这个协会本身是他们自己的根本性目的之一而有意识地认同体现在协会中的普遍意志，虽然这个根本性目的并不必然是他们的最高目的。这就符合于特殊和普遍之间的这种关系，它是黑格尔在同业公会中发现的例证了的协会形式的特征。

　　第三个阶段包括更全面的和更加直接的对普遍的认同，认同这个结果，即被产生的这些社会纽带甚至比那些在之前阶段发现的要更强。斯密诉诸的友谊观念不仅意味着一个人类的善的存在，这个善不可能独立于一种确定形式的协会成员而获得，而且也关注一种需求，它可以被认为首先是通过如此一个整体的成员而产生的。这是因为充分意识到友谊及其真正价值的益处——以及因此基于对友谊是什么的真正理解而欲求友谊——不可以以相关的方式独立于与其他人的关联行动而获得。在经验友谊的真正意义和价值时，然后，诸个体更全面地认同协会的形式，在这种形式中，人类的善被塑造为真正可能的，并且它的本质被塑造为完全显明的。以此方式，诸个体也可以把如此一种协会形式的成员经验为一个根本性的需求和目的，他们进入这个形式的协会的最初理由从属于这一需求和目的。换句话说，整体的成员已经具有了一种内在的价值，这种价值是它的成员们最初可能缺少的。这里，我们可以看到，诸个体会被如何激励以意愿普遍东西本身，而不是仅仅基于工具性的理由而意愿它。然而，所讨论的这个伦理意念不是被预先假定为某种被给予的东西。更确切地说，随着时间的推移，它被认为是同业公会的结果，而不是同业公会成立的原因。如我们已经看到的，成立同业公会的原因最初被认定为自我利益以及确保满足其需求的欲望。

　　普遍性和特殊性的这种类型的统一标志着从市民社会向国家

192

的过渡，然而，解释这种统一的方式只能把我们带到现在这样。这是因为，合作——或者任何人类联合的平衡形式——可以被认为是一种与其自己的目的和利益联合的形式，这不可以简单地被假设和谐于作为一个整体的社会的目的和利益。因此，黑格尔自己把同业公会的目的描述为一种"限定的和有限的"目的，它最终具有其真理，它自在和自为的以及在这个目的的绝对现实性中是普遍的（PR §256），并且描述为仅仅是一种"相对普遍的"目的（PM §534）。[1] 这个问题的本质可以通过比较下面两段话来强调，第一段话出现在论警察的这一部分的最后一段的评论中，以及期望普遍性和特殊性的统一通过一个同业公会的成员资格而获得，而第二段直接关注的就是同业公会：

> 根据理念，特殊性自身塑造这个普遍的东西，它呈现在其内在的利益中，即它的意志和活动的对象和目的中，结果就是，伦理回归到作为一个内在原则的市民社会。这就构成了同业公会的规定。（PR §249）

以及，

> 在结合中，追求自己特殊利益的自私的目的同时理解和表现自身为一个普遍的目的。市民社会的成员，根据他的特殊技能，是一个同业公会的一名成员，他的普遍目的因此是完全具体的，范围并不超过行业内在的目的，即同业公会的恰当业务和利益。（PR §251）

这个过渡的思辨本质在第一段中被强调，因为特殊的东西和普遍的东西的统一被描述为以个体直接意愿普遍的方式得以建立起来。这里，伦理的"回归"是在这个意义上，即在家庭层面上发现普遍性和特殊性的统一，这是基于一种自然决定的、情感的认同人们是其成员的整体的一种直接的统一，以这样一种方式重构成为一

---

[1] 有关这点的更多信息，参见 James, *Rousseau and German Idealism*, 187–192。

种有意识意愿的结果，使得讨论的这个统一相容于自由的观念。而且，这个伦理的回归被当作是内在于市民社会的过程的结果，并且在同业公会中达到顶峰，在其中，之前的警察代表的环节的普遍性和特殊性之间的"外在"关系的特征被超越了。相反，在第二段话中，在承认形成个体意愿的对象的普遍的有限本质的同时，也提到特殊对于普遍的意愿，也就是，作为一种特殊技能的拥有者或者一种特殊行业或职业的实践者的个体的意愿。黑格尔解释市民社会的"逻辑"是一个实践必然性的问题，这个解释方式不可以完全解释向普遍立场的过渡，这个直接对象是一个普遍的善或者利益，它超越了所有特殊的利益，包括任何同业公会的利益，可以参考他如何间接地把某人排除出一个同业公会的成员而进一步阐明。

对黑格尔来说，一个同业公会的成员资格取决于占有与特殊行业或者职业相关联的技能或者才能。非专业的工人们与事业人员一样因此根据定义被排除出这个中介的机构之外。这个社会团体的成员们因此被否定了一个同业公会带来的益处，包括在疾病或者缺少就业期间保护它的成员们的生活以及物质支持。同业公会也是社会承认或者"荣誉"的重要来源，因为它的成员们既被彼此也被广泛的社会认为是独立的、有生产力的社会成员（PR §253）。非技术工人以及失业者们遭遇的社会排斥因此表现出一个双重问题。诸个体不仅注定要面临经济的不确定性以及被否定了重要的社会承认形式，[1] 而且也不属于履行下述本质性调节功能的结构，即，使得他们成为一个更大的他们可以认同的整体的成员，从而他们准备着成为国家这个更大整体的成员，并且促进了对国家的更紧密认同。这个双重问题招致下述问题：非技术工人是否可能形成基于相互支持

[1] 黑格尔自己也以下述方式表达了这点："如果个体不是法律上被承认的同业公会的一名成员……他没有属于一个等级的荣誉，他的孤立使他陷入他的行业和他的生活的自私方面，以及他的满足缺乏稳定性。"（PR §253R）

的另一种类型的协会？在其中，每一个人都不仅能够获得其他人的支持，也成为他或者她完全认同的一个更大的整体的成员，即使黑格尔不承认有这种可能性。

事实上，黑格尔排除了这种可能性可能只是错误的，如此的工人们，作为实践必然性的一个后果，可能发展了自身对这个人们是其成员的整体的认同类型，这个类型的认同被参与到一个协会而促进，青年马克思下面对共产主义工人们享有的联合生活形式的描述表明了这种类型的协会：

> 当共产主义的工业者联合起来的时候［*sich vereinen*］，他们首先把学说、宣传等等视为目的。但是同时，他们也因此而产生一种新的需要，即交往的需要，而作为手段出现的东西则成了目的。当法国社会主义工人联合起来的时候，人们就可以看出，这一实践运动取得了何等光辉的成果。吸烟、饮酒、吃饭等等在那里已经不再是联合的手段，不再是联系的手段。交往、联合以及仍然以交往为目的的叙谈，对他们来说是充分的；人与人之间的兄弟情谊在他们那里不是空话，而是真情，并且他们那由于劳动而变得坚实的形象向我们放射出人类崇高精神之光。[1]

195 我在这里开始于这个观念，即，诸个体最初彼此的关联是一个实践必然性的问题，在这个意义上，他们不可能实现他们作为个体以及作为一个社会经济团体的成员具有的某些目的，这些目的，在这个特殊的情形中，关注捍卫和增进他们作为工人享有的利益的需要。然而，给予个体和集体自我利益的这个联合行为迟早产生一种

---

[1] Karl Marx, 'Ökonomisch-philosophische Manuskripte (1844)', in *Marx Engels-Werke* (hereafter MEW), ed. Institut für Marxismus-Leninismus beim Zentralkomitee der Sozialistischen Einheitspartei Deutschlands, 43 volumes (Berlin: Dietz Verlag, 1956—1990), Vol. 40, 553—554; *Early Writings*, trans. Rodney Livingstone and Gregor Benton (London: Penguin, 1992), 365. 译文有改动。

联合其他人的需要，这一需要在某种程度上已经变得独立于一开始就激励每一个个体联合其他人的这些利益。以此方式，与其他人联合的行动与定义这个行动的特殊社会活动一起成为已经假设了的一种内在价值的诸目的。

因此，我们似乎具有了黑格尔主张的普遍性和特殊性的这种类型的统一，它被一个同业公会的成员塑造为可能的。然而，同时，事实上，这个形式的联合由承认社会主义的工人们所构成，这意味着，体现在其中的普遍东西可以被认为是与作为一个整体的社会相关的特殊，正如同业公会的目的是与政治国家的目的相关的特殊的。要避免这个结论，人们要像马克思一样，必须假设无产阶级具有"普遍"阶级的特征，或者解释它如何具有这种特征，在这个意义上，它代表了普遍人类解放的历史条件以及对所有阶级利益的克服，因此，更一般意义上，代表了阶级社会的克服。[1]实际上，斯密和马克思提供的市民社会"逻辑"的这些例子关注了不同的社会团体，它们具有不同的以及潜在的冲突，这一事实有助于阐明所讨论的问题。

一方面，黑格尔在解释市民社会的动态时使用的实践必然性的观念具有能够解释下述这种优点，即它能够以一种"内在于"他的"法的科学"或者其内部的方式解释团体身份的构形以及集体社会行为的形式。另一方面，它让他，或者因此我已经论证的，不能够以一种使得这个过渡真正内在于这个特殊科学的方式解释从市民社会向国家过渡的必然性。这就是因为在同业公会中实现的普遍性和特殊性的统一性或者同一性不同于在国家层面实现的这种统一性。尽管，就整体的每一个成员而言，要求认同普遍的东西，整体本身却缺少国家的普遍性。要论证这个过渡的必然性因此必须根据某些

196

---

[1] Karl Marx, 'Zur Kritik der Hegelschen Rechtsphilosophie. Einleitung', *MEW* Vol.1, 390; *Early Writings*, 256.

逻辑范畴来解释存在的风险，然而，鉴于黑格尔自己对这个过渡的解释方式严重依赖于实践必然性的观念，因此，他引入的观念必定是一系列外部的考量。

第十章

黑格尔的国家有多现代？

路德维希·西普

　　黑格尔的政治哲学，如他在《法哲学原理》（1821）最后部分发展的，是现代的还是"反动的"，已经从他自己的学生的时代争论到今天。举个例子，对马克思来说，黑格尔的方法无疑是现代的，因为对社会和国家的发展和构成的每一种科学的处理都必须运用辩证思维。然而，黑格尔政治哲学的内容与这个现代要素相矛盾。它揭示了，黑格尔的思维仍然被一种形而上学的精神概念所决定，这表现出最终源自宗教和哲学神学的一种虚构化和筹划。今天，这个评估通常都颠倒了：人们广泛争论的是，黑格尔运用了马克思意义上的一种科学方法，这包括发展和"扬弃"（*Aufhebung*）思想的对象和概念的诸矛盾，并且被"应用"到诸规范、社会体系和制度上。然而，他的自由和行动概念、法律和宪法、市场社会以及福利国家，被今天的很多人认为是有意义的，因为它们至少部分地预见了现代社会的一些问题。作为一位社会发展的诊断家，黑格尔完全要被归入"现代"。例如，于尔根·哈贝马斯称他为"确立现代性的清晰概念的第一位哲学家"，也是第一位让现代性成为问题的哲学家。[1]

---

[1] Jürgen Habermas, *The Philosophical Discourse of Modernity*, trans. Frederick Lawrence (Cambridge: Polity, 1987), 4 and 43.

在盎格鲁—撒克逊哲学界，评估也在这个方向上进展。尽管，在 19 世纪晚期大不列颠和美国黑格尔主义结束之后，形而上学家以及反动的"普鲁士国家哲学家"的形象占主导地位，今天，黑格尔被许多英语世界的著名哲学家们认为是一位杰出的现代性思想家。实用主义思想的复兴以及后期维特根斯坦的影响支持了如此这样的一种观点。黑格尔被认为是下述观点的一位先驱者，即，意识和语言、行动与社会不可以单单在个体主义的前提基础上被理解，相反，必须在社会和交往过程的基础上被理解。他的实践哲学被认为不是从先天的自然法则或者永恒观念或者理性进展，相反，而是为一个开放的社会的观念铺平道路，这一社会发现自身就参与了不断交往的和共同意志形成的过程。[1]

黑格尔的《法哲学原理》，尤其是他的国家观，实际上有多现代呢？关于这里将概述的这个问题的任何判断自然而然都取决于人们使用的"现代性"这个概念。然而，今天，大量的现代性概念可以在很多学科中发现，其范围从社会学，通过历史科学——尤其是法律史、艺术史以及宗教史——到哲学。古典的"现代化理论"，尤其是社会学——其传统从马克斯·韦伯（Max Weber）到塔尔科特·帕森斯（Talcott Parsons）以及尼克拉斯·卢曼（Niklas Luhmann）——陷入深深的危机中。现在，谈论的是现代性的

[1] 例如，参见 Robert B. Brandom, 'Holism and Idealism in Hegel's *Phenomenology*', in *Talesof the Mighty Dead: Historical Essays in the Metaphysics of Intentionality* (Cambridge, MA: Harvard University Press, 2002), 178–209; 'Some Pragmatist Themes in Hegel's Idealism: Negotiation and Administration in Hegel's Account of the Structure and Content of Conceptual Norms', *European Journal of Philosophy* 7 (2)(1999): 164–189; Robert B. Pippin *Hegel's Practical Philosophy: Rational Agency as Ethical Life* (Cambridge: Cambridge University Press, 2008); Terry Pinkard, 'Reason, Recognition and Historicity', in Barbara Merker Georg Mohr Michael Quante and Ludwig Siep (eds.), *Subjektivität und Anerkennung* (Paderborn: Mentis, 2003), 45–66; 和 Frederick Neuhouser, *Foundations of Hegel's Social Theory: Actualizing Freedom* (Cambridge, MA: Harvard University Press, 2000)。

层次——例如，乌尔里希·贝克（Ulrich Beck）的"第二现代性"[1]——现代性的多样形式，[2]以及自然而然地谈论后现代性或者甚至后世俗的时代。在如此之类的争辩中，现代性的意义通常都不太清楚是什么：一种时间意义（说话者的当下时代或者最近的过去），一种进程的意义（现代性作为一种"现代化"的过程），一种具有特殊特征的定性的现代性，或者，最终，一种规范的意义（现代性作为一种价值，按照这个价值，任何初步阶段和回归阶段都可以得到评估）。歧义自然而然在大部分定性意义的讨论中占主导地位：人类、社会和国家的何种特征标志一个时代是"现代的"呢？有许多候选项：宗教、政治学、法学、科学等领域的"差异"，工具理性组织的所有社会领域和生活形式意义上的"合理化"，现代国家和大公司"机构特征"（韦伯的 *Anstaltscharakter*）意义上的"官僚化"，诸规范的"世俗化"以及随之将个体从所有社会约束中解放出来，以及除此之外其他的更多东西。不言而喻，并不是所有这些特征都已经在黑格尔时代发展起来了，尤其是工业化和机械化仍然处在起步阶段。[3]

　　接下来，我应该首先探究黑格尔自己使用的现代性的概念。然后，我关注的将是从黑格尔视角来看现代的国家和市民社会的本质性特征。从而，我应该注意黑格尔的现代性概念和今天通常的现代性概念之间的差异。这将使得我能够获得关于黑格尔国家的现代性观念的程度的一个初步结论。

---

[1] Ulrich Beck, *Risikogesellschaft. Auf dem Weg in eine andere Moderne* (Frankfurt am Main: Suhrkamp, 1986).

[2] Shmuel N. Eisenstadt, *Die Vielfalt der Moderne* (Weilerswist: Velbrück, 2000).

[3] 关于欧洲工业化过程的更多信息，参见 Jürgen Osterhammel, *Die Verwandlung der Welt* 5th edn (Munich: C. H. Beck, 2010), 907–928。

黑格尔使用的"现代"术语

人们很少在黑格尔出版的著作中找到"现代"这个表达。它更多的在讲义的片段和笔记中被发现。[1]他频繁地使用的表达，例如"新的""最近的"以及"我们的时代"。人们必须区分彼此的不同意义所起的作用，即使黑格尔自己并不总是澄明了。

第一个意义关注的古代世界和后古典的基督教欧洲之间对立。在学术上，它源自一些概念的使用，这些概念从中世纪到18世纪获得了古代与现代之间的区分。这个对立尤其主导了欧洲关注的一个时代或者其他时代优先性的主要学术争辩，这是由法兰西学院以《古代人与现代人的争论》的形式开启的。[2]对黑格尔来说，偏爱后基督教世界而不是古代世界有一个关键性的理由是自由个体性和主观性的意义。这属于法律责任的问题——而不是古代悲剧的致命罪责——以及个人信念或者良心的权利。黑格尔称这个方面为"道德"。[3]国家内体现在君主人格的一个主观意志的最终决定也属于这里——黑格尔把它与古代世界咨询神谕的方式区别开来（PR §279）。关于国家和宗教或者国家行政的专业化的其他差异形式后面将讨论。

在黑格尔历史哲学中，黑格尔称后古典时代为"日耳曼世界"。它是"现代的"，主要通过基督教而代表理性发展中的进步意义上的，它超过了古代世界实现的任何东西。基督教把个体的无限价值带到意识中，因为，对它而言，每个人都被上帝爱着，并且，通过道成肉身注定与上帝同一。这个宗教已经包含了个体自由的原

─────────

[1]使用的讲义笔记，它的主题也在黑格尔自己出版的文本中得到处理，当它寻求阐明已出版的文本而没有纠正它时，对我来说，似乎得到辩护。

[2]例如，参见PR §105的页边注（Werke 7: 203–204）以及PR §279A。

[3]例如，参见PR §118的评论："在'现代的'内疚中的一个基础，邪恶意志"（Werke 7: 220）。关于良心的权利以及辩护的要求，也参见PR §261A。

则，它将在欧洲的整个历史过程中展开，但是，只到18世纪末才凭借一些制度成为现实。

然而，这个过程还存在另一面：赋予个体的绝对意义，既作为个人利益的追求又作为要求普遍规范得以辩护的权利，也可以削弱个体必须为之做出牺牲的道德要求和目的的必要共同基础。对黑格尔来说，个体合理"使命"的实现要求在一个团体内的承认，从家庭，通过一个行业或者职业等级，延伸到国家，在其中，他或者她可以引导一种"普遍生活"（PR §258R）。"现代"国家的任务，因此，就是要创造一个政治共同体，它提供如此这样的生活形式，将个体融入其中，同时保护个体的自由。然而，它的"任务"并不是意指康德意义上的道德的或者正义的理想，而是可以被理解和必须被辩护的历史发展所展现的趋势。

"现代"这个术语的第二个意义指的是现代的时代，对立于中世纪的世界。它的特点是这个过程，主张主权国家与普遍教会的权力分离，并且市民社会与国家区分开来——在今天的术语中，就是它们的"差异"。关于这两个过程，对黑格尔来说，宗教改革具有决定性的意义。首先，良心自由和宗教自由获得承认——一开始仅仅是"原则上"，还不是作为历史现实。长远来看，这些自由的机制保证要求根据"世俗的"理由辩护一个国家的教派中立性。另外，对黑格尔来说，宗教改革对资产阶级渴望获得市场社会的合法性有贡献，这个社会具有它自己的公民德性。

第三种意义指的是最近期的时代或者"我们的时代"。这里，法国大革命标志着一种重大突破，因为它使得"根据权利概念重构国家"[1] 成为一项行动计划——更有甚者，一个权利的概念不是基

[1] *Werke* 12: 532（"现代的"，535）。参见 Ludwig Siep, 'Das Recht der Revolution Kant, Fichte und Hegel über 1789 und die Folgen', in Rolf Groeschner and Wolfgang Reinhard (eds.), *Tage der Revolution Feste der Nation* (Tübingen: Mohr & Siebeck, 2010), 115–144.

于传统和特权，而是基于理性原则而得到发展。这个决定原则是自由，虽然不仅是以个体的主观权利的形式。对黑格尔来说，现代国家的"力量"包括它如何支持个体利益和权利的发展，同时它设法把个体的利益和权利融入一个整体中（参见 PR §260）。然而，通过他后来的历史哲学讲演，尤其是受 1830 年革命的影响，黑格尔对整合个体的利益和权利的这个权力的信念已经发生动摇。因此，他主张，甚至现代国家都需要宗教，以之为它的公民忠诚的基础。

黑格尔在许多不同意义上使用"现代"这个表达而没有更准确地说明它们之间的本质差异，他可能会被问，究竟是否理解了这一单一概念。[1] 当然，他的处理如他所称之的一个"表象"（*Vorstellung*）。这个术语不仅指形象或者隐喻，也指"浓缩的"思想，它的各种意义还没有得到分析以及"理解"为一个单一思想的诸必要环节。

历史秩序也呈现出诸多困难。"现代国家"的概念（PR §260），或者"我们时代"的"发达"国家[2]，在历史上不能被完全准确地分类。宗教改革是它的一个本质性的前提条件。然而，它的本质性原则、良心的自由以及国家权威与教会权威的分离，首先根本不是在已改革的国家实现的，尤其不是在构成神圣罗马帝国的部分领地上。黑格尔在它的早期手稿《德意志宪法》中已经评论了这个原则"谁的领地，信谁的宗教"（*cuius region, ejus religio*）。[3]

------

[1] 除此之外，"现代"这个表达更频繁地出现在讲义笔记以及黑格尔页边注中。在已出版的文本中，更通常使用的是"新的""更新的时代"等表达。参见 Ludwig Siep, '*Hegels praktische Philosophie und das Projekt der Moderne*'（Baden-Baden: Nomos, 2011）。英文里用"现代"这个词来翻译黑格尔"neuer"，在这里以及在下文中已经被纠正（作者）。

[2] PR §258 的这个补充的表述源自格里斯海姆（Griesheim）1824/25 讲义笔记（VRP 4: 632）。

[3] 在他对《威斯特伐利亚和约》（1648）的讨论中，黑格尔批判了把信仰自由限制到主权上，理由是，它违背良心自由的原则（GW 5: 98）。然而，早期现代的"忏悔化"时代，对黑格尔来说，基本上至今被判断为世俗化过程（转下页）

对他来说，尽管教会与国家的实际分离诚然在神圣罗马帝国的宪法中不被承认，但是同一政府制度与不同教派和教会的相容性被承认，至少在原则上。

在这个手稿中，黑格尔注意到他明确地否定的神圣罗马帝国拥有的现代国家的其他特征。突出的特征是行政与国防手段的集中化。这里的现代行政也属于一种任务的分工，黑格尔把它与生产过程中的劳动分工相比较。[1]然而，这种类型的国家在天主教法国实现了，而不是在宗教改革塑造的地区。

同样困难的是，确定经济现代性的时间点，也就是，市场的出现、自由职业以及自由贸易，以及部分地独立于国家的市民社会范围内的竞争。黑格尔在这里的思想受到古典政治经济学的影响，尤其是亚当·斯密以及首先在英格兰发现的早期工业经济形式。根据《法哲学原理》，这也是现代国家的一个条件，[2]但是它的前提条件首先仅仅出现在18世纪晚期。

具有发达市民社会的一个国家属于现代性的第三个概念，也就是，"最近的时代"，开始于18世纪晚期。它的定义特征是主体的自由原则在一种政治和社会秩序中的实现："现代国家的这个原则具有强大的力量和深度，因为它允许主观性原则在自主的个体特殊性这一极上得以实现，同时把它带回到实体性的统一上，因此在主观性原则自身中保存这个统一性。"（PR §260）然而，对现代国

203

（接上页）的一个中间阶段。参见 Michael Stolleis, '"Konfessionalisierung" oder "Säkularisierung" bei der Entstehung des frühmodernen Staates', *Ius Commune. Zeitschrift für europäische Rechtsgeschichte* 20 (1993): 23 和 Horst Dreier, 'Kanonistik und Konfessionalisierung-Marksteine auf dem Weg zum Staat!', *Juristen-Zeitung* 57 (1)(002): 113。

[1] 在 PR §290，并参照 §198。

[2] 参见 PR §189R（斯密、萨伊以及李嘉图等的"政治经济学""在近代已经产生，作为他们的要素"）。也参见 Lisa Herzog, *Inventing the Market: Smith, Hegel, and Political Theory* (Oxford: Oxford University Press, 2013)。

家的这个赞美，也包括了对现代性的批判，如在这段的结尾处表明的。因为融入一种实体性的统一中，不仅能够行动，而且是意义的一个来源，对黑格尔来说，在最近时代已经发展的国家中，这种融入也受到威胁——在历史现实上和理论的方面。国家的契约理论尤其混淆了国家与市民社会。它们认为具有私人利益的"特殊"主体是辩护诸规范的唯一理由。记住"古代人"的政治自由在这里必须有助于纠正现代性。在这个程度上，黑格尔也是现代性的一位批判者，他寻求将卢梭、席勒与荷尔德林发展的这些批判理论系统化。

尽管有着批判要素，要求仍然是，允许现代主体反思每一种传统、权威和规范性要求，并且考察它们的合法性主张。哈贝马斯在这个方面必须被认为是正确的。现代性是一个反思的时代，包括反思自己的历史立场。然而，黑格尔并没有从个体考察和赞同诸规范的权利中获得任何民主的或者平等主义的结论。[1] 从今天的视角来看，他的君主立宪制具有一种基于等级的社会的重要元素，它包括，如我们接下来看到的，现代的以及传统的要素。

现代人类以及市民社会

对黑格尔来说，正是这个现代国家的"原则"的本质部分，一个个体可以发展他或者她自己的自然和文化的"特殊性"（PR §260）。个体有权利寻求他或者她的私人生活计划和幸福观念。这个自由的空间是市民社会提供的，在其中，存在着"在所有方向上发展和表现自身的"特殊性权利（PR §184）。

---

[1] 在后来的历史哲学的讲义中，黑格尔批判了"自由主义"。反对的正是这个原则，"那些有理智的人在人民中间有影响力以及信任人民中的诸规则"，他认为是合理的，"原子的原则、单一意志的原则……每一件事的发生都应该凭借他们的授权以及明确的同意"（*Werke* 12: 534）。

然而，黑格尔没有澄清，"现代国家"什么时候实现这个自由。由于市民社会预先假定职业的自由，至少放宽行会享有的特权必须被预先假定。土地财产属于发达市场经济的理念——关于此，黑格尔自己明确有所保留。[1] 根据观念史，他对资产阶级市场社会的辩护尤其针对的是卢梭、费希特以及其他城市以及代表早期社会主义和浪漫主义的早期工业社会的其他批判者们。

费希特凭借自我规定的行动从每一个个体自我保存的权利推演出国家经济计划的必然性。[2] 要保证工作的权利，国家必须协调各种需求、职业以及工作，并且确保它们之间存在着稳定的关系。按照黑格尔的看法，这就使得作出职业选择以及随之而来的展现"个人特殊性"成为不可能。个体对他们利益的追求以及融入行为的普遍方式以及促进共同善可以在原则上被市场过程促进，或者因此黑格尔像亚当·斯密那样假定。因此，黑格尔想到的不仅是市场过程的"看不见的手"。他关注的是个体必须为了他或者她自己的合法"自私"目的而使得他或者她自己适应一般过程的多重方式。这些方式的范围包含了从当下和日常行为相关联的隐性习惯，通过

[1] 黑格尔赞同贵族地主的政治代表，以之为调和"变化要素"（PR §308）即市民社会与"君主"要素的恒定性的环节（参见 PR §§305–308）。对于黑格尔与之关系紧密的普鲁士改革者们进行的初步经济自由主义化的更多信息，参见 Reinhart Koselleck, *Preußen zwischen Reform und Revolution* (Stuttgart: Klett-Cotta, 1975), 305, 314–315。

[2] 费希特已经在他的 1796—1797 年的《自然法基础》中辩护了这个权利，并且在 1800 年《封闭的商业国家》中阐述了它的条件。参见 Johann Gottlieb Fichte, *Grundlage des Naturrechts nach Prinzipien der Wissenschaftslehre*, in *Gesamtausgabe der Bayerischen Akademie der Wissenschaften*, ed. Reinhard Lauth, Hans Jacob and Hans Gliwitzky (Stuttgart-Bad Cannstatt: Frommann-Holzboog, 1962–2012), I/3 and I/4 (English translation: *Foundations of Natural Right*, ed. Frederick Neuhouser, trans. Michael Baur [Cambridge: Cambridge University Press, 2000]) and *Der geschloßne Handelsstaat* in *Gesamtausgabe der Bayerischen Akademie der Wissenschaften* I/7 (English translation: *The Closed Commercial State*, trans. A. C. Adler [Albany, NY: SUNY Press, 2012]).

成功谋生要求的知识和技能以及同时适应形成需求和要求的集体过程，到市场所依赖的合法架构。《法哲学原理》的第一部分"抽象权利"，也就是个人为了他或者她自己的目的获得财产以及以自由契约形式交换它的人格权利，只有在市民社会中才变成"现实的"。一方面，这意味着，法律分歧可以被裁决的实践和机构讨论（"司法行政"）。另一方面，这个抽象权利的现实性要求，诸个体也必须得到获得和保护他们权利的物质条件的保证。然而，市场过程并不足以满足这个目的。

黑格尔不是无条件的"自由市场的自由主义"。他也从论述早期工业化的英格兰著述中推出这个制度的不稳定性，第一个迹象就是，他已经在普鲁士经验到的。两个偶然因素——例如原材料的分配或者气候的不可预测性——以及类似规律的经济规则都导致了这个不稳定性。一方面的"财富的集中"，以及另一方面薪资危机导致的贫困，导致了一些阶级的形成，它使得没有任何希望的人对权利的任何忠诚的消解。[1] 然而，表明，"尽管财富过剩，市民社会却并不富裕……足以防止贫困的过多以及贱民的形成"（PR §245）。

黑格尔自己一方面称这个增长生产力和财富的过程，伴随着阶级划分以及共同意识的腐蚀以及忠于法律，另一方称之为市民社会的"辩证法"，通过它，这个过程被"驱使超越自身"（PR §246）。黑格尔之后的许多辩证法的以及革命的社会理论们采用了这个论点。然而，通常都忽视了，黑格尔并不允许相同层面上从自我摧毁的社会的这个契约中的任何合题，也就是，在社会的经济组织的层面上。

---

[1] 参见 PR §244。对黑格尔来说，任何国家和法律的认同感的丧失都是"贱民"的特点。甚至，就富人而言，如他已经在他的讲义中尖锐地指出的，一种"贱民意念"出现了，"富人认为每一件东西都是他可买的"（PR 1819/20, 196）。相反，黑格尔在 PR §244 中所说的"公开行乞"（öffentliche Bettel）明显与国家承认与监督的一种等级有关。也参见 Norbert Waszek, 'Hegels Schottische Bettler', *Hegel-Studien* 19 (1984): 311–316。

　　这种"超越自身"必须被理解为具有三种不同的意思。首先，一个国家的市民社会必须通过移民、殖民化以及为其商品打开其他市场而超越自身（PR §§247–249）。在这个方面，它凭借国家的一种外贸政策可以得到支持，在黑格尔例子中，这个政策既不受国际法的限制，也不受任何超国家的组织的限制。其次，市民社会必须在自身内发展各种意识活动形式以及安排，其目标在于避免、缓和以及抵消它产生的危机。尽管，这个部分地通过家庭发生，主要地通过贸易以及专业组织来实现，最后通过国家行政（Polizei）。黑格尔称其目标在于保护和稳定市民社会的这个国家活动为"必然性的以及理解的国家"（PR §183）。然而，第三，这个整体的思维、行为、目的、权利以及义务的方式必须被提升到一个新的层面上。这个代表了向作为"伦理理念的现实性"的真正国家过渡的必然性（PR §257）。

206

　　对黑格尔来说，"超越"市民社会的第二和第三个意识的国家观尤其重要。国家的作用首先是在市民社会的伦理生活自身的原则内稳定市民社会。这个原则的特征就是在市民社会的架构范围内促进个体的利益以及倾向于对一个等级成员的正直和敬重的特点（PR §207）。由于它的"辩证的"自我破坏的结构，市民社会已经要求在这个架构内得到有效的国家支持，以防止大规模的群众陷入贫困（PR §244）。另外，国家可以"为了保护和保证群众的特殊目的和利益"（PR §249），甚至侵犯财产权以及干预贸易和工业领域，尽管不会摧毁自由贸易，也不能够保证永久的经济安全（PR §§236–237）。黑格尔仍然将这些——用现代的话来说——"福利国家"的功能归因于市民社会，它们的目的是要维护之。虽然，这并不意味着，这些还不是国家的功能。它们属于必须凭借法律强制力加强的功能，也就是说，它们属于国家使用强力的垄断。[1]

---

[1] 参见 PR §259。然而，这个并不关注不同的行政机构，而是同一"政府"的不同任务（参见 PR §287）。

黑格尔认为，作为在这个领域中出现的以及寻求辩护的国家采取的这些措施包括诸如下述前瞻性的要素，贸易监督（PR §236）以及与福利和交通政策相关的一些措施（"公共的救济机构、医院、路灯"，PR §242R）。然而，在"公共救济机构"的例子中，国家或者"普遍权力"装配了纪律性的和强制性的权力，它们不符合今天的自由观念和基本权利：它们抵制"懒散、邪恶以及其他恶习的意念"（PR §241）。国家凭借这个"再教育"的形式促进的这些目标不仅包括公民德性，也包括一个"伦理"国家中的忠诚与爱国主义，这个国家是一种非必然性的国家和非理解的国家（*Not-und Verstandesstaat*）。

黑格尔认为，在它自己的伦理架构内，也就是，在它的规则、态度和动机（"意念"）的架构内，永久克服市民社会的"辩证法"是不可能的。他认为在市民社会中发现的贫困是系统性的和不可避免的（PR §244）。国家最多可以寻求避免放弃对法律忠诚的贱民心态的加剧和大规模出现（PR §245）。"市民社会的分裂"（PR §256）并不随着社会的发展而被克服。它就像它的伦理克服一样永久，它总是必然的。事实上，一个东西要求另一个东西，对于黑格尔来说，甚至构成了"国家概念的科学证据"（PR §256R）。

政治国家不仅能够摆脱"特殊性原则"的强有力的国家，也就是说，个人生活计划的选择以及人们自己利益的追求。一个可以容忍"市民社会分裂"的国家，也就是说，一个不受道德或者宗教约束的市场，对黑格尔来说，需要它自己的"伦理"（*Sittlichkeit*）。它必须能够反对或者凌驾于市场参与者们的自我利益之上以及他们可以在共同体内坚持更高目的的权利之上。如我们将表明的，国家是意义的一种来源，以及培育了认同感，这种认同感等同于宗教培育下的强大的信念感。为了不被宗教主张所支配，黑格尔赋予国家一种伦理内容。如我们应该看到的，一种伦理国家甚至必须能够赋予最极端的牺牲以意义。穷人在相同的程度上与每一个其他的公民共有成为一位"公民"的意识。这观点对今天的我们来说很奇怪，几乎谈不上现代，但是在法国大革命开始的时代它一定被认为是不同的。黑格尔的哲学概念旨在回溯性地理解事物，充其量辨明各种趋势，但是从来都不假定或者预测未来的状态。

　　总而言之，黑格尔的市民社会理论是现代的，因为它区分了国家和经济领域，区分了家庭、职业或者工作生活以及政治生活内的不同的存在形式。也在描述，以及甚至部分地预期了，基于等级的和政治的特权的废除，它是现代的。然而，它并不凭借一种合理计划的和行政观念的经济，寻求一项永久克服经济危机的计划。它想要通过转变传统制度、职业[1]和国家来驾驭市场的力量。国家应该——如必然性国家或理解的国家——具有一种稳定的效果。然而，作为一个高于一切的伦理国家，它应该在生命的意义和共同体的形式方面开辟新的维度。

主权、世俗主义和公民

　　综上所述，真正的"政治的"或者伦理的国家多现代呢？关于它的政府形式，黑格尔的国家是一种特殊类型的君主立宪制。黑格尔认为这种类型的君主立宪制不仅是现代的，也是对古典的政府形式的一种理性综合。只有分析这个国家中发现的权利和能力的分配，才可以表明，应该从今天的视角如何判断它。一个强力的主权概念，毫无疑问符合于博丹（Bodin）开始的现代主权概念，它被证明是这种国家观念的核心。这个国家的世俗特征也似乎是现代的。然而，黑格尔相信，一个稳定的现代国家必须融合宗教意识。

---

[1] 参见 PR §253。一个等级的成员享有的声望与经济的成功关系不大，而与这个等级的其他成员的尊重以及团结有关。参见 Hans-Christoph Schmidt am Busch, *'Anerkennung' als Prinzip der Kritischen Theorie* (Berlin: de Gruyter, 2011), 237–244。

因此，他借鉴了古代政治宗教和现代开明的基督新教。

君主立宪制

黑格尔一开始就确定了一个明确的君主立宪制观念，以之为他耶拿末期（1805—1806）对宪制历史合理理解的结果。[1] 在黑格尔的法哲学讲演中，以及柏林时期的早期，黑格尔认为1815年法国宪法是法国大革命发展的理性辩护的结果。[2] 在《法哲学原理》（§273），他把君主立宪制描述为"新世界"的"具体理性的"结果。不同于"旧世界"，这种政府形式自身内包含古典君主制、精英制以及民主制，"被还原……诸环节的［地位］"（PR §273R）。作为环节，他们转变着，从而他把对它们的理解描述为作为现代（"新时代"）误解的未经修改的"诸要素"。黑格尔的分权理论旨在从理性国家的理念推出这些环节。它的主要目标在于反对所有"制衡"理论，他批判这些理论是机械论的。[3] 事实上，他把他自己的理论理解为"有机的"，这意味着，这些权力是彼此相互支持的特殊功能，并且被融入能够行动的一个自我意识的整体中。权力的这种"横向"划分，比中央权威与地方"同业公会"（也就是，基于等级的和共同的自我支配的实体）之间存在"纵向的"划分，更少防止国家权力滥用的控制功能。黑格尔在这里的立场接近于弗莱赫尔·冯·斯坦因（Freiher von Stein），他对后革命时代法国的中

[1] GW 8: 263.

[2] 参见 VNS §134R。关于君主立宪制下的不同立宪形式的综合，参见 VNS §137。

[3] Ludwig Siep, 'Hegels Theorie der Gewaltenteilung', in Ludwig Siep, *Praktische Philosophie im Deutschen Idealismus* (Frankfurt am Main: Suhrkamp, 1992), 240–269; and Michael Wolff, 'Hegel'srganicist Theory of the State: On the Concept and Method of Hegel's "Science of the State"', in Robert B. Pippin and Otfried Höffe (eds.), *Hegel on Ethics and Politics*, trans. Nicholas Walker (Cambridge: Cambridge University Press, 2004), 291–322.

央集权以及官僚制特征提出了另一种方案。[1]

　　黑格尔的三一式权力包括主权（"君主"）、执行权和立法权。人们参考黑格尔的概念逻辑，也就是，根据普遍性、特殊性和个体性的环节，对这些权力提供一种可能的解释。然而，如果人们以欧洲宪制历史提供的背景来看待它们，人们可能怀疑它们的现代性。黑格尔拒绝人民主权，如同他拒绝立法权的首要地位，即拒绝了每一位公民的代表权以及平等和普选权。他这么做的理由不是那些现代批评家们指出的下述事实，即，以选举权为例，在他那个时代，通常根据纳税额分等级，只有经济独立的男性，才能代表国家。反而，他认为选举是机会和意见的游戏，他认为转移多数席位对于国家的统一是危险的。他的替代方案是凭借职业的同业公会的专业知识以及对社会非常重要的商业或者贸易领域获得代表。在上议院有占有土地的贵族代表，在下议院有"等级议会"，即同业公会的代表，他们是被君主"召集"起来的（PR §308）。等级之间的差异的重要性体现在，管理，至少在最高层次上，应该如何掌握在得到科学（尤其是法律和哲学）培训的公务员手里，他们的物质需要由国家予以满足。

　　黑格尔君主制绝不是建立在神权的基础上，它也不可能被称为传统意义上的专制主义。君主的权利和义务的合法性，与其他公民的合法性一样，源自理性国家及其宪法的观念。我们在后面应该考察黑格尔对君主制解释的基础的主权概念。为了判断这个宪法的现代性，人们必须考察责任分配的方式。这个表明，只有在非常弱的意义上，君主被等级代表们的立法权约束。政府也没有义务在等级议会面前为自身辩护。立法只涉及一部分国家权力，君权与政府以及两个议会的权力一样多。外事以及军事领域——后者尤其占据了

[1] 参见 PR §290A。这个补充来自格里斯海姆 1824/25 的讲义笔记（VRP 4: 692）。关于弗莱赫尔·冯·斯坦因的改革，也参见 Kosellek, *Preußn zwischen Reform und Revolution* 161–169, 560–572。

黑格尔时代国家预算的很大份额——被免除了议院享有的控制预算的权利（PR §329，PM §544R）。决定战争与和平的权力完全交给君主。[1]人们可以说，黑格尔的君主立宪制形式更接近于 19 世纪的"德国类型"，根据这个类型，人民的代表和君主都享有立法权，不同于西欧以及美国的类型，在它们那里，尽管有很多差异，但人民主权主要是显现在议会立法中。尽管对选举权进行了限制，但，从今天的视角来看，它们比黑格尔的君主立宪制形式表现出"更加现代的"分权形式和"公民参与"。

主权

黑格尔是国家主权理论的一位哲学家（"主权属于国家"，PR §279）。[2]他像康德一样拒绝凌驾于宪法之上的人民主权。他区分人民（*populus*）和群氓（*vulgus*），前者被理解为由具有宪法约束的义务和权利的公民构成的一个统一整体，后者被理解为"私人的集合"（PM §544R）。在《哲学科学百科全书》第三版中，他把"国家的唯一目标"描述为"一个民族不应该作为这样的一个集合体而存在，获得权力和行动"（PM §544R）。这个描述符合对古典暴民政治的拒绝，也符合对无法无天的暴民统治的现代拒绝。然而，黑格尔拒绝了把主权和权威转让给代表议会的部分个体以及在洛克或者卢梭传统中被它委任的政府的任何想法。社会契约论使得国家依赖于个体的利益，并且"混淆了"它和市民社会（PR §258R）。构

---

[1] 在 PR §329 中，以及更明确地在 1830 年《哲学科学百科全书》中，关于战争与和平的决定，不同于共和主义的传统，它被明确地赋予君主的主权，而排除了等级议会（PM §544）。

[2] 迪特尔·格林姆（Dieter Grimm）认为黑格尔的国家主权理念以及其在君主中的显现是 19 世纪晚期"德国"国家理论的先驱。参见 Dieter Grimm, *Souveränität. Herkunft und Zukunft eines Schlüsselbegriffs* (Berlin: Berlin University Press, 2009), 52。

成一个国家的统一行动以及在它之内的"公共生活"，相反，不得不被理解为公民的目的和"天职"（PR §258R）。只有作为客观精神之国家的一位"成员"，个体才具有"客观性、真理以及伦理生活"（PR §258R）。自耶拿时期以来，黑格尔已经借助于斯宾诺莎的实体概念在本体论上解释亚里士多德的城邦概念。[1]

尽管宪法产生于"一个民族的精神"，也就是说，产生于它的历史和政治文化，但是基于人民的一种创建行动并不是必然的。充其量，人们可以与君主一起代表国家的主权。把人民主权与君主主权对立起来的现代观点（"新时代"）属于"那些基于人民的模糊概念的混乱思想"（PR §279R）。对黑格尔来说，君主必然地与"整体的清楚表达"相关联（PR §279R）。一方面，宪法以及各种不同权力和等级一同"有机"运作属于这个"内在有序的整体"；另一方面，政府行动的"绝对开端"在于君主。后者包括了一系列的权利，例如赦免权、官员任命权、实施法律以及"武装力量"的最高命令（参见 §239），这些权利自博丹以来就与主权观念相关联。然而，君主个人代表国家的主权，只在理性宪法的统一中，以及君主只能是这个统一的表现。

根据现代经历的进一步发展，关于黑格尔的主权概念问题在于，黑格尔并不把个体的基本权利理解为与主权限制具有本质性的联系。[2]相反，最接近黑格尔绝对的哲学概念（绝对精神、绝对理念）的最高主权的表达完全否定了个体在战争中的权利。战争诚然是一个特殊的、极端的情况，但是它并不单单是出于国家保卫自身的必然性而强加给国家的。反而，国家有时候必须带来战争，为

212

[1] 参见 Karl-Heinz Ilting, 'Hegels Auseinandersetzung mit der aristotelischen Politik', *PhilosophischesJahrbuch* 71 (1963/1964): 38–48。

[2] 关于基本权利与对主权的限制之间的本质性的——以及历史的——关系，参见 MartinKriele, 'Zur Geschichte der Grund-und Menschenrechte', in Norbert Achterberg (ed.), *öffentliches Recht und Politik* (Berlin: Duncker & Humblot, 1973), 187–211。

了防止公共生活的僵化以及社会陷入私人利益的一种"集合"（PR §§278, 323–324）。

人们的确可以主张，基本权利在黑格尔的法哲学中起到关键的作用。[1] 黑格尔相当重视它们的不同主张的重要意义，但是他想要看到它们的具体化，并且在各种不同的权利领域予以实证法的形式。黑格尔并没有赋予基本权利以一种宪法地位，这种地位会允许人们诉诸它们以反对实证法以及政府行动。他坚持，回到各个等级与君主达成的历史协议溯源它们的观念是前现代的，与权利的理性发展的诸多要求是不相称的。然而，这个主张，在国家法的现代发展中，导致他否定它们作为国家主权基本限制的功能。黑格尔不仅否定了这个主张，而且有意识地让主权的这些权利凌驾于所有其他权利之上，并且认为主权国家自在地就是一个绝对的目的（PR §§257–258）。

这不是简单地就认为黑格尔的部分是一种时代限制的"保守主义"。相反，它处理了他的主观性理论，根据这个理论，仅仅个体而且机构主体都构成了一个"简单的自我"，尽管它具有各种功能和目标构成的内在"有机体"——就国家而言的，它的"特殊权力和功能"（PR §276）——同样"理想化"它们，也就是说，否定它们的独立性以及把它们还原为为了整体的功能性。这个可以或者"无意识地"或者以一种明确的方式发生。无意识方面涉及政

---

[1] 参见 Gertrude Lübbe-Wolff, über das Fehlen von Grundrechten in Hegels 'Rechtsphilosophie. Zugleich ein Beitrag zum Verständnis der historischen Grundlagen des Hegelschen Staatsbegriffs', in H.-C. Lucas and O. Pöggeler (eds.), *Hegel's Rechtsphilosophie im Zusammenhang der europäischen Verfassungsgeschichte* (Stuttgart-Bad Cannstatt: Frommann-Holzboog, 1986), 421–446; 和 Ludwig Siep, 'Constitution, Fundamental Rights and Social Welfare', in Pippin and Höffe, *Hegel on Ethics and Politics* 268–290. 这里，我与赫伯特·施奈德尔巴赫分道扬镳，尽管我赞同他对黑格尔现代性的大部分判断。参见 'Herbert Schnänelbach Die Verfassungder Freiheit', in Ludwig Siep (ed.), *G. W. F. Hegel. Grundlinien der Philosophie des Rechts*, 3rd edn (Berlin: Akademie Verlag, 2014), 260.

治有机体的规范功能和市场社会描述的"和平时代"，在这个社会中，公民的"自私性"不仅在社会经济过程的"无意识必然性"中自由发挥，也被"转变成为对相互保护以及保护整体的贡献"（PR §278R）。然而，对于这个规范的、基本无意识的过程，必须补充有意识的整合方面。这个已经通过收税以及惩罚违法的"行政权"的"直接影响"发生了（PR §278R）。然而，这种"塑造的理想"或者对独立的自我利益的倾向的搁置，首先在"危机情况"下变得明显，不管是内部的叛乱还是外部的战争。参与战争的国家不仅保护自身以反抗叛乱和外部攻击；而且，它必须偶尔为了内部的纪律带来战争——或者，说得更清楚点，为了激励指向整体的道德能量。只有如此，塑造理想的这个过程才发生，并且"理想主义……获得了它的独特的现实性"（PR §278R）。

当黑格尔讨论"外部主权"的时候，这点非常清楚。现在，对特殊的否定对国家而言似乎不仅是一种紧急情况，而是它"自己的最高环节——它的现实无限性，以之为它之内的每一有限事物的理想性。从而，正是在这个实体的方面，国家的绝对权力凌驾于每一个别以及特殊东西之上，凌驾于生命、财产以及后者的权利之上，以及凌驾于它之内的广泛圈子之上，并给予如此东西的存在无效性，使得它呈现在意识之中"（PR §323）。对权利、生命以及财产的否定，因此不仅是保护国家的一种公认的手段，而且是国家主权的明确显现。根据黑格尔，这个否定实现了个体的最高权利，最高义务以及伦理使命。甚至，它提供给个体唯一可能的不朽形式，在这种形式中，死亡从一种偶然自然的发生转变成为一种伦理上生命的"自愿消失"（PR §324R）。甚至，如果不是结束他或者她自己的生命的实际行动，个体具有牺牲他或者她的生命的一般可能性权利——当存在着不统一或者"特殊的"僵化时，国家必须有意识地发动"伦理战争"（PR §324）。

当从主权的下述视角来看时，即主权被限制到"保护的责任"

以及战争被限制防御攻击的最后手段，这听起来相当"不现代"。然而，人们必须牢记有关爱国主义、对共和国的狂热以及法国大革命时期发生的从共和国内死后荣耀而获得的不朽的争辩。[1]然而，对黑格尔来说，它不是一个为"共和国"值得死亡的问题，也不是一个死后荣耀的问题。黑格尔只赋予具有世界历史意义的个体"不惜的荣耀"，因为他们无意识地期待了新的世界历史时代，并且通过他们的行动帮助实现了它们（PR §348）。死亡的意愿涉及的是被理性要求的国家，逐渐地在历史过程中被实现，并在君主立宪制中发现它的最高表现。然而，这个意愿或者意念并没有保护当下以及后代公民的权利，以作为它的最高对象。反而，它与体现在国家中的公民精神相关联，作为他们"自己的实体精神"，他们"主动地追求……作为他们的最终目的"（PR §260）。这个精神是一种绝对的、传统上神性的精神，即使在国家中，它仍然以多重方式与那种"外部的"、自然的以及偶然的东西联系起来。因此，国家不可能被还原为一个市场（社会）的或者宗教的工具，后者几个世纪以来一直使用它作为强制性真理的手段以及为其公民带来永恒救赎。

世俗主义

现代国家的一个定义性特征是，它独立于宗教，并且保证免于宗教以及属于宗教的自由。黑格尔的国家是一种世俗的国家吗？这个问题也是从黑格尔的学生们的时代直到今天这个时代都争论的

---

[1]参见 Elisabeth Fehrenbach, 'Nation', in Rolf Reichardt and Eberhard Schmitt (eds.), *Handbuchpolitisch-sozialer Grundbegriffe in Frankreich 1680–1820*, Vol. 7 (Munich: Oldenbourg Wissenschaftsverlag, 1986), 75–107; 和 Martin Papenheim, *Erinnerung und Unsterblichkeit.Semantische Studien zum Totenkult in Frankreich 1715–1794* (Stuttgart: Klett-Cotta, 1992)。

问题。

要回答这个问题，有两个方面必须区别开来。首先，（a）黑格尔是否用某种与宗教关联的义理辩护他的法哲学的规范和机制的有效性和秩序，（b）现代国家的公民的宗教或者有神论的信念对他而言是不是服从法律的一个前提条件？

（a）黑格尔没有在他的法哲学中利用宗教或者神学中的义理。虽然，黑格尔确实利用了在哲学神学中应用于上帝的表述（"绝对不动的自在的目的""无限的""永恒的"等）。然而，在法哲学中，国家与其公民、等级、机构等之间只有法律的和"伦理的"关系，而不是某种超验的关系，以此方式被描述的关系。而且，国家本身也不是一个有意识的人格，除了它在君主上显明自身，君主自己也受到宪法的约束。

在他著名的有关国家与宗教之间关系的评述中（PR §270R），黑格尔尽管主张，理性的国家根据其内容赞同理性宗教的诸概念。而且，在他的体系中，客观精神的发展必然地导致一种绝对精神，它在基督教的真理中以叙述的形式（"以表象思想的要素"）发现这些表达。哲学，如黑格尔在《法哲学原理》的最后段落中所说的，可以承认自然、国家以及艺术、宗教以及科学的"理想世界"同样地得到辩护是这个绝对的显现。然而，关于伦理义务以及它们的必然辩护基础，国家并不要求这个进一步的发展。就权利而言，国家凌驾于所有宗教共同体之上，它践行了对它们的法律"监督"（PR §270R），并且它必须防止破坏它的权威的这个方向上的任何东西。他的法哲学的基础是"世俗的"，并不依赖于任何特殊的宗教传统或者启示。从这个角度看，黑格尔提供的辩护可以被称为一种世俗的辩护，尽管他赋予国家这些"神性的"表述。

（b）在另一个方面，黑格尔称宗教为国家的"基础"（PR §270，PM §552）。像自柏拉图以来他的很多前辈们，他相信，国家必须得到宗教"意念"或者其成员的宗教良心的支持。[1]这意味着它是一个困难的主题，从黑格尔讲义的笔记来判断，他自己偶尔在下述观点之间摇摆不定，即宗教的意念是稳定地忠诚于国家以及服从法律的一种有用的、可欲求的或者必然的条件。[2]

然而，在他的著作的某些相关段落中，他假设，国家依赖于支持它的宗教意念。[3]因此，他在《法哲学原理》中甚至归于国家这个义务，"要求所有它的公民……属于一个宗教共同体"（PR §270R，译文有改动）。这不是未被发现的侵权而死亡之后害怕惩罚的一个问题，如在传统政治哲学中。反而，国家必须像宗教那样，被一种深刻的狂热维系，这种狂热甚至允许对保护自己生命的兴趣被克服。这就是社会契约理论不可能做得到的某种东西。相反，需要宗教情感和信念与一种"世俗的"伦理生活之间的一致，这在家庭、工作生活以及国家本身中看到某物是绝对的。在他的最后岁月里，黑格尔认为只有实现自由、哲学上"开明的"新教能够做到这点。[4]

---

[1] 以一种相似的方式，康德认为"道德教会"从长远来看是它的成员道德进步以及保证他们坚定地服从法律的唯一手段。因此，他甚至认为，人们迷信式信仰比无神论更没有什么威胁（R, 109）。

[2] 参见 Ludwig Siep, *Der Staat als irdischer Gott. Genesis und Relevanz einer Hegelschen Idee* (Tübingen: Mohr & Siebeck, 2015)。

[3] 在《法哲学原理》§270R 以及 1830 年《哲学科学百科全书》§552。黑格尔在《哲学科学百科全书》中批判"我们时代的错误"，它把宗教仅仅描述为某种"可欲求的"巩固国家的某种东西，似乎这指的是康德在《纯然理性界限内的宗教》中发现的一种表达（R, 95）。

[4] 黑格尔批判新教的一些形式聚焦于寻求逃避现实世界的情感（参见 *Werke* 17: 329–332）以及结合宗教和政治情感（参见，PR, 前言, 15 [18] 以及 16–17 [20]）。关于在《法哲学原理》的前言中对施莱尔马赫以及弗里斯的批判，参见 Ludwig Siep, 'Vernunftrecht und Rechtsgeschichte. Kontext und Konzept der "Grundlinien" im Blick auf die "Vorrede"', in Ludwig Siep, *Aktualität und Grenzen der praktischen Philosophie Hegels* (Munich: Wilhelm Fink, 2010), 26–29。关于虔诚主义与爱国主义之间的关系，参见 Gerhard Kaiser, *Pietismus und Patriotismus im literarischen Deutschland. Ein Beitrag zum Problem der Säkularisation* (Frankfurt am Main: Athenäum, 1973)。

如果这个解释是正确的，那么，黑格尔就不能赋予没有宗教信仰的公民与那些有宗教信仰的公民同等的国家内的承认形式。诚然，国家不应该强迫公民信仰宗教，而仅仅"要求"他们加入一个教会，并且应该支持他们的宗教活动。这两件事情都限制了国家的中立性以及世俗性。而且，这个符合于至少直到19世纪中期欧洲的无神论法律立场。甚至，如今有些国家特别偏爱一种宗教。但是如此这样的一个国家在法律上不歧视其他宗教共同体或者没有宗教信仰的人时，例如，这就是法律学者们谈到的一种（基督教的）"宽容国家"。[1]然而，值得怀疑的是，是否这足以实现真正的宗教自由，包括在参与公共活动以及参与政治生活的平等机会意义上的宗教自由。如此这样的一个国家的确可以仅仅在一种限制的意义上被称为"世俗的"。

黑格尔的现代性及其限制

毫无疑问，黑格尔的国家观在某些重要的方面被认为是人们今天会称的"现代的"。国家具有保护个体权利和促进其公民"福利"的法律任务。它应该为良心的自由、批判性考察诸规范以及追求个人的生活计划留下空间。它必须免于宗教的家长式制度，尤其当教会践行时，它不受经济利益所控制。对它的管理应该合理地以及专业地组织。

然而，从后来的宪制史以及政治哲学的角度看不能被称为"现代的"诸特征同样是明显的。它们通常都是表面上的"时代限制的"诸特征，而是黑格尔已经有意识地断言它们的有效性的诸特

[1] Hans-Martin Pawlowski, 'Zur Aufgabe der Rechtsdogmatik im Staat der Glaubensfreiheit', *Rechtstheorie* 19 (4)(1988): 409–441.

征，不同于对他而言已经导致伦理生活和国家主权丧失的现代倾向。黑格尔和美国革命，尤其是和法国革命一样，诉诸古代，不仅诉诸自由公民的理想，而且也诉诸国家（*polis*）的理想，即生活于其中、为其而生活的理想——以及可能为其而死亡——构成了人类政治和理性的本性。然而，他没有把这个与人民主权的革命要求、共和主义或者强大的民选议会结合起来。而且，基本权利的重大意义受到他的主权概念的严格限制。这个概念符合黑格尔的主体性概念，它把自身划分为"诸环节"以及功能，同时"扬弃"它们而成为一个简单的统一体。这就是现实性的基本结构，它在这个体系的其他部分得到发展，并且自身变成反思的一个对象（逻辑学）。宪制史提供的背景以及主观性的功能以及黑格尔体系中作为整体的观念论挫败了让黑格尔的政治哲学与时俱进的仓促企图。

黑格尔法哲学的基本概念，即自由的概念，的确是现代的。然而，黑格尔称自由为一个"抽象的"观念，只要它还没有把自身划分为自由诸形式的一个体系——准确而言，划分成为宪法中发现的诸权利、义务和责任（PM §482）。"宪法"这个术语因此必须被理解为意味着一种严格权利的秩序以及一种政治和社会"文化"。[1]黑格尔以最多样化的方式试图在这个自由体系中把理性法的意愿和整体福利与特殊利益的追求结合起来，而不产生公开的冲突或者压迫的形式。然而，当人们更细致地考察这个体系时，国家的主权在关键性诸方面被证明太强大，而个体的政治参与权——虽然在极端的情况下也抵制——太弱。不仅从今天的视角来看，而且在政治哲学和他的时代的宪制史的比较上，情况都是这样。这种比较会允许人们更准确地看到，在何种方面，黑格尔比他的同时代人"更加现代"，以及在何种方面，他不是如此。例如，与康德相比较，他的

[1] 参见 Ludwig Siep, '"Gesinnung" und "Verfassung". Bemerkungen zu einem nicht nur HegelschenProblem', in Siep, *Praktische Philosophie im Deutschen Idealismus*, 270–283。

"福利国家"概念更为现代，而他的战争理论和国家法则不现代。人们可以质疑，现代性是不是一个真理的标准。的确，虽然，它是那种承诺与当今讨论的问题相关的东西的一个标准。然而，我们不应该忽视历史的鸿沟。[1]

---

[1] 编者从德文翻译，感谢作者在改进翻译上的帮助。

参考文献

~~~~~~~~~~~~~~~~~~~~

Adorno, Theodor W., *Negative Dialectics*, trans. E. B. Ashton (London: Continuum, 1973).

  Hegel: Three Studies, trans. Shierry Weber Nicholsen (Cambridge, MA: MIT Press, 1993).

  Problems of Moral Philosophy, trans. Rodney Livingstone (Stanford, CA: Stanford University Press, 2001).

  Negative Dialektik (Frankfurt am Main: Suhrkamp, 2003).

Arthur, Christopher J., 'Hegel on Political Economy', in David Lamb (ed.), *Hegeland Modern Philosophy* (London: Croom Helm, 1987), 102118. Avineri, Shlomo, *Hegel's Theory of the Modern State* (Cambridge: Cambridge University Press, 1972).

Beck, Ulrich, *Risikogesellschaft. Auf dem Weg in eine andere Moderne* (Frankfurtam Main: Suhrkamp, 1986).

Benhabib, Seyla, 'On Hegel, Women, and Irony', in Patricia Jagentowicz Mills (ed.), *Feminist Interpretations of G. W. F. Hegel* (University Park, PA: Pennsylvania University Press, 1996), 25–43.

Benjamin, Jessica, *The Bonds of Love: Psychoanalysis, Feminism and the Problem of Domination* (London: Virago Press, 1988).

Berlin, Isaiah, *Two Concepts of Liberty* (Oxford: Clarendon Press, 1958).

Blasche, Siegfried, 'Natural Ethical Life and Civil Society: Hegel's Construction of the Family', in Robert B. Pippin and Otfried Höffe (eds.), *Hegel on Ethicsand Politics*, trans. N. Walker (Cambridge: Cambridge University Press 2004), 183–207.

Brandom, Robert, 'Some Pragmatist Themes in Hegel's Idealism: Negotiation and Administration in Hegel's Account of the Structure and Content of Conceptual Norms', *European Journal of Philosophy* 7 (2)(1999): 164–189.

  'Holism and idealism in Hegel's *Phenomenology*', in *Tales of the Mighty Dead: Historical Essays in the Metaphysics of Intentionality* (Cambridge, MA: Harvard University Press, 2002), 178–209.

Brod, Harry, *Hegel's Philosophy of Politics: Idealism, Identity, & Modernity* (Boulder, CO: Westview Press, 1992).

Bubner Rüdiger, 'Hegel's Concept of Phenomenology', in *The Innovations of Idealism* trans. Nicholas Walker (Cambridge: Cambridge University Press, 2003), 119–144.

Buchwalter, Andrew *Dialectics, Politics, and the Contemporary Value of Hegel's Practical Philosophy* (New York and London: Routledge 2011).

'Hegel, Human Rights, and Political Membership', *Hegel Bulletin* 34 (1)(013): 98119.

(ed.), *Hegel and Capitalism* (Albany, NY: SUNY Press, 2015).

'The Concept of Normative Reconstruction: Honneth, Hegel, and the Aims of Critical Social Theory', in *Reconstructing Social Theory, History and Practice: Current Perspectives in Social Theory* 35 (2016): 57–88.

Carré, Louis, 'Populace, multitude, *populus*. Figures du peuple dans la *Philosophiedu droit* de Hegel', *Tumultes* 40 (2013): 89–107.

Ciavatta, David V., *Spirit, the Family, and the Unconscious in Hegel's Philosophy* (Albany, NY: SUNY Press, 2009).

'The Family and the Bonds of Recognition', *Emotion, Space and Society* 13 (1)(2014): 71–79.

Comay, Rebecca, *Mourning Sickness: Hegel and the French Revolution* (Stanford, CA: Stanford University Press, 2010).

Deranty, Jean-Philippe, 'Hegel's Social Theory of Value', *The Philosophical Forum* 36 (3) (2005): 307–331.

Dreier, Horst, 'Kanonistik und Konfessionalisierung-Marksteine auf dem Wegzum Staat!', *Juristen-Zeitung* 57 (1)(2002): 113.

Eisenstadt, Shmuel N., *Die Vielfalt der Moderne* (Weilerswist: Velbrück, 2000).

Ellmers, Sven, *Freiheit und Wirtschaft. Theorie derbürgerlichen Gesellschaft nach Hegel* (Bielefeld: Transcript, 2015).

Fehrenbach, Elisabeth, 'Nation', in Rolf Reichardt and Eberhard Schmitt (eds.), *Handbuch politisch-sozialer Grundbegriffe in Frankreich 1680–1820*, Vol.7 (Munich: Oldenbourg Wissenschaftsverlag, 1986): 75–107.

Fichte, Johann Gottlieb, *Gesamtausgabe der Bayerischen Akademie der Wissenschaften*, eds. Reinhard Lauth, Hans Jacob and Hans Gliwitzky (Stuttgart-Bad Cannstatt: Frommann-Holzboog, 1962–2012). *Foundations of Natural Right*, ed. Frederick Neuhouser, trans. Michael Baur (Cambridge: Cambridge University Pres, 2000).

The Closed Commercial State, trans. A. C. Adler (Albany, NY: SUNY Press, 2012).

Forster, Michael, *Hegel's Idea of a Phenomenology of Spirit* (Chicago, IL: University of Chicago

Press, 1998).

Förster, Eckart, *The Twenty-Five Years of Philosophy*, trans. Brady Bowman (Cambridge, MA: Harvard University Press, 2012).

Franco, Paul, *Hegel's Philosophy of Freedom* (New Haven, CT: Yale University Press, 1999).

Gans, Eduard, *Naturrecht und Universalgeschichte. Vorlesungen nach G. W. F. Hegel* (Tübingen: Mohr Siebeck, 2005).

Gillespie, Robert, 'Progeny and Property', *Women and Politics* 15 (2) (1995): 37–51.

Goodfield, Eric Lee, *Hegel and the Metaphysical Frontiers of Political Theory* (London: Routledge, 2014).

Grimm, Dieter, *Souveränität. Herkunft und Zukunft eines Schlüsselbegriffs* (Berlin: Berlin University Press, 2009).

Geuss, Raymond, *Outside Ethics* (Princeton, NJ: Princeton University Press, 2005).

Habermas, Jürgen, *The Philosophical Discourse of Modernity*, trans. Frederick Lawrence (Cambridge: Polity, 1987).

The Theory of Communicative Action, Volume 2: Life World and System: A Critique of Functionalist Reason, trans. Thomas McCarthy (Boston, MA: Beacon Press, 1987).

Halper, Edward C. 'Hegel's Family Values', *The Review of Metaphysics* 54 (4)(2001): 815–858.

Hamacher, Werner, 'The Right to Have Rights (Four-and-a-Half-Remarks)', *The South Atlantic Quarterly* 103 (2/3) (2004): 343–356.

Hardimon, Michael O., *Hegel's Social Philosophy: The Project of Reconciliation* (Cambridge: Cambridge University Press, 1994).

Hart, H. L. A., *The Concept of Law*, 2nd edn (Oxford: Oxford University Press, 1997).

Haym, Rudolf, *Hegel und seine Zeit. Vorlesungen über Entstehung und Entwicklung, Wesen und Wert der Hegelschen Philosophie* (Leipzig: Heims, 1973).

Haym, Rudolf, 'Extract from *Hegel and his Times* (1857)' in Robert Stern (ed.), *G. W. F. Hegel Critical Assessments* Vol.I, trans. Julius Kraft, (London: Routledge, 1993), 217–240.

Herzog, Lisa, *Inventing the Market: Smith, Hegel, and Political Theory* (Oxford: Oxford University Press, 2013).

Honneth, Axel, *The Struggle for Recognition: The Moral Grammar of Social Conflicts*, trans. Joel Anderson (Cambridge, MA: MIT Press, 1995).

Suffering from Indeterminacy: An Attempt at a Reactualization of Hegel's Philosophy of Right, trans. J. Ben-Levi (Amsterdam: Van Gorcum, 2007).

The Pathologies of Individual Freedom: Hegel's Social Theory, trans. Ladislaus Löb (Princeton, NJ: Princeton University Press, 2010).

'Labour and Recognition: A Redefinition', in *The I in We: Studies in the Theory of Recognition*, trans. Joseph Ganahl (Cambridge: Polity, 2012), 56–74.

Freedom's Right: Th Social Foundations of Democratic Life trans. Joseph Ganahl (New York: Columbia University Press, 2014).

Horstmann, Rolf-Peter, 'The Role of Civil Society in Hegel's Political Philosophy', in Robert B. Pippin and Otfried Höffe (eds.), *Hegel on Ethics and Politics*, trans. N. Walker (Cambridge: Cambridge University Press, 2004), 208–238.

Houlgate, Stephen *An Introduction to Hegel: Freedom, Truth and History*, 2nd edn (Oxford: Blackwell, 2005).

'Recht und Zutrauen in Hegels Philosophie des Rechts ', in Gunnar Hindrichs and Axel Honneth (eds.), *Freiheit. Stuttgarter Hegel-Kongress 2011* (Frankfurt am Main: Vittorio Klostermann, 2013), 613626. Hutchings, Kimberly, *Hegel and Feminist Philosophy* (Cambridge: Polity Press, 2003).

'Hard Work: Hegel and the Meaning of the State in his Philosophy of Right', in Thom Brooks (ed.), *Hegel's Philosophy of Right* (Oxford: Blackwell, 2012), 124–142.

Ikäheimo, Heikki *Anerkennung* (Berlin and Boston, MA: de Gruyter, 2014).

Ilting, Karl-Heinz, 'Hegels Auseinandersetzung mit der aristotelischen Politik', *Philosophisches Jahrbuch* 71 (1963/1964): 38–48.

Irigaray, Luce, *Speculum of the Other Woman*, trans. G. C. Gill (Ithaca, NY: Cornell University Press, 1985).

Jagentowicz Mills, Patricia, *Woman, Nature, and Psyche* (New Haven, CT: Yale University Press, 1987).

'Hegel's *Antigone*', in Patricia Jagentowicz Mills (ed.), *Feminist Interpretations of G. W. F. Hegel* (University Park, PA: Pennsylvania University Press, 1996), 59–88.

James, David, *Rousseau and German Idealism: Freedom, Dependence and Necessity* (Cambridge: Cambridge University Press, 2013).

Jameson, Fredric, *Representing Capital: A Reading of Volume One* (London and New York: Verso, 2010).

Jarvis, Douglas E., 'The Family as the Foundation of Political Rule in Western Philosophy: A Comparative Analysis of Aristotle's Politics and Hegel's Philosophy of Right', *Journal of Family History* 36 (4)(2011): 440–463.

Kaiser, Gerhard, *Pietismus und Patriotismus im literarischen Deutschland. Ein Beitrag zum Problem der Säkularisation* (Frankfurt am Main: Athenäum, 1973).

Klikauer, Thomas, *Hegel's Moral Corporation* (Basingstoke: Palgrave Macmillan, 2015).

Knowles, Dudley, *Hegel and the Philosophy of Right* (London: Routledge, 2002).

Kosch, Michelle, 'Fichtean Kantianism in Nineteenth-Century Ethics', *Journal of the History of Philosophy* 53 (1)(2015): 111–132.

Koselleck, Reinhart, *Preußen zwischen Reform und Revolution* (Stuttgart: Klett-Cotta, 1975).

Kriele, Martin, 'Zur Geschichte der Grund-und Menschenrechte', in Norbert Achterberg (ed.), *öffentliches Recht und Politik* (Berlin: Duncker & Humblot, 1973), 187–211.

Ladwig, Bernd, Moderne Sittlichkeit. Grundzüge einer "hegelianischen" Gesellschaftstheorie des Politischen', in Hubertus Buchstein and Rainer Schmalz-Bruns (eds.), *Politik der Integration. Symbole, Repräsentation, Institution* (Baden-Baden: Nomos Verlagsgesellschaft, 2006), 111–135.

Losurdo, Domenico, *Zwischen Hegel und Bismarck. Diachtundvierziger Revolution und die Krise der deutschen Kultur* (Berlin: Akademie Verlag, 1993).

Hegel and the Freedom of the Moderns, trans. Marella and Jon Morris (Durham, NC: Duke University Press, 2004).

Lübbe-Wolff, Gertrude, über das Fehlen von Grundrechten in Hegels Rechtsphilosophie. Zugleich ein Beitrag zumVerständnis der historischen Grundlagen des Hegelschen Staatsbegriffs', in H.-C. Lucas and O.Pöggeler (eds.), *Hegels Rechtsphilosophie im Zusammenhang der europäischen Verfassungsgeschichte* (Stuttgart-Bad Cannstatt: Frommann-Holzboog, 1986), 421–446.

Lucas, Hans-Christian and Rameil, Udo, 'Furcht vor der Zensur? Zur Entstehungs-und Druckgeschichte von Hegels Grundlinien der Philosophiedes Rechts', *Hegel-Studien* 15 (1980): 63–93.

Marx, Karl, *Marx-Engels-Werke*, ed. Institut für Marxismus-Leninismus beimZentralkomitee der Sozialistischen Einheitspartei Deutschlands, 43 volumes. (Berlin: Dietz Verlag, 1956–1990).

Capital: Volume 1 trans. B. Fowkes (London: Penguin Books, 1976).

Early Writings, trans. Rodney Livingstone and Gregor Benton (London: Penguin, 1992).

Selected Writings, ed. D. McLellan, 2nd edn (Oxford: Oxford University Press, 2000).

Matsumoto, Naoko, *Polizeibegriff im Umbruch. Staatszwecklehre und Gewaltenteilungspraxis in der Reichs-und Rheinbundpublizistik* (Frankfurtam Main: Klostermann, 1999).

Milner, Jean-Claude, *Clartés de tout* (Paris: Verdier, 2011).

Mohseni, Amir, *Abstrakte Freiheit. Zum Begriff des Eigentums bei Hegel* (Hamburg: Felix Meiner, 2014).

Moyar, Dean, *Hegel's Conscience* (Oxford: Oxford University Press, 2011).

'Consequentialism and Deontology in the *Philosophy of Right*', in Thom Brooks, (ed.), *Hegel's Philosophy of Right: Essays on Ethics, Politics and Law* (Oxford: Blackwell, 2012), 942.

'Fichte's Organic Unification: Recognition and the Self-overcoming of Social Contract Theory', in Gabriel Gottlieb (ed.), *Fichte's Foundations of Natural Right: A Critical Guide* (Cambridge: Cambridge University Press, 2016).

Murray, Patrick, 'Value, Money and Capital in Hegel and Marx', in Andrew Chitty and Martin McIvor (eds.), *Karl Marx and Contemporary Philosophy* (Basingstoke: Palgrave Macmillan, 2009), 174–187.

Neocleous, Mark, *The Fabrication of Social Order: A Critical Theory of Power* (London: Pluto Press, 2000).

Neuhouser, Frederick, *Foundations of Hegel's Social Theory: Actualizing Freedom* (Cambridge, MA: Harvard University Press, 2000).

Nicolacopolous, Toula and Vassilacopolous, George, *Hegel and the Logical Structure of Love: An Essay on Sexualities, Family and Law* (Aldershot: Ashgate, 1999).

Osterhammel, Jürgen, *Die Verwandlung der Welt*, 5th edn (Munich: C. H. Beck, 2010).

Papenheim, Martin, *Erinnerung und Unsterblichkeit. Semantische Studien zum Totenkult in Frankreich 1715–1794* (Stuttgart: Klett-Cotta, 1992).

Patten, Alan *Hegel's Idea of Freedom* (Oxford: Oxford University Press, 1999).

Pateman, Carole, 'Hegel, Marriage and the Standpoint of Contract', in Patricia Jagentowicz Mills (ed.), *Feminist Interpretations of G. W. F. Hegel* (University Park, PA: Pennsylvania University Press, 1996), 209–233.

Pawlowski, Hans-Martin, 'Zur Aufgabe der Rechtsdogmatik im Staat der Glaubensfreiheit', *Rechtstheorie* 19 (4) (1988): 409–441.

Pinkard, Terry, 'Reason, Recognition and Historicity', in Barbara Merker, Georg Mohr, Michael Quante and Ludwig Siep (eds.), *Subjektivität und Anerkennung* (Paderborn: Mentis, 2003), 45–66.

Pippin, Robert, 'Hegel's Political Argument and the Role of "Verwirklichung"', *Political Theory* 9 (1981): 509–532.

'Hegel, Freedom, the Will', in Ludwig Siep (ed.), *Grundlinien der Philosophiedes Rechts* (Berlin: Akademie Verlag, 1997), 31–54.

Hegel's Practical Philosophy: Rational Agency as Ethical Life (Cambridge: Cambridge University Press, 2008).

'Back to Hegel?', *Mediations* 26 (12) (2013), atww.mediationsjournal.org/articles/back-to-hegel.

Popper, K. R., *The Open Society and Its Enemies, Volume II, The High Tide of Prophecy: Hegel, Marx, and the Aftermath* (London: Routledge & Kegan Paul, 1945).

Priddat, Birger *Hegel als ökonom* (Berlin: Duncker & Humblot, 1990).

Quante, Michael, *Die Wirklichkeit des Geistes. Studien zu Hegel* (Berlin: Suhrkamp, 2011).

Quante, Michael and Mohseni, Amir (eds.), *Die linken Hegelianer. Studienzum Verhältnis von Religion und Politik im Vormärz* (Paderborn: Wilhelm Fink, 2015).

Rawls, John, *A Theory of Justice*, Revised Edition (Cambridge, MA: Belknap Press, 1999).

Ritter, Joachim *Hegel and the French Revolution: Essays onthe 'Philosophy of Right'*, trans. Richard Dien Winfield (Cambridge, MA: MIT Press, 1982).

Metaphysik und Politik. Studien zu Aristoteles und Hegel (Frankfurt amMain: Suhrkamp, 2003).

Rózsa, Erzsébet, 'Das Prinzip der Besonderheit in Hegels Wirtschaftsphilosophie', in *Hegels Konzeption praktischer Individualität* (Paderborn: Mentis, 2007): 182–213.

Ruda, Frank, *Hegel's Rabble: An Investigation into Hegel's Philosophy of Right* (London: Continuum, 2011).

Schmidt am Busch, Hans-Christoph, 'Personal Respect, Private Property, and Market Economy: What Critical Theory Can Learn from Hegel', *Ethicaltheory and Moral Practice* 11 (5) (2008): 573–586.

'Anerkennung' als Prinzip der Kritischen Theorie (Berlin and New York: de Gruyter, 2011).

'Personal Freedom without Private Property? Hegel, Marx, and the Frankfurt School', *International Critical Thought* 5 (4)(2015): 473–485.

Schnädelbach Herbert, 'Die Verfassung der Freiheit', in Ludwig Siep (ed.), *G. W. F. Hegel. Grundlinien der Philosophie des Rechts*, 3rd edn (Berlin: Akademie Verlag, 2014), 243–266.

Sennett, Richard, *The Corrosion of Character* (New York: W. W. Norton, 1998).

Siep, Ludwig, *Praktische Philosophie im Deutschen Idealismus* (Frankfurt am Main: Suhrkamp, 1992).

'Constitution, Fundamental Rights and Social Welfare', in Robert B. Pippinand Otfried Höffe (eds.), *Hegel on Ethics and Politics*, trans. Nicholas Walker (Cambridge: Cambridge University Press, 2004), 268–290.

'Das Recht der Revolution-Kant, Fichte und Hegel über 1789 und die Folgen', in Rolf Groeschner and Wolfgang Reinhard (eds.), *Tageder Revolution-Feste der Nation* (Tübingen: Mohr & Siebeck, 2010), 115–144.

'Vernunftrecht und Rechtsgeschichte: Kontext und Konzept der "Grundlinien" im Blick auf die "Vorrede"', in Ludwig Siep (ed.), *Aktualität und Grenzender praktischen Philosophie Hegels* (Munich: Wilhelm Fink, 2010), 530.

Hegels praktische Philosophie und das 'Projekt der Moderne' (Baden-Baden: Nomos, 2011).

Anerkennung als Prinzip der praktischen Philosophie. Untersuchungen zu HegelsJenaer Philosophie des Geistes, 2nd edn (Hamburg: Felix Meiner, 2014).

Der Staat als irdischer Gott. Genesis und Relevanz einer Hegelschen Idee (Tübingen: Mohr & Siebeck, 2015).

Smith, Adam, *The Theory of Moral Sentiments*, eds. D. D. Raphael and A. L. Macfie (Oxford: Clarendon Press, 1976).

Steinberger, Peter, *Logic and Politics: Hegel's Philosophy of Right* (New Haven, CT: Yale University Press, 1988).

Stillman, Peter G., 'Property, Contract, and Ethical Life in Hegel's *Philosophy of Right*', in Drucilla Cornell, Michel Rosenfeld and David Gray Carlson (eds.), *Hegel and Legal Theory* (London: Routledge, 1991), 205–227.

Stolleis, Michael, '"Konfessionalisierung" oder "Säkularisierung" bei derEntstehung des frühmodernen Staates', *Ius Commune. Zeitschrift füreuropäische Rechtsgeschichte* 20 (1993): 123.

Stone, Alison, 'Matter and Form: Hegel, Organicism, and the Difference between Women and Men', in Kimberly Hutchings and Tuija Pulkkinen (eds.), *Hegel's Philosophy and Feminist Thought* (New York: Palgrave Macmillan, 2010), 211–232.

'Gender, the Family, and the Organic State in Hegel's Political Thought', in Thom Brooks (ed.), *Hegel's Philosophy of Right: Essays on Ethics, Politics and Law* (Oxford: Blackwell, 2012), 143–164.

Tugendhat, Ernst, *Self-Consciousness and Self-Determination*, trans. Paul Stern (Cambridge, MA: MIT Press, 1989).

Vieweg, Klaus, *Das Denken der Freiheit. Hegels Grundlinien der Philosophie desRechts* (Munich: Wilhelm Fink, 2012).

Waszek, Norbert, 'Hegels Schottische Bettler', *Hegel-Studien* 19 (1984): 311–316.

The Scottish Enlightenment and Hegel's Account of 'Civil Society' (Dordrecht: Kluwer, 1988).

Weisser-Lohmann, Elisabeth *Rechtsphilosophie als praktische Philosophie. Hegels 'Grundlinien der Philosophie des Rechts' und die Grundlegung der praktischen Philosophie* (Munich: Wilhelm Fink 2011).

Wellmer Albrecht, 'Models of Freedom in the Modern World', in *Endgames: The Irreconcilable Nature of Modernity: Essays and Lectures*, trans. David Midgley (Cambridge, MA: MIT Press, 1998), 337.

Werner, Laura, *The Restless Love of Thinking: The Concept of Liebe in G. W. F. Hegel's Philosophy* (Helsinki: Helsinki University Press, 2007).

Westphal Kenneth, 'The Basic Context and Structure of Hegel's "Philosophy of Right"', in Frederick C. Beiser (ed.), *The Cambridge Companion to Hegel* (Cambridge: Cambridge University Press, 1993), 234–269.

Wildt, Andreas, *Autonomie und Anerkennung. Hegels Moralitätskritik im Lichteseiner Fichte-Rezeption* (Stuttgart: Klett-Cotta, 1982).

Williams, Robert R., *Hegel's Ethics of Recognition* (Berkeley, CA: University of California Press, 1997).

Winfield, Richard D., *The Just Family* (Albany, NY: SUNY Press, 1998).

Wolff, Michael, 'Hegel's Organicist Theory of the State: On the Concept and Method of Hegel's "Science of the State"', in Robert B. Pippin and Otfried Höffe (eds.), *Hegel on Ethics and Politics*, trans. Nicholas Walker (Cambridge: Cambridge University Press, 2004), 291–322.

Wood, Allen *Hegel's Ethical Thought* (Cambridge: Cambridge University Press, 1990). 'Evil in Classical German Philosophy: Evil, Selfhood and Despair', in Andrew Chignell and Scott MacDonald (eds.), *Evil: A History* (Oxford: Oxford University Press, 2019).

Žižek, Slavoj, 'The Politics of Negativity', preface in Frank Ruda, *Hegel's Rabble: An Investigation into Hegel's Philosophy of Right* (London: Continuum, 2011).

索 引

译后记

～～～～～～～～～

　　剑桥大学出版社近期出版了一系列的"批判指南"，这套丛书关涉整个西方哲学史，其中，关于德国古典哲学，重点出版了康德和黑格尔的系列指南，尤其是关于康德的指南特别多。关于黑格尔的指南，这套丛书目前有四部，我根据自己的兴趣，选取了其中的两部，即《剑桥〈法哲学原理〉批判指南》和《剑桥〈精神现象学〉批判指南》，加入"黑格尔研究译丛"。另外两部也非常重要，一部是关于黑格尔《精神哲学》的指南，一部是关于《哲学科学百科全书》的指南。这些指南基本上都是关于黑格尔某一部著作的集体研究成果，能够代表当前世界上最前沿的研究，引入国内，我个人认为还是有价值和意义的。

　　关于本书，一共有十章内容，涉及的作者达到十位之多，他们是戴维·詹姆斯、弗里德里克·纽豪瑟、斯蒂芬·霍尔盖特、迪恩·莫亚尔、阿伦·W.伍德、金伯利·哈钦斯、安德鲁·布赫瓦尔特、汉斯-克里托夫·施密特·安布什、弗兰克·鲁达和路德维希·西普。熟悉德国古典哲学的学者们立刻就看出这些作者都是研究黑格尔哲学以及德国古典哲学的大家、名家。詹姆斯的费希特研究，霍尔盖特的逻辑学和精神现象学的研究，纽豪瑟的黑格尔社会哲学研究，伍德的德国古典伦理学研究，哈钦斯的黑格尔与女性主义研究，布赫瓦尔特的黑格尔与全球正义研究，西普的《精神现象学》、承认理论、实践哲学研究等，都是该领域的最出色的研究之一，是该领域的代表性的成果。很显然，主编有意为之的事情是，意图让德国传统的研究路径与英美传统的研究路径进行对话，不管成功与否，这种对话对于重新解读、重新发现黑格尔有着无比重要的意义，至少，努力让黑格尔成为黑格尔，而不是成为谁的黑格尔或者不是谁的黑格尔。尽管，我们知道英美新黑格尔主义的研究路径与德法传统的黑格尔研究路径分歧非常非常大。根本上而言，去形而上学和去逻辑学的研究路径与形而上学的和逻辑学的研究路径的分歧显然是不同的路向。当然，本书的好处就在于，让两种路径之间对话，是否成功留给读者判断。至少，就我来看，没有看出太多的明显的不和谐之处。这也许就是本书最为成功之处。当然，也可以看到，英美学者和德法学者也开始逐渐地把对方的问题当作自己的问题来处理，这明显是好的现象。不至于在黑格尔身上胡乱贴标签，贴标签式的黑格尔研究已然成为历史。

关于本书的结构，虽然本书是对黑格尔的《法哲学原理》的批判性审视，是概述式的指南性研究，但是，本书实际上并非完全按照《法哲学原理》的各章节分布内容来安排、布局的。比如说，《法哲学原理》一共有三个部分"抽象权利""道德""伦理"，但是，研究"抽象权利"和"道德"的实际上各自只有一章的内容，其余章节基本上都关涉黑格尔的"伦理"问题。而且，在写作上，各位作者也并不是完全按照黑格尔《法哲学原理》的章节详细解读该著作，并非通常意义上的导读性著作，而是某种意义上的"批判指南"。作者们基本上是按照自己的兴趣和研究方向确定自己的内容和观点，虽然整体上都是关于《法哲学原理》的研究。所以，与其说，本书是"指南""解读"，倒不如说，本书是关于黑格尔法哲学思想的当代视野，当然，也可以说，黑格尔的法哲学对当代仍然保有的启发性和解释性，他的思想仍然具有重要价值。同时，也可以说，本书的这种安排不仅仅没有让本书显得不伦不类以及僵化，反而，让本书中的作者们的思想以及黑格尔的思想一同鲜活起来。

　　另外，本丛书（"黑格尔研究译丛"）到目前为止，可以确定的有六部著作，六部著作特点各异，有专题性、有导读性的、有新的研究路径型。基本上，可以说都是英美学界比较前沿的代表性成果和重要议题。至于，后期是否会重新规划其他类型的书目，还不得而知，只能视具体情况而定。回想当初的"意气"所为——"翻译一套国外黑格尔研究的丛书"——现在，回头想想，还是心有余悸，很多事情并不是"意气"所能为的。当初的"意气"始于2020 年之初，带着恩师黄颂杰先生离去的悲痛、带着疫情的苦痛、带着未来的诸多不确定性，一头扎进黑格尔的研究之中，一发不可收。希望这套丛书能够给予这些悲痛、苦痛和不确定性些许慰藉，仅以此套丛书纪念我的恩师黄颂杰先生。

　　四年时间就这样悄然而过。好在，目前的工作进展还比较顺利。其间，要感谢的单位和人员有很多。这个丛书计划得到我所在的单位江西师范大学马克思主义学院的大力支持，得到上海人民出版社的极力支持，非常感谢。没有它们的支持，这套丛书几乎无法进展。它们在丛书的版权、出版和经费支持上，提供了大量的、无私的帮助。并且，它们几乎完全信任我，任由我自己选取书目，自行安排、自主决定。在这个过程中，我能真正感受到我是独立的研究个体，感受到来自外在的尊重和承认。希望这套丛书对学界有所帮助和贡献，这是对它们的支持的最好回应。当然，也需要感谢出版社各位编辑的辛苦付出，他们的细致工作令人钦佩。另外，黑格尔的《法哲学原理》已经有了两个中文译本：商务印书馆的范扬、张企泰译本，人民出版社的邓安庆译本。两个译本都非常好，本人在翻译过程中都有参考，非常感谢。

　　最后，感谢我的爱人徐淑英女生一直以来不断地鼓励和支持我，没有她的支持，我无法完成这项工作。也感谢孩子们的陪伴，她们是大女儿胡曦木和小女儿胡曦文。从你们的口中说出"黑格尔"到"还是黑格尔"的时候，我知道你们已经逐渐长大，成人的世界难道不是由诸多这些"还是"构成，并不断前行的吗？在每天给你们的作业签字和给试卷签字的过程中，在每一次与你们一起挥洒汗水、激情挥拍的时候，我能看到你们的"还是"、你们坚持着的坚持，看到你们不断地扬弃着你们的"任意"，这些一同促使着你们逐渐地成长为普遍的个体。

图书在版编目(CIP)数据

剑桥《法哲学原理》批判指南 / （英）戴维·詹姆斯 (David James)编 ； 胡传顺译. -- 上海 ： 上海人民出版社，2024. -- (黑格尔研究译丛). -- ISBN 978-7-208-19323-9

Ⅰ. B516.35；D903

中国国家版本馆 CIP 数据核字第 2024KN9632 号

责任编辑　赵　伟　罗泱慈
封面设计　胡　斌　刘健敏

黑格尔研究译丛
剑桥《法哲学原理》批判指南
［英］戴维·詹姆斯 编
胡传顺 译

出　　版　上海人民出版社
　　　　　（201101　上海市闵行区号景路 159 弄 C 座）
发　　行　上海人民出版社发行中心
印　　刷　上海商务联西印刷有限公司
开　　本　635×965　1/16
印　　张　19.25
插　　页　3
字　　数　247,000
版　　次　2024 年 12 月第 1 版
印　　次　2024 年 12 月第 1 次印刷
ISBN 978-7-208-19323-9/B·1803
定　　价　88.00 元